Um Difícil Despertar

Conforme Novo Acordo Ortográfico

Fabrício
Psicografado por Alda Maria Micheli Belardi

Um Difícil Despertar

MADRAS *Espírita*

© 2009, Madras Editora Ltda.

Editor:
Wagner Veneziani Costa

Produção e Capa:
Equipe Técnica Madras

Revisão:
Arlete Genari
Bianca Rocha

Dados Internacionais de Catalogação na Publicação (CIP)
(Câmara Brasileira do Livro, SP, Brasil)

Fabrício (Espírito).
Um difícil despertar / Fabrício ; psicografado
por Rosely Berenguel ; psicografado por Alda
Maria Micheli Belardi. — São Paulo : Madras, 2009.
ISBN 978-85-370-0427-2
1. Espiritismo 2. Psicografia 3. Romance
espírita I. Belardi, Alda Maria Micheli.
II. Título.
08-10250 CDD-133.9

Índices para catálogo sistemático:
1. Romance espírita : Espiritismo 133.9

É proibida a reprodução total ou parcial desta obra, de qualquer forma ou por qualquer meio eletrônico, mecânico, inclusive por meio de processos xerográficos, incluindo ainda o uso da internet, sem a permissão expressa da Madras Editora, na pessoa de seu editor (Lei nº 9.610, de 19.2.98).

Todos os direitos desta edição reservados pela

MADRAS EDITORA LTDA.
Rua Paulo Gonçalves, 88 — Santana
CEP: 02403-020 — São Paulo/SP
Caixa Postal: 12299 — CEP: 02013-970 — SP
Tel∴ (11) 2281-5555 — Fax: (11) 2959-3090
www.madras.com.br

Índice

Prefácio 9
Desperta 11
Na Colônia 13

Capítulo I
Um Inesperado Adeus 19

Capítulo II
Uma Estranha Conversa 23

Capítulo III
No Consultório 28

Capítulo IV
Reencontrando os Amigos 32

Capítulo V
Uma Festa da Pesada 37

Capítulo VI
Uma Infeliz Escolha 41

Capítulo VII
Alma Enferma 44

Capítulo VIII
Em Busca de uma Solução 47

Capítulo IX
Na Faculdade 51

Capítulo X
Súplica de uma Mãe 55

Capítulo XI
A Visita de Rita 58

Capítulo XII
Uma Surpreendente Revelação 63

Capítulo XIII
Uma Conversa Edificante 67

Capítulo XIV
Nunca é Tarde 72

Capítulo XV
Um Telefonema Inesperado 77

Capítulo XVI
Visitando o Lar de Rita 81

Capítulo XVII
O Evangelho no Lar 85

Capítulo XVIII
Um Doloroso Desabafo 90

Capítulo XIX
A Serviço da Mediunidade 95

Capítulo XX
O Sonho 98

Capítulo XXI
De Alta 103

Capítulo XXII
Escolhendo seu Próprio Caminho 107

Capítulo XXIII
Norberto Deixa o Lar 111

Capítulo XXIV
No Centro 115

Capítulo XXV
Uma Triste Descoberta 118

Capítulo XXVI
À Procura de Lauro 122

Capítulo XXVII
Uma Ajuda Necessária 128

Capítulo XXVIII
Conversando com o Sr. José 132

Capítulo XXIX
Juventude Alucinada 137

Capítulo XXX
Uma Visão Inesquecível 141

Capítulo XXXI
O Flagrante 146

Capítulo XXXII
Na Delegacia 150

Capítulo XXXIII
Laços de Afinidade 153

Capítulo XXXIV
No Hospital 157

Capítulo XXXV
Da Dependência Química para a Física 162

Capítulo XXXVI
Na Espiritualidade 165

Capítulo XXXVII
O Passado Vindo à Tona 170

Capítulo XXXVIII
Conversando com Olavo 174

Capítulo XXXIX
Amarga Vingança 177

Capítulo XL
De Volta ao Passado 181

Capítulo XLI
Diante da Fonte Azul 187

Capítulo XLII
Uma Agradável Surpresa 191

Capítulo XLIII
  Um Dia Glorioso 194
Capítulo XLIV
  Visitando o Lar de Lauro 200
Capítulo XLV
  Um Anjo de Luz 203
Capítulo XLVI
  Alguns Apontamentos 208
Capítulo XLVII
  Diante de Antigas Lembranças 212

Prefácio

O mundo todo está passando por uma grande transformação, isso nós não podemos negar...

Dentre os fatos que mais se destacam neste século, podemos afirmar, sem sombra de dúvida, que o uso indiscriminado das drogas está levando muitos jovens a caminhos perigosos, quase sempre sem volta.

Estamos preocupados, é verdade, mas, nunca desanimados. Confiamos plenamente na vida, na bondade e na justiça divina, por isso acreditamos que cada um tem o direito de usar o seu livre-arbítrio como bem entender.

Porém, não devemos nos esquecer de que, apesar de o plantio ser livre, a colheita será obrigatória, fazendo com que todo aquele que tenha plantado possa colher o fruto amargo de suas desavisadas escolhas, ou, então, as doces delícias de um fruto tenro, colhido a seu tempo, já que a escolha é sempre de cada um.

Apesar de toda a simplicidade encerrada nesta obra, temos certeza de que, de alguma forma, ela será útil ao amigo leitor, auxiliando-o numa reflexão profunda diante das escolhas que fazemos na vida, cujo único responsável é o próprio homem, apesar de estarmos sempre arrumando um meio de nos esquivar da responsabilidade que nos compete.

O materialismo exagerado, o orgulho, a vaidade desmedida, a falta de Deus no coração das criaturas está fazendo com que elas se afastem da luz, tornando-se céticas diante dos embates que lhe servem como prova, no intuito de fazê-las crescer e evoluir.

A ideia do "nada" depois da morte, o vazio, o triste despertar numa manhã de sol sem a perspectiva da eternidade, ou melhor, da continuidade da vida numa outra dimensão, está fazendo com que o homem use de subterfúgios, geralmente ilícitos, para fugir de uma realidade que ele se recusa a aceitar.

Porém, mais cedo ou mais tarde a consciência cobrará de cada um os ajustes necessários, porque essa é a Lei que impulsiona o homem a ir para a frente, em busca da linha ascendente, porque tudo na vida tem de evoluir, nem que para isso tenhamos de ter **um difícil despertar...**

Que a paz do Mestre Jesus encontre morada em cada coração, do amigo de sempre,

Fabrício,
E equipe de jovens.

Desperta

Desperta, amigo, desperta,
Que a vida de ti pede luta,
Quem ora está sempre em alerta,
E o mal quase nunca escuta.

Deus, na Sua infinita bondade,
Deu ao homem liberdade de ação,
Pode ele enveredar-se na maldade,
Ou demonstrar ser na vida um cristão.

Cada qual fará sempre a sua escolha,
Independente da raça ou religião,
Pois essa Lei faz com que todo homem colha,
O que plantou bem dentro do seu coração.

Essa Lei não é humana, mas, divina,
Nenhum de nós pode dela se livrar,
Somente ela a todo homem bem ensina,
Que o que vale nessa vida é só amar...

Livre-arbítrio é muito mais que liberdade,
Porque implica uma lei de reação,
É preciso ter responsabilidade,
E caridade, em cada gesto, em cada ação.

Só assim seremos livres de verdade,
E nunca mais temeremos mal algum,
Pois a conquista da real felicidade,
Está na vida, e dentro de bem cada um...

Paz,
Fabrício

Na Colônia

A colônia dos girassóis para nós, jovens do espaço, é particularmente bela, adorável mesmo.

Recanto de paz e harmonia, tudo nela é alegria, exceto para alguns jovens que, despreparados para encarar a realidade de uma nova vida, num novo plano, insistem em querer continuar sofrendo e se lamentando.

Para os mais céticos isso pode parecer utopia, porém, para os que já foram particularmente "tocados", não há dificuldade alguma em entender e aceitar essa nova realidade.

Aqui estudamos, trabalhamos, aprendemos o que muitas vezes não tivemos oportunidade de aprender quando encarnados na mãe-Terra.

A vida por aqui é plena, e a palavra ociosidade não existe em nosso vocabulário, pois até mesmo os recém-chegados utilizam o seu tempo de forma útil, fazendo o que sabem e o que gostam. O aprendizado não para, porque a vida não cessa com a morte do corpo físico.

Entidades angelicais nos visitam, vez por outra, trazendo-nos palavras de incentivo e bom ânimo. Preocupados que sempre estão com o futuro dos jovens no planeta, sustentam-nos em momentos difíceis quando estamos em caravanas socorristas perto da crosta.

Ainda bem que temos por aqui lugares encantadores nos quais podemos nos refazer energeticamente, pois, embora estejamos na condição de espírito, também sofremos importantes desgastes que, se não forem rapidamente repostos, poderão nos ocasionar grandes desequilíbrios.

A ideia que alguns fazem de que todo aquele que parte para a pátria espiritual vira "anjo" é bem equivocada, pois sabemos que a morte não nos modifica em nada e que a vida continua da mesma forma, tal qual estávamos vivendo quando encarnados. Para tal condição, no entanto, precisamos trabalhar muito as nossas imperfeições, e não será de um momento para o outro que isso irá acontecer. Por esse motivo temos de nos recompor, vez por outra, principalmente depois dos difíceis trabalhos na Terra e nas zonas umbralinas. Nossas necessidades não foram todas absolutamente superadas, por isso continuamos trabalhando, dentro de nós, as virtudes exemplificadas pelo Mestre Jesus, a fim de superarmos os entraves que ainda nos margeiam a senda evolutiva.

Respirando toda aquela maravilhosa atmosfera que me envolvia por completo, senti uma pesada mão pousar em meu ombro, ao mesmo tempo em que uma voz me disse com firmeza:
— Meditando?...
— Que surpresa boa, Olavo![1] Eu estava mesmo a fim de conversar um pouco com alguém. E você, amigão, é a pessoa certa!
— Que bom, Fabrício. Vejo então que cheguei em boa hora...
— Chegou sim. Está lembrado daquele jovem que lhe falei há dias? Aquele que eu disse possuir uma serenidade e confiança incomuns?
— Sim, claro, como poderia esquecer? Afinal, não são todos os dias que recebemos por aqui jovens tão bem preparados como aquele.
— Pois bem, Olavo. Estive conversando com ele ainda há pouco, e confesso ter ficado surpreso com a sua franca recuperação. Que espírito lúcido e também bastante esclarecido tem aquele rapaz! Não demorará muito e, logo, logo, ele estará engordando a nossa fileira de jovens dispostos ao trabalho com Jesus.
— Fico feliz em saber disso, Fabrício. Estamos mesmo precisando de trabalhadores com boa vontade. Soube que a sua "passagem" foi bem tranquila.
— Realmente. Morte natural, nada de drogas, ou qualquer tipo de violência.
— Ainda bem. As enfermarias daqui, e também as que ficam mais perto da crosta, estão abarrotadas de jovens que costumam chegar de forma imprudente. Quando não é pela droga em si, é devido ao mau uso do seu livre-arbítrio, que, usando inadequadamente seus possantes meios de locomoção, muitas vezes "turbinados", como costumam dizer, pretendem tornar suas emoções ainda mais fortes.
— Tão fortes que eles acabam vindo parar aqui. Quais loucos dementados, não entendem o que está se passando nem acontecendo, pois a maioria não encontra em seus lares uma base sólida que lhes fale sobre a sobrevivência da alma após o desenlace do corpo físico, nem sobre uma vida plena com Jesus.
— É verdade, Fabrício, é verdade.
— E até cair a "ficha", amigo Olavo, você sabe...
— Mas felizmente esse não foi o caso do nosso amigo em questão.

---

1. Olavo: instrutor espiritual que já trabalhou com o Fabrício no livro *A Dor Ensina*.

– Não, não foi, graças a Deus. Mas conversando com ele ainda há pouco, pude reparar em seu semblante abatido uma preocupação intensa que lhe tem tirado o sossego.
– Sabe você do que se trata?
– Veja só que fato curioso, amigo Olavo. Quando um ente querido passa para a pátria espiritual, é comum a família empenhar-se em preces para que o "falecido" encontre logo o seu caminho, por isso é de praxe mandar rezar todas aquelas missas tão costumeiras, no intuito de ajudar o "defunto" a se encontrar. Porém, o que poucos sabem, é que nem sempre assim acontece, pois, muitas vezes quem partiu está melhor do que aquele que ficou. Depois do desenlace físico, a criatura passa a enxergar com os olhos do espírito, tornando-se ainda mais lúcida, principalmente quando ela entende e aceita essa sua nova condição.
– Foi o que aconteceu com esse jovem?
– Foi. A tal ponto que é ele quem está tentando ajudar um amigo que está se perdendo, principalmente depois da sua partida. Sem encontrar em seu lar um apoio que pudesse lhe reerguer depois desse tão duro golpe, o rapaz só fez fortalecer o seu ceticismo, entregando-se a uma vida desregrada e sem Jesus.
– Essas ligações, que aparentemente nos parecem inexplicáveis, têm fortes bases no passado. Ninguém conhece alguém à toa, nem com ele convive por um simples acaso. A vida costuma colocar-nos no lugar certo, no momento certo, e com as pessoas certas.
– É, Olavo, aprendemos muito por aqui, por isso nem sempre precisamos trabalhar na mãe-Terra para aprender mais. Basta uma rápida conversa com os nossos recém-chegados para verificarmos quantas histórias interessantes eles têm para nos contar, quanto aprendizado...
– E era exatamente isso que você estava fazendo, não era, Fabrício?
– Confesso a você, Olavo, que esse rapaz me surpreendeu muito no decurso da conversa que tivemos; mais ainda, porém, a história que ele me contou. Se não fosse pelas suas insistentes intercessões, pedindo ao Pai pelo amigo perdido que ainda permanece na carne, a coisa toda poderia estar sendo muito pior...
– De certo esse jovem deve ter tido um bom preparo espiritual por parte de seus familiares quando encarnado, não teve?
– Teve sim. Ele nasceu em berço espírita.
– Pude logo perceber, muito embora isso não seja nenhuma regra, pois existem espíritas que nos dão exagerado trabalho ao passar para o lado de cá.
– Isso também é verdade, pois, quando se está diante da realidade, a coisa muda de figura... Porém, não é o caso dele. Aqui é o "defunto" que está ajudando o encarnado – disse ao amigo, deixando escapar uma gostosa gargalhada.

– Quantos existem, Fabrício, que assim não procedem, não é mesmo? Mas o homem encarnado ainda é muito orgulhoso para aceitar isso, por esse motivo atribui sempre os seus "mal-estares" à presença de supostos desencarnados, que, muitas vezes, estão ali para ajudá-lo em seu desequilíbrio, esforçando-se para não se contaminar com tão pesada vibração. É mais fácil culpar os espíritos do que se olhar interiormente.

– Acho que eles não suportariam tamanho "baque"...

– É normal, Fabrício. Já estamos acostumados com esse tipo de coisa; muitos irmãos médiuns, tarefeiros de casas espíritas, já perceberam isso de trabalhadores em desequilíbrio. Tudo o que lhes acontece é por causa dos "espíritos"...

– Coitado de nós... Como se os encarnados não os atraísse...

– Você disse bem, meu jovem. "Atrair". Portanto, se atraímos para junto de nós espíritos sem luz...

– É porque a nossa vida também não está lá essas coisas. Acho que o "orai e vigiai" anda meio esquecido pelas pessoas. Seria tão bom, Olavo, se todos pudessem ter acesso a essas verdades...

– Mas então por que você não as conta, Fabrício?

– Contar?...

– Claro! Ou você acha que só poderá relatar as suas experiências quando no orbe terráqueo? E tudo mais que acontece por aqui? As histórias que lhe contam, também não são grandes ensinamentos que poderão ajudar a muitos?

– Bom, para falar a verdade, eu não havia pensado nisso.

– Fabrício, não foi por acaso que vocês estiveram juntos hoje, nem que se conheceram.

– Você tem razão, Olavo. Desta vez, foi a minha "ficha" que demorou para cair.

– Então, mãos à obra! Trate de contatar à médium o quanto antes, pois um novo trabalho os espera. O que vale, na verdade, é o ensinamento que se tira de todas essas histórias, já que muitos poderão estar passando por semelhante situação. Toda experiência é muito valiosa para ser desperdiçada, e você não vai querer que essa passe despercebida, vai?

– Claro que não!

– Então trate de entrar logo em ação, pois, o trabalho psicográfico é algo muito precioso e também esclarecedor para os encarnados. Além do mais, você sabe muito bem que os opositores dessa nossa causa não apreciam nada, nada, todo esse nosso empenho, principalmente quando diz respeito a esclarecimento de almas...

– Você está certo, Olavo. Vou fazer isso agora mesmo. Antes, porém, vou conversar um pouco com Adriano, o jovem de quem lhe falei, para ver se ele não se opõe a esse nosso novo trabalho.

– Faça isso, Fabrício. Tenho certeza de que ele lhe ajudará no que for preciso. Procure-me quando tudo estiver pronto, pois eu não tenho dúvida de que todos esses fatos reverterão em importantes páginas para mais um novo trabalho, ou melhor, um novo livro. Que Deus o abençoe, filho!

Capítulo I

Um Inesperado Adeus

O mês de maio costuma ser ainda muito quente na baixada santista, levando alguns jovens a reunirem-se junto à praia, no intuito de conversar, jogar, e até mesmo "pegar" uma onda. Bom, pelo menos é o que eles costumam dizer, quando, com suas pranchas em punho, resolvem desafiar o mar bravio, na ânsia de encontrar novas emoções.

E assim também era com Lauro, um jovem de 24 anos, que, cursando o quinto ano de Medicina, aproveitava os seus momentos de lazer para se descontrair com os amigos, no aconchego macio da areia quente.

Filho mais velho de Norberto, um renomado médico da sociedade santista, e Lucia, uma conceituada psicóloga, Lauro era o orgulho da família.

Inteligente e perspicaz, Lauro era considerado um dos melhores de sua turma. Claro que isso causava alguma inveja entre os seus colegas, a ponto de tecerem comentários maldosos a seu respeito, principalmente pelo fato de ele ter um pai famoso e influente no meio médico.

Mesmo assim, nada disso o abalava. Procurava não dar tanta força aos comentários que lhe chegavam aos ouvidos, passando-se muitas vezes por desentendido, até que as fofocas fossem tomando proporções cada vez menores, a ponto de caírem em total esquecimento.

Apesar da família unida, e do especial carinho que todos tinham por Paola, a caçula, de 15 anos, Lauro tinha um amigo inseparável com quem estudou desde a mais tenra idade, compartilhando os mesmos sonhos, os mesmos desejos, até que, finalmente, o destino uniu-os também na mesma turma da faculdade. Mais que um simples amigo, Adriano era como se fosse um irmão para ele. Os laços de afinidade que os uniam eram muito fortes; mais fortes até do que se fossem laços de consanguinidade.

Preparando-se para mais uma partida de futebol na praia, Lauro comenta:

— E aí, cara? Tá preparado?

— Hoje eu vou à desforra. Ou eu faço aquele gol, ou então eu não me chamo Adriano.

— Vai com calma, cara, olha as coronárias...
— Você já viu a cara de deboche deles, Lauro? É a quarta vez que a gente perde para a odonto, isso é uma vergonha! O pessoal anda comentando que eles estão colocando a gente no chinelo, vê se pode uma coisa dessas...
— Pode sim.
— Como assim, pode? Afinal, de que lado você está? Ah, já sei, não precisa nem se dar ao trabalho de me responder. Eu já devia ter imaginado...
— Imaginado o que, Adriano? Não existe nada para você imaginar dentro dessa sua cabeça dura.
— Não mesmo? Nem com relação àquela gata da odonto?
— Bom, com aquela gata até pode ser, mas isso não tem nada a ver com o nosso jogo. Mesmo porque eu fiquei sabendo que ela costuma assistir aos jogos só para torcer pelo nosso time.
— Ah, espera um pouco aí, Lauro, sem essa agora! Para o nosso time não, você quer dizer para você, não é mesmo?
— Bom, é que o papai aqui não é nada fácil com as mulheres! Que culpa tenho eu se derreto o coração de todas?
— E não é que o cara é convencido mesmo?
— Convencido não! Sou realista – disse estufando o peito.
— Acho que está pintando um clima entre vocês, isso sim.
— Eu não tinha nem reparado...
— Tô sabendo. Eu só sei que hoje eu vou meter bronca. Vou dar o sangue se for preciso, mas não saio dessa praia sem uma vitória, você vai ver.

Enquanto ambos se preparavam para mais uma partida de futebol, Adriano sente um ligeiro mal-estar, tendo de ser amparado pelo amigo.

— Você está bem? O que houve? Faz tempo que se alimentou? Está doendo alguma coisa? – perguntou Lauro, visivelmente preocupado.
— Calma lá, cara! Eu estou bem, acredite. Foi só uma ligeira tontura e um pouco de enjoo, mas já passou. Desse jeito você vai acabar matando os seus futuros pacientes de susto; coitados...
— É que de repente você ficou tão pálido... Acho melhor a gente pedir um tempo.
— Nem pensar! – esbravejou Adriano, enquanto passava a mão na testa molhada de suor. – Isso vai parecer uma bela desculpa, isso sim.
— Deixa disso, Adriano, mas que bobagem é essa agora, cara?! O que deu em você para querer ganhar esse jogo logo hoje?
— Você não disse que eu sou cabeça dura? E sou mesmo. Além do mais, eu também tenho motivos para estar aqui, hoje. Estou de olho numa garota, sacou? Então vê se não esquenta.

– Tá, mas, precisa ser hoje? Não seria melhor você descansar um pouco, e deixarmos a partida para outro dia?
– Adiar a partida? Mas o que é que deu em você, Lauro? Só por causa de um simples mal-estar? Eu já estou ótimo! Pensei que você já estivesse acostumado, vendo tanta gente passar mal no pronto-socorro durante os estágios que costumamos fazer. Tá parecendo calouro? Mais um pouco, e é você quem vai desmaiar. Vai, cara, vamos logo que o pessoal já está chegando, e as gatas também.

Levado pelas brincadeiras do amigo, Lauro decide ir ao encontro dos colegas, que não perdiam a oportunidade de provocá-los, lembrando sempre que, muito provavelmente, aquela poderia ser a sua quinta derrota.

Em meio a toda aquela agitação que antecedia a partida, Lauro consegue visualizar a garota pela qual estava interessado, recebendo dela um aceno e um sorriso, que lhe valeram por todo e qualquer constrangimento.

– Você não vai falar com ela? – disse Adriano ao amigo.
– Depois do jogo.
– Só depois?... – tornou a insistir com ares de gozação.
– Qual é, cara! Se eu sair daqui agora, vou perder a concentração. E quanto à sua garota? Será que ela mudou de time? – disse Lauro, provocando o amigo.
– Se ela fizer isso, eu caio fora. Não aceito traições de nenhuma espécie!
– Assim é que se fala garoto! – disse Lauro sorridente.
– Mas não precisa esquentar, porque, no momento, não tenho ninguém em vista; eu estava brincando. A minha cara-metade deve estar muito longe daqui. Acho até que ela nem é desse mundo...
– O quê?... Não me diga que ela é uma extraterrestre?
– Bom, isso eu já não posso dizer, mas que ela deve estar bem longe daqui, ah, isso deve! Eu sinto, sabe. Tá difícil "pintar" uma garota legal no meu pedaço, cara. Por mais que eu tente, não encontro ninguém que me complete, que tenha a chave certa para abrir as portas do meu coração. Acho que não vai ser desta vez.
– Que romântico... Você só pode estar brincando! Tá de gozação comigo? Quer ficar pra titio, é? Qual é, cara!
– Na verdade eu não estou nem um pouco preocupado, pois, quando a garota dos meus sonhos aparecer, eu vou saber reconhecer.
– Ah, é? Não diga!
– Sério. Eu até tenho sonhado com ela, vez por outra. Linda, meiga, de olhos amendoados e cabelos castanhos, ela sorri para mim toda vez que nos encontramos.
– Aí você acorda e cai na real. Qual é cara, tô ficando preocupado com você.

– Pois eu acho mesmo é que você deve ficar preocupado com o jogo, isso sim, e também em fazer bonito para a garota que está torcendo por você. Já pensou só se o nosso time perder?
– Não podemos nem pensar nessa hipótese.
– Vamos embora! Conversa mole a gente deixa pra mais tarde – disse Adriano sorridente.

Apesar de toda a descontração, Lauro não conseguia relaxar, e, durante todo o jogo, fixava o olhar no amigo, que parecia estar exausto.

Pálido, e quase sem fôlego, Adriano pede um tempo em meio à partida, retirando-se do time enquanto, visivelmente aflito, buscava um pouco de ar fresco para poder se recompor.

A brisa suave e perfumada que vinha do oceano parecia querer inundar-lhe os pulmões que teimavam tanto em se fechar, quando um mal súbito repentino fez com que Adriano sentisse uma forte dor no peito, vindo a cair no chão.

Desesperado, Lauro corre em sua direção gritando, mas, em vão. Adriano já estava morto. Sem querer acreditar no que estava acontecendo, Lauro começa a massagear freneticamente o peito do amigo, ao mesmo tempo em que tentava reanimá-lo com respiração boca a boca.

Sua obsessão por fazê-lo voltar a respirar não o deixava perceber que tudo aquilo estava sendo em vão, até que um colega consegue afastá-lo do local, fazendo-o voltar à razão.

O corpo de Adriano estirado na areia demonstrava a total falência do seu ser, enquanto os seus olhos, ainda fixados no céu, pareciam querer perder-se no infinito azul do espaço.

E agora? O que fazer? Lauro não podia acreditar no que estava acontecendo. A vida de seu amigo esvaindo-se ali, bem à sua frente, e ele sem poder fazer nada, apesar de tanto já ter aprendido.

Absolutamente impotente diante do amigo morto, tinha de admitir que não havia nada mais a ser feito.

A multidão agitada tentava se aproximar para ver o que estava acontecendo, enquanto Lauro, ajoelhado próximo ao corpo, chorava em total desespero.

Não tardou muito para que o resgate pudesse chegar e tomar as devidas providências, já que havia sido confirmada a morte do rapaz pelo médico responsável.

Uma nuvem negra parecia ter invadido o coração do jovem Lauro, que, desesperado diante do inesperado, parecia ter perdido de vez a razão.

Capítulo II

Uma Estranha Conversa

Alguns meses se passaram, e Lauro não conseguia recuperar-se do choque.

Visivelmente abalado, seu emocional parecia oscilar toda vez que tinha de lidar com o fator "morte", deixando-o profundamente chocado e deprimido, quando não, muitas vezes revoltado.

Seu rendimento na faculdade havia caído consideravelmente, e aquele seu jeito alegre e descontraído de ser havia desaparecido por completo.

Preocupado com a situação do filho, o pai de Lauro o chama no consultório para conversar.

– Bom dia, Tereza. O meu pai já chegou do almoço?

– Já sim, Lauro, e já faz um bom tempo. Ele pediu para que você o aguardasse que já, já, ele te chama.

– Será que ele vai demorar muito?

– Acho que não. Faz mais de uma hora que ele está com a paciente.

– Mais de uma hora?...

– É que o caso é muito grave. Parece que não há muito jeito, você entende...

– Entendo. E também estou começando a achar que errei de profissão.

– Como assim?

– Eu acho que, de tanto ouvir o meu pai falar, eu acabei me iludindo. Sabe, Tereza, eu ainda não consigo me conformar com o que aconteceu com o Adriano, não me conformo mesmo! Não faz muito sentido para mim, a sua morte. O cara estava ótimo, conversando comigo numa boa, e, de repente, aconteceu o que você já sabe.

– Mas é assim mesmo, Lauro. Hoje estamos bem, amanhã, quem sabe?...

– Isso não é justo, não está certo. O cara deu um duro danado para conseguir entrar na faculdade, fez das tripas coração, e para quê? Para acabar morto no auge da vida? Logo ele que queria tanto viver, trabalhar, ajudar as pessoas, a família. Tanto delinquente por aí, e justamente ele tinha que morrer? Eu não entendo, não entendo de verdade.

– Eu conhecia bem o Adriano – disse Tereza. – Eles moram perto da minha casa. Sua mãe vendia salgadinhos para ajudar a custear os estudos do filho. Ela sempre teve muito orgulho dele.

– É, eu sei, sempre foi assim. Eu nunca vi um cara tão otimista em toda a minha vida. Eu me lembro da dificuldade que os seus pais tiveram que enfrentar para poder mantê-lo na escola do bairro, ainda mais por ser considerada uma das melhores. Minha mãe costumava comentar conosco a mulher de fibra que era a dona Alice, fazendo doces e salgados para festas, só para conseguir pagar a mensalidade altíssima. Eles eram muito humildes, mas faziam questão de dar uma boa educação para o filho. A diferença social que havia entre nós nunca serviu de empecilho ou desculpa para separar-nos, porque a nossa amizade estava acima de tudo. Éramos praticamente como dois irmãos.

– Eu sei. E também a dona Alice adora-o como se fosse um filho.

– Ela lutou tanto...

– E conseguiu, não foi, Lauro? Apesar de tudo, ela nunca se deixou abater, nem quando ficou viúva, você está lembrado?

– Estou sim, Tereza. Foi exatamente aí que Adriano descobriu o gosto pela Medicina. Ele costumava dizer que iria estudar como um louco, só para tentar descobrir a cura do câncer, doença que matou seu pai. Eu não sei como ele pôde continuar vivendo depois disso...

– O que é isso, Lauro? Logo você falando desse modo? Além de uma boa formação e um profundo conhecimento sobre as doenças, você ainda não aprendeu a se conformar com a morte? Quem aprende a lidar com a vida, tem que aprender a aceitar a morte.

– É, mas você sabe que eu nunca havia pensado sobre isso, Tereza? Eu acho que pelo fato de eu nunca ter perdido alguém tão próximo antes, estou passando por uma crise emocional que está acabando comigo.

– Isso porque vocês, médicos, costumam ser um tanto céticos.

– Céticos? Nós? Mas eu acredito em Deus! – disse Lauro com eloquência.

– Então você também deve acreditar na continuidade da vida, certo?

– Bom, aí já são outros "quinhentos". Você não vai querer convencer-me com aquele monte de bobagens que costumam ensinar em algumas religiões, que o espírito continua vivendo após a morte, que existe vida em outra dimensão, etc.

— Que bacana, Lauro, pelo menos você já ouviu falar.
— Já. Mas não me venha com esse papo, Tereza, por favor.
— Quem sou eu?! – disse a secretária sorrindo.
— Não vai me dizer que você acredita nessas bobagens, acredita?
— Bom, como você mesmo disse, aí já são outros "quinhentos".
— Eu não acredito! Logo você? Ah, Tereza, sem essa! Vai ficar "lelé", heim?
— Quem, eu? Não se preocupe, Lauro. Acredito na grandeza de Deus, e sei que Ele não nos criou para que acabássemos no nada. Para mim, essa ideia é muito pequena para quem representa a Suprema Perfeição do Universo. Para quem é o Criador do Universo, isso é muito pouco, já pensou nisso por um instante? Pois eu já! E não me contento com esse pensamento pobre, mesquinho, porque o nada não existe. Temos toda a eternidade para...
— Então...
— Você acha justo o que aconteceu com Adriano? – completou Tereza com empolgação. – Uma vida inteira de sacrifício, de renúncia, de privação, para acabar assim, de repente, sem nenhuma explicação? Se você preferir assim, então quem sou eu para discutir? Cada qual vê Deus a seu modo, somos livres, Lauro, livres...
— Você está sempre me surpreendendo, Tereza.
— É que eu estou sempre buscando. Você pensa que tantos anos trabalhando com o seu pai, atendendo centenas de pessoas, todas as semanas, muitas delas em estado terminal, não me fizeram ir em busca de algo que pudesse me explicar o porquê de tanta dor?
— Mas por que você nunca perguntou ao meu pai? Ele certamente te explicaria.
— Ele explicou a você, Lauro?
— Claro! Ele sempre me explica.
— Então por que você ainda não conseguiu entender? Por que você ainda está nesse conflito, em busca de explicações que ainda não conseguiu encontrar? Por que essa depressão tão grande? Essa revolta?...
— Porque eu não me conformo, Tereza, só isso – disse o rapaz indignado. Além do mais, você sabe, o meu pai é um homem prático, realista. Nada parece o abalar realmente. Acho que são os anos de trabalho no hospital, junto de toda aquela gente doente, algumas até morrendo em suas mãos, sei lá. Agora comigo é diferente, eu ainda não passei por muita coisa nesta vida, deve ser por isso que eu não me conformo.
— Você não se conforma porque o seu espírito sabe que o cessar da vida com a morte do corpo não está certo. Algo mais existe, isso é certo, só que você reluta em aceitar, Lauro. É o teu intelecto querendo sufocar o teu eu mais profundo, não te deixando perceber que dentro de você existe uma

chama que não vai se apagar nunca! Mas eu não quero discutir isso com você; não agora. Além do mais, quem sou eu? Uma simples enfermeira que de vez em quando vira secretária, ou, se preferir, uma secretária que por vezes tem de virar enfermeira de seu pai.

– Isso é verdade. Mas que culpa tem você se ele não confia em mais ninguém? De vez em quando o velho costuma ser meio chato, e não é qualquer um que consegue aguentar. Para falar a verdade, eu só conheço duas pessoas: você e a minha mãe. Minha mãe, no entanto, eu até entendo porque está acostumada a lidar com alguns "birutas" em seu consultório, mas você, só pode ser mesmo predestinação.

– Eu gosto do que faço, e faço tudo com muito carinho e amor. Porém, devo confessar que nem sempre foi assim.

– E antes era como? – perguntou Lauro curioso.

– Antes eu sofria muito, só de ver o sofrimento alheio, porque eu não entendia que tudo tinha uma razão de ser. Isso quase me fez desistir, por isso eu te entendo.

– E agora você não sofre mais? Nem quando fica sabendo que determinados casos não têm mais solução, como é o caso da pessoa que está com o meu pai agora?

– Não é bem assim, Lauro. Claro que eu fico triste, mas, não me deprimo mais como antes, porque agora eu entendo que as doenças servem de valioso aprendizado para o espírito, ajudando a criatura a crescer, evoluir, mas, sobretudo, a mudar.

– Mudar?...

– É, mudar. Mudar seus pensamentos, seus hábitos, suas escolhas, seu modo de ver a vida, por outros bem melhores. Quando o homem souber viver de acordo com as Leis divinas, ele não ficará mais doente nem tampouco precisará mais de médico, porque ele será o seu próprio médico. Você sabia, Lauro, que toda cura, na verdade, está bem dentro de nós?

– Mais que papo mais "zen" é esse? Essa das pessoas não precisarem mais de médico é muito boa mesmo. Você já pensou? Eu não! Não pensei nem quero pensar, se não eu vou pirar ainda mais. Se bobear, posso até ir parar no divã da minha mãe. Tô fora, Tereza.

– Eu sei que pode parecer meio estranho, mas quem sabe um dia você conseguirá entender melhor.

– É, quem sabe. Mas eu estou surpreso com tudo o que ouvi de você hoje.

– Desculpe-me se extrapolei, mas não tive a intenção de te confundir. É que eu não gosto de te ver assim, tão para baixo, sempre deprimido, você sabe... Toma cuidado, menino, não deixa a maré ruim estragar a sua vida, os seus sonhos. Nem tudo é tão ruim assim, acredite.

– Vou me esforçar, Tereza, eu prometo. Mas a coisa está mesmo feia para o meu lado – disse preocupado.

– Então aproveite o momento, e peça a Deus ajuda. Você não disse que acredita Nele? Então peça, Lauro; peça, com fervor, de coração aberto, que Ele certamente te ajudará.

– Eu espero, Tereza, eu espero...

Nesse meio-tempo, a porta entreaberta do consultório demonstrava que a paciente de seu pai já estava de saída, fazendo com que Lauro se postasse bem rente a ela, só esperando o momento certo para poder adentrar.

Capítulo III

No Consultório

Não demorou muito para que Lauro pudesse ver quem saía da sala, surpreendendo-se mais uma vez ao deparar-se com uma linda jovem que, sorridente, despedia-se de seu pai prometendo retornar mais confiante.
— Pai?... — disse Lauro deixando apenas passar a cabeça pela porta.
— Lauro! Entre, filho, entre.
— O senhor pode falar agora?
— Claro! Eu pedi à Tereza que não marcasse mais nada até o meio da tarde, porque eu precisava muito falar com você. Ela lhe fez boa companhia?
— Como sempre, excelente. Conversamos bastante e nem percebi a hora passar. Tantos anos nesse consultório com o senhor, e eu posso contar nos dedos as vezes que paramos para conversar um pouco. Sempre tão ocupada...
— Tereza é para mim o meu braço direito. Como você mesmo disse, são anos e anos de convivência. Não preciso nem falar que, só de me olhar, ela já sabe o que eu quero, ou preciso.
— Quanto àquela garota que saiu daqui agora... — disse o jovem reticente.
— O que é que tem ela?
— Bom, a Tereza disse que ela é uma...
— Terminal? — falou o pai enquanto arrumava alguns exames que estavam sobre a mesa.
— Ela é?...
— Ao que tudo indica, sim. Embora poucos, e até bem raros, existem casos de inexplicáveis curas, em que o doente que antes era considerado um caso sem solução, de um momento para o outro fica curado. Infelizmente não parece ser o caso dessa jovem, pois a doença está evoluindo muito rapidamente.
— O senhor está querendo dizer com isso que em alguns casos tudo mudou?
— Casos raros, esporádicos, é bem verdade. Um aqui, outro acolá...

– Como assim? Como é que uma pessoa, com o estágio avançado da doença, pode melhorar de uma hora para outra, enquanto outras não conseguem nem chegar ao término do tratamento? Isso não pode ser explicado?
– Nem sempre, filho. Como eu já disse, não são casos muito frequentes.
– Mas não são justamente esses que deveriam ser mais pesquisados? Como uns conseguem obter a cura e outros não? O senhor já parou para pensar nisso, papai?
– Já.
– Já? E o que o senhor tem a dizer?
– Nada.
– Nada? Como assim, nada?
– Lauro, escute. Ainda existe muita coisa que nós não sabemos nem entendemos. Nosso conhecimento não é tão abrangente assim, muito embora a ciência venha caminhando consideravelmente, principalmente no que diz respeito à cura das doenças. Um fato é certo: cada organismo reage de um modo com os medicamentos; uns melhor, outros pior, alguns trazem no gene a tendência para determinados tipos de doenças, enfim, eu acho que também depende um pouco do fator sorte.
– Sorte? Mas isso não é justo.
– Pode até ser, mas é assim que é.
– É assim que Deus age, pai?
– Por que você está falando sobre isso agora? Deus não tem nada a ver com as nossas doenças, Lauro.
– Não?
– Convenhamos, meu filho, você não está sendo nem um pouco racional. Nem parece que estudou tanto. Esse assunto não pertence a Deus, mas sim somente à Medicina.
– É que enquanto esperava pelo senhor, Tereza e eu conversamos bastante, e, percebendo a minha indignação diante da morte do Adriano, ela sugeriu que eu pedisse ajuda a Deus. Fico pensando, porém, se Ele é o "cara" certo para isso.
– Sobre o que você está falando agora?
– Sobre vida e morte, sorte e azar. Será que é assim que funcionam as coisas, papai? É desse modo que o cara lá de cima faz? Então não tem sentido eu pedir ajuda a Ele, uma vez que a sorte de todos está lançada, o senhor não concorda?
– Mas que conversa é essa agora, Lauro?
– O senhor viu a jovem que saiu daqui ainda há pouco? – disse gesticulando inconformado. – O que ela teve, então, foi pura falta de sorte?
– Lauro – disse o pai confuso –, não foi à toa que pedi para você vir até aqui hoje. Eu e sua mãe estamos muito preocupados, pois desde que o Adriano morreu, você vem agindo de modo estranho, sem

contar que o seu rendimento na faculdade caiu consideravelmente. Eu até entendo que o significado dessa perda para você tenha sido muito profunda, mas confesso que nunca pensei que fosse ficar assim, tão abalado. Filho, você já é quase um médico, por isso pensei que já tivesse se acostumado com situações como essas. Estou surpreso, e também bastante chocado com o seu procedimento. Não entendo o que está acontecendo.

— Nem eu, papai, nem eu. Chego a pensar que fiz a escolha errada. Já se passaram três meses desde que Adriano partiu, e eu não consigo voltar a ser o que eu era. Sinto tanto medo...

— Mas medo de quê?

— De viver, eu acho.

— Você está deprimido, isso sim.

— Estou em pânico!

— Síndrome do pânico! Eu não disse? Isso é consequência do estresse e do cansaço, das noites em claro devido aos plantões, só pode ser isso.

— Não consigo nem rezar – disse o jovem atordoado.

— Deixe para rezar depois – disse o pai de modo ríspido –, já que isso não lhe adiantará em nada mesmo. Agora o que você precisa é de bons remédios que o ajudem a sair, o mais rapidamente possível, desse estado que se encontra. Vou lhe prescrever alguns medicamentos que serão tiro e queda, você vai ver. A Tereza andou colocando caraminholas na sua cabeça?

— Não, não é isso.

— Filho, rezar pode até ser bom, mas na Igreja. Na hora do aperto o que funciona mesmo são os remédios, entende?

— Eu acho que sim. Acho mesmo é que estou precisando de alguns bons comprimidos que me façam esquecer tudo isso.

— Claro! Afinal, foram muitos anos de convivência com seu amigo, eu entendo o seu sofrimento, mas você precisa reagir.

— Vou ficar "lelé"?...

— Nem pense nisso!

— "Chapadão"?...

— Não. É só não misturar com bebida alcoólica. Depois, será por pouco tempo, eu tenho certeza. E as garotas? – disse o pai tentando mudar de assunto.

— Distantes, muito distantes...

— Não pode. Você precisa sair para se divertir, curtir a vida como vocês costumam falar.

— Não tenho vontade, mas vou tentar.

— Faz parte da profilaxia, quer discutir?...

— Não senhor, doutor, o senhor é quem manda! – disse Lauro sorrindo.

— Acho bom. Quero te ver mais animado daqui para a frente, feliz como sempre foi, cheio de gás, como vocês costumam dizer. Pare de pensar bobagens, de filosofar em cima de coisas que não têm explicações. Deixe isso para os padres; nós somos médicos. Entendeu bem? Médicos! E os médicos têm de ser realistas. Com o tempo você perderá essa sua sensibilidade exagerada e conseguirá ser mais firme diante dos fatos da vida.

– É assim que funcionam as coisas, papai?
– É assim mesmo, filho. Milagres não existem, o que existe é sorte, coisas do destino.
– Vou tentar me lembrar disso sempre que puder.

Lauro tinha grande admiração e respeito pelo pai, que, a seu modo, tentava ajudar o filho em tudo o que fosse preciso.

Dedicado e prestativo, Norberto sempre fez o que pôde, sem, no entanto, conseguir dar ao filho uma educação baseada e alicerçada nos moldes do Cristo, juntamente com uma fé raciocinada, única capaz de nos fortalecer em meio aos embates da vida.

Talvez tenha sido por isso que, apesar de toda a conversa com o pai, Lauro ainda não conseguia voltar a ser como era, alegre, otimista e cheio de vida.

Depositando todas as suas esperanças nos frascos de remédio que passaria a tomar, dali para a frente, Lauro sai do consultório um pouco mais otimista, ao mesmo tempo em que pensava:

"Que vergonha, estou parecendo uma criança indefesa que precisa de ajuda para não se perder. Até parece!... Depois de tudo o que já aprendi, tudo o que já vi, ainda me encontro nessa? Meu pai é que está certo. Deus deve estar ocupado demais para se preocupar com esquisitices e paranoias criadas por nós, simples mortais. Se eu continuar agindo assim, vou é pirar. Mais um pouco, e eu entro na da Tereza. Veja só se pode, dizer que a cura está dentro de nós mesmos. Dentro de onde, afinal? Eu, heim? Coitada, se continuar pensando assim, acho que ela vai precisar de uma boa terapia logo, logo, isso sim".

Tentando reequilibrar-se novamente, Lauro prefere deixar o carro na clínica de seu pai e voltar caminhando pelo calçadão em busca de novos ares.

Capítulo IV

Reencontrando os Amigos

O entardecer na praia costuma ser sempre muito lindo, principalmente nos dias quentes em que o sol, acompanhado de rajadas avermelhadas, parece querer submergir ao longo do oceano.

Casais de namorados parecem ficar mais românticos diante dessa poética cena, assim como os transeuntes comuns, de todas as idades, que apreciam o pôr-do-sol e o barulho manso das ondas brancas que, calmamente, desaparecem na areia.

O que muitos não sabem, e tampouco conseguem ver, é o gigantesco trabalho que existe ao longo da orla em benefício de espíritos recém-desencarnados, que, acompanhados de seus guias, absorvem fluidos de capital importância antes mesmo de seguir em caravanas socorristas para os hospitais-colônias existentes ainda próximos da Terra.

Para os que podem ver, a cena é deslumbrante! São irmãos dedicados à fraternidade e ao amor, que nesse trabalho incansável procuram amenizar um pouco o sofrimento das criaturas que já se encontram preparadas para deixar essa morada de matéria e, finalmente, partir para um mundo mais etéreo.

Isso muitas vezes não é fácil. Pode levar dias, meses, ou até mesmo anos, depende de cada um. Porém, ninguém fica sem ser ajudado, nem tampouco sem receber as medicações preciosas vindas das profundezas abissais, porque em tudo existe a grandeza e a misericórdia de Deus.

Seja no meio das matas ou no fundo dos oceanos, o homem está sempre cercado pelo amor do Pai, que, em todos os reinos da natureza, coloca seus fiéis servidores para trabalhar em prol do bem comum. Ninguém, nunca, fica sozinho ou desamparado.

Sensível, Lauro parece perceber algo estranho no ar, sem, no entanto, conseguir explicar o que poderia ser.

Uma súbita vontade de pisar na areia morna e macia o fez, de pronto, tirar os sapatos e arregaçar as calças até os joelhos, indo em direção ao mar.

Sem perceber, Lauro também se beneficia daqueles fluidos que vinham em sua direção, soerguendo-lhe o ser que, horas atrás, parecia querer desfalecer.

Sentado de frente para o gigantesco mar, Lauro deixa escapar uma doída lágrima, vindo-lhe na mente os últimos momentos em que esteve com o seu amigo Adriano.

Desde então, Lauro nunca mais havia voltado à praia. Não queria nem passar por perto, pois a lembrança viva daquele triste dia ainda doía-lhe na alma.

A vida, desde então, parecia não ter mais sentido para ele. Tanta luta, tanto empenho, para quê? Sorte! Era o que lhe vinha à mente, fazendo-o recordar das palavras de seu pai.

Porém, pela primeira vez, Lauro não se conformava nem conseguia satisfazer-se com aquelas explicações, achando por bem levantar e caminhar um pouco rente ao mar, enquanto meditava.

Não demorou muito para que ele pudesse encontrar alguns amigos, que, surpresos em vê-lo caminhando, foram logo sinalizando com o polegar erguido:

– E aí, Lauro, tudo bem?

Antes mesmo que ele pudesse responder, uma outra voz ecoa mais ao longe, misturando-se ao ruído gostoso das ondas do mar:

– Lauro?...

– Chicão?... – disse surpreso.

– Qual é, cara! Assim você vai acabar me desmoralizando – disse o tal jovem de braços abertos, indo em sua direção. – Você já pensou os meus futuros pacientes chamando-me de doutor Chicão?

– Até que não ficaria tão mal assim. Não consigo te chamar de Francisco; não combina, é muito formal, sério demais, diferente do teu modo de ser.

– Tá me chamando de palhaço? – disse enquanto abraçava Lauro com força.

– Bom, esse não é bem o termo, mas, se existe um cara de bom astral na faculdade, esse cara só pode ser você, Chicão.

Sempre alegre e sorridente, Francisco fazia parte integrante do grupinho de amigos de Lauro, só não participando das "peladas" na praia devido ao fato de estar um pouco fora de forma.

De estatura mediana, e com mais de cem quilos, Francisco era considerado o incentivador da turma durante as partidas, mas apenas isso. Apimentava a galera provocando os times, mas sempre de forma bem humorada e inteligente, sem, contudo, criar qualquer tipo de animosidade entre os jogadores rivais. Era bem quisto por todos, e até mesmo pelos professores ele era conhecido como Chicão.

– E aí, Lauro, fico contente de te ver por aqui. A turma tem comentado que você anda muito sumido, nunca mais quis jogar, sair, qual é, cara? A vida continua!

— Vida!... Essa palavra tem me criado um enrosco danado, ultimamente.
— Mas por que isso agora? Deu para filosofar?...
— Não, não, já chega o que eu tive de ouvir do meu pai hoje.
— Seja lá o que for, o seu pai "manja".
— É, eu sei – disse Lauro –, mas tá difícil.
— Todos nós sabemos da sua consideração pelo Adriano, e que não deve ter sido nada fácil ter de enfrentar essa perda. Mas você não pode deixar-se abater desse modo. Fiquei sabendo que a família dele está numa boa, e que todos estão encarando o fato com naturalidade e firmeza.
— Até a dona Alice? Duvido...
— Principalmente ela. Dizem que quando alguns colegas do Adriano a encontram para tentar consolá-la, é ela, na verdade, quem os consola, dizendo a todos que o seu filho não morreu, mas apenas mudou de plano, e que um dia eles irão novamente se encontrar.
— Isso é fuga; ela ainda não caiu na real – disse Lauro ao amigo.
— Dizem que é fé – retrucou Chicão com firmeza.
— E quanto à Rita, a irmã dele?
— Ela também tem muita fibra, e não deixou se abater como muitos pensavam. Aliás, Lauro, você nunca mais as viu?
— Não tive coragem. Depois da morte do pai, Adriano passou a ser o "cabeça" da casa, ajudando em tudo o que podia. Fico pensando como será daqui para a frente, depois dessas duas valorosas perdas...
— Mas a dona Alice sempre se virou bem sozinha, e também nunca deixou de trabalhar – argumentou Chicão.
— Isso é verdade. Apesar da pouca instrução, ela nunca fez disso um motivo, uma desculpa. Sempre com a mão na massa, encarava todas – disse Lauro.
— Dizem que a filha tem a mesma fibra que a mãe. E, cá entre nós, ela é uma gracinha. Ainda pretendo conhecê-la melhor.
— Eu não sei onde elas buscam tanta força. Mas, a propósito, como você sabe de todas essas coisas?
— Tenho os meus contatos... – disse Chicão se gabando.
— Além dos bolos e doces que costumava fazer com sua mãe, Rita também vendia roupas para a minha irmã, Paola, e, sempre que podia, dava um pulo lá em casa com o Adriano – disse Lauro.
— Elas devem estar sentindo saudades de você, amigão.
— É, eu sei, Chicão. Qualquer dia desses vou dar um pulo até lá. Antes, porém, vou precisar de coragem para voltar àquela casa. Só que eu ainda não estou preparado. Ainda bem que o meu velho prescreveu-me alguns remédios que, segundo ele, são tiro e queda.
— Vai com calma, Lauro, vai com calma, cara. Você sabe que não precisa de nada disso.

– Está subestimando o meu coroa?
– Quem, eu? – disse Chicão apontando para o próprio peito – Tá brincando? O seu pai é considerado um "cobra" no meio médico, ele é simplesmente "The Best!". Se ele receitou, tá receitado. Eu só continuo achando que você deveria ir com calma, porque esses remédios costumam ser, você sabe...
– Fortes?...
– Muito fortes. E, como eu sei que você curte uma cervejinha vez por outra, não é bom ficar misturando. Alguns até criam dependência, e você sabe disso.
– É só por pouco tempo, Chicão, você vai ver.

Antes mesmo de darem por encerrada aquela conversa, Chicão comenta com Lauro:
– O Dirceu vai dar uma "festinha" nesse sábado, no apartamento dele. Que tal darmos um pulo até lá?
– O Dirceu? Uma "festinha"? Da última vez que ele reuniu o pessoal, foram todos parar na delegacia.
– Ele não tem jeito mesmo. Parece que ele quer aproveitar a ausência dos pais e botar para quebrar – disse Chicão.
– Eu ouvi dizer que o pai dele é um fazendeiro muito rico – completou Lauro.
– É, mas não é só isso, não. Parece que o Dirceu queria fazer Direito, e o pai dele o intimou a fazer Medicina Veterinária só para cuidar dos bois da sua fazenda. Contrariado, Dirceu prestou para Medicina convencional e acabou entrando. Ele costuma dizer que, se as coisas não forem do seu jeito, também não serão do jeito de seu pai.
– Existe muita coisa nessa história toda que a gente ainda não sabe ao certo. Parece que ele mal fala com o pai. Além do mais, Dirceu é um cara muito fechado, você já reparou? – perguntou Lauro ao amigo.
– Já sim. Deve ser por isso que ele costuma dar essas festinhas de arromba. Dizem que o pai dele é quem banca tudo. Desde a loira gelada, até o bom uísque escocês.
– E, em determinadas ocasiões, eu já ouvi dizer que tem até champanhe!
– Ele gosta de se mostrar para as garotas. Afinal, ele pode.
– Ele tem alguns amigos de sua preferência que estão sempre junto dele. Quanto a nós, só mesmo em determinadas ocasiões. Você vai? – perguntou Lauro apoiando a destra no ombro do amigo.
– Eu estou em todas, você sabe, ainda mais se "pintar" uns lanchinhos, ou, quem sabe, até uma pizza!
– Uma pizza? Eu desisto, isso já é demais! Já pensou você como endócrino? Isso seria um enorme contrassenso dentro da Medicina. Você só pensa em comer, cara, como pode?!

– E tem coisa melhor? Mas, afinal, você vai ou não vai?

– Vou dar uma passada rápida por lá. Se estiver bom, eu fico, se não, eu caio fora.

– É assim que se fala! Tem de sair desse casulo, Lauro, tem de sair com urgência – disse o amigo apertando fortemente a sua mão. – A gente está torcendo por você.

– É isso aí, Chicão, eu vou sair dessa, você vai ver. A gente se vê por aí.

– Pode ter certeza disso, amigão.

Capítulo V

Uma Festa da Pesada

O clima descontraído, a agitação frenética do vai-e-vem de jovens entrando e saindo, o barulho estridente do som pulsando nas caixas acústicas, tudo isso indicava que, bem ali, estava acontecendo uma festa.

Esse, talvez, não seria bem o termo para aquele tipo de encontro, pois se podia notar com total clareza que alguns jovens não estavam bem.

Visivelmente tontos, alguns chegavam a ter de se apoiar nas paredes para conseguir ficar em pé ou tentar alguns passos, enquanto outros, sentados ao chão, deixavam cair a cabeça por entre as pernas, que, vez ou outra, pareciam também querer desequilibrar.

– Uau, que festinha, heim? – disse Lauro ao amigo Chicão.

– O pessoal está precisando relaxar – respondeu irônico.

– Mas, pelo visto, alguns não só estão relaxando, como também quase entrando em coma. Olha só para isso! – disse Lauro apontando para alguns casais que pareciam estar em órbita.

– É, você sabe que o Dirceu não brinca em serviço. Quando ele resolve dar essas festas, é um Deus nos acuda. A coisa pega fogo mesmo.

– E, por falar nisso, onde está ele que até agora eu não o vi?

– Por aí, quem sabe?...

– Mas que apartamento, heim? Isso tudo é só para ele, ou tem mais uns dez morando aqui?

– É só para ele, e para os amigos e as amigas que ele costuma convidar para passar o final de semana.

– Já pensou? É grande demais, você não acha, Chicão?

– O cara pode, é milionário.

– Não estou vendo muita gente da Medicina aqui. Só uns poucos.

– Para falar a verdade, Lauro, essa é a segunda vez que eu venho a uma de suas festas. Elas não costumam fazer muito o meu estilo.

– Nem o meu – respondeu Lauro – Eu gosto mesmo é de uma boa pelada na praia com os amigos, um bom bate-papo, uma cervejinha vez ou outra e...

– Comer uma bela pizza! – completou Chicão sorridente.
– O pior de tudo é que você está certo, tenho de admitir.

Em meio a todo aquele agito, Lauro consegue avistar Caroline, a garota da odonto que costumava vê-lo jogar na praia.

Temendo perdê-la de vista em meio a toda aquela gente, Lauro pede um tempo para o amigo Chicão, e vai ao encontro da garota todo entusiasmado.

Ao aproximar-se, Lauro surpreende-se no momento em que consegue vê-la mais de perto, pois seus olhos pareciam estar ardendo em brasas.

– Caroline?... – disse reticente – Lembra-se de mim?
– Lauro! – falou a jovem enquanto segurava o copo de uísque com uma de suas mãos. – O que faz por aqui?
– O mesmo que você. Tentando me divertir um pouco, mas acho que não foi uma boa ideia ter vindo.
– E por que não? – perguntou indignada.
– Aqui é muito agitado para o meu gosto. Além do mais, está muito quente aqui dentro, você não acha?
– Para mim está ótimo. Quanto mais quente, melhor! Além disso, sempre estou bem quando estou com o Dirceu. Longe dele é que são elas...

Pensando que aquela sua resposta havia sido uma indireta para dizer-lhe que estava interessada no Dirceu, Lauro desculpa-se dizendo:

– Perdoe-me, eu não sabia que vocês dois...
– Não é nada disso que você está pensando, Lauro. Dirceu e eu somos bons amigos, só isso.
– Só?...
– Só. É que além da nossa amizade, nós temos algo em comum. Algo que nos torna muito semelhantes, sabe?
– Não, não sei. Posso saber o que é? – perguntou encafifado.

Envolvida pelo embalo da música, Caroline começa a dançar diante de Lauro, pedindo para que ele fizesse o mesmo, mudando imediatamente de assunto.

Desconcertado diante da jovem, Lauro não se sente à vontade para acompanhá-la em seu frenético ritmo, sugerindo que fossem tomar um pouco de ar fresco na varanda.

– Você precisa relaxar – disse Caroline.
– É, eu já ouvi isso hoje – respondeu-lhe enquanto fitava a imensidão do mar.
– E, pelo visto, ainda não conseguiu – tornou a insistir a garota.
– Estou tentando, mas, não é nada fácil.
– É sim, Lauro, é só querer.
– Não é tão fácil quanto parece – tornou a insistir o jovem ingenuamente. – Não depende unicamente da nossa vontade.
– Ah, depende sim – insistiu a garota já um pouco alta.

– Quer me ensinar? – disse Lauro perto do seu ouvido, na intenção de levá-la até a praia para caminhar um pouco, e, quem sabe, até começar um namoro.

Porém, percebendo sua fragilidade, Caroline aproveita o momento e tira da bolsa um comprimido de formato estranho, sugerindo em seguida:

– Fica ótimo quando misturado a uma "bebidinha". Por que você não experimenta?

Confuso e ao mesmo tempo surpreso, Lauro tenta esquivar-se do convite, quando ela torna a insistir:

– Com medo?

– Não é medo, mas falta de hábito.

– Por isso está assim, sempre tão triste. Você não sabe o que está perdendo, todo mundo costuma usar de vez em quando. Acho que você é o único aqui que não usa.

– Isso não é...

– A pílula dourada, do amor, da fantasia, chame como quiser – disse a jovem sorrindo.

– Que tal ecstasy? Acertei?

– Acertou. Só errou em ainda não ter experimentado.

– Mas, Caroline, isso pode...

Antes mesmo que Lauro pudesse continuar falando, a jovem argumenta exaltada:

– Não me venha com sermões, Lauro, por favor. Já sou bem crescidinha, dona do meu próprio nariz, por isso não estou disposta a ficar ouvindo lero-leros. Afinal, em que planeta você vive? Quase todo mundo faz uso disso hoje em dia, e nem por isso tem gente morrendo pelos cantos. Quando você quiser, você para; não existe essa de dependência. Se o cara é fraco, azar dele, mas, se souber quando parar, sem problemas. Também não é assim com o cigarro? Não tem gente que consegue largar o vício e nunca mais voltar, enquanto outros passam a vida inteira lamentando-se que não vivem sem o seu tabaco? Então, Lauro, isso depende de cada um. Tomo quando quiser, e também paro quando quiser, não sou viciada, entendeu?

– Tudo bem, tudo bem, – respondeu Lauro enquanto passava a mão sobre os seus cabelos. – Eu não quis te chatear.

– E não chateou – respondeu a garota enquanto passava o braço em torno do seu pescoço – é que a vida fica bem melhor quando fazemos uso da pílula.

– Você está quente – disse Lauro impensadamente, deixando Caroline ainda mais irritada.

– Não sou sua paciente para ter de ouvir isso bem agora. Será que você não percebe que está fazendo quebrar o clima que poderia existir entre nós?

– Desculpe, eu não quis...

– Venha – disse a jovem puxando-o pelo braço enquanto disparava a dançar novamente. – Venha curtir a vida, Lauro. Relaxe, solte-se, venha, venha...

Embalada pelo som frenético que saía das caixas acústicas, Caroline se embrenhou no meio dos outros jovens disparando a dançar feito louca, não sem antes nivelar o copo com o uísque que estava sendo servido em abundância, enquanto Lauro, seduzido por sua jovial beleza, acompanhava-a a uma certa distância.

Capítulo VI

Uma Infeliz Escolha

  A madrugada havia chegado, e, totalmente exausto, Lauro dirigiu-se novamente até a varanda em busca de um pouco de ar fresco, pois não conseguia mais acompanhar o ritmo acelerado de Caroline.
  Ao fitar a imensidão do mar, ele tenta respirar profundamente como se quisesse absorver toda aquela energia vinda do oceano, ao mesmo tempo em que, melancólico, deixa cair uma lágrima de dor.
  Absorto em seus pensamentos, Lauro é surpreendido com a presença de Chicão bem ao seu lado, dizendo-lhe calmamente:
  – E então, cara? Vamos nessa?
  – Mas já?
  – Bom, para falar a verdade eu não encontrei um bom motivo que me fizesse continuar aqui por mais tempo; não nessa bagunça toda.
  – É verdade. Isso aqui está mais parecendo um hospício. É gente doida por todo lado.
  – E, por falar nisso, onde está a Carol?
  – Puxa Chicão, isso lá é jeito de se referir à garota?
  – Me desculpe, cara, eu não quis ofender. Mas acho que você já percebeu que a Carol curte uns...
  – "Baratos"?
  – É isso.
  – Desde quando você sabe disso?
  – Desde sempre. A faculdade toda sabe.
  – Pois eu não sabia; nem imaginava. Algumas vezes ela costumava ir até a praia só para me ver jogar, mas nunca passou disso. Eu nem sabia que ela conhecia o Dirceu.
  – É, parece mesmo que os semelhantes se atraem. E aí? Você vem?
  – Vou ficar mais um pouco. Pode ir se quiser.
  – Claro! Você é quem sabe. Isso aqui para mim está ficando cansativo demais. Só mesmo "embalado" para aguentar esse barulho estridente.
  – Mas se tivesse uma boa pizza...

— Então com certeza eu encararia essa loucura toda. Mas como não tem, fui! Cuide-se garoto, e vê se não me apronta nenhuma...
— Pode deixar comigo, Chicão, não se preocupe.

Assim que Chicão foi embora, Lauro foi atrás de Caroline. Não demorou muito para que ele pudesse encontrá-la num dos cômodos da casa, na companhia de Dirceu.

— Interrompo? — perguntou meio sem graça.
— De modo algum — respondeu Dirceu com naturalidade, enquanto passava para Caroline alguns baseados de maconha.
— Isso também não vicia? — perguntou Lauro olhando em direção à jovem.
— Claro que não — respondeu convicta. — Sabendo usar, é só maneirar.
— Que nunca vai faltar! — completou Dirceu.
— Gostei da rima — disse Lauro. — Vocês combinaram isso também?
— Eu não falei a você que eu e o Dirceu tínhamos algo em comum?
— Então é isso?
— É, é isso sim. Por quê? Vai querer nos passar um sermão?
— Não, Carol, eu jamais faria isso.
— Por que brigar, se a gente pode relaxar? — falou Dirceu debochado.
— A vida é feita para se curtir, Lauro, não para ficar estressado. Isso é coisa para quem não pode ter esse privilégio.
— Privilégio?
— É, cara. Ou você pensa que tudo isso não custa uma grana preta? O pobre toma cachaça, o rico toma uísque, e nós, que somos considerados "filhinhos de papai", temos o privilégio de ter tudo isso, além de fazermos uso só de coisas boas...
— Ninguém fica sem tratamento *vip* quando se está numa das festas do Dirceu.
— A Carol está certa, Lauro. Todos sabem que eu só ofereço o que há de melhor para os meus convidados. Você precisa sair desse baixo astral, cara. As pessoas costumam pintar o diabo de preto, mas nem sempre ele é assim tão feio. A gente costuma curtir só no final de semana. Além do mais, tudo o que você encontrar aqui é da melhor qualidade.
— Tudo?...
— É, cara, aqui tem para todos os gostos.
— Você não tem medo que alguém mais possa descobrir?
— Quem, eu? Qual é, cara?! Para que serve a influência dos velhos numa hora dessas?
— Seu pai sabe?
— Finge que não sabe só para não se dar ao trabalho de ter de ficar me azucrinando. É mais rápido e mais prático para ele me tirar do enrosco, do que ter de ficar me pagando terapia. Nada contra, mas você sabe que a primeira coisa que eles costumam fazer é colocar a família para participar também. E, nesse caso, o meu pai não

iria nem amarrado, pode crer. Ele está sempre ocupado, viajando, comprando gado para encher os pastos da nossa fazenda; vê lá se ele vai perder tempo com isso? Além do mais, ele conhece muitos políticos não só da nossa cidade lá no Paraná, como também muita gente influente daqui de São Paulo. Quando ele precisa de alguma coisa, é só pegar o telefone que imediatamente tudo acontece, como num passe de mágica, sacou?

– Então é por isso que você consegue se safar de tudo sempre.

– Relaxe, Lauro, e curta a vida, cara. Não precisa esquentar com nada, é só se divertir. Se estiver muito difícil, a gente dá um jeito para fazer isso acontecer. Aqui está cheio de filho de gente bacana e influente, ninguém vai querer se dar mal, entende? Se precisar de um quarto, pode ficar à vontade – disse malicioso enquanto olhava para Carol, que, com o braço esticado, oferecia-lhe um baseado de maconha.

Apesar de sentir-se um tanto encabulado com a sugestão, Lauro percebe que aquele seria o momento certo para poder descontrair e aceitar, acendendo, desse modo, o seu primeiro cigarro de maconha.

Levado pelo embalo das sugestões inferiores, ele decide aceitar o convite, pensando com isso ter encontrado um meio de esquecer seus problemas.

A noite foi longa, como longo também foram os momentos em que o álcool e a maconha estiveram presentes em seu organismo.

A princípio, nada demais. Passados alguns instantes, porém, a descontração e a sensação de "leveza" obtida por meio da droga fizeram com que Lauro se sentisse mais solto, menos tenso e, portanto, menos infeliz.

Adentrando sorrateiro em um mundo sombrio e quase sempre sem volta, Lauro foi se deixando levar pelos amigos que, enfermos da alma, assim como ele, optaram por um perigoso caminho, sem se dar conta de que haviam feito uma infeliz escolha.

Capítulo VII

Alma Enferma

O tempo foi passando, e, visivelmente abatido, Lauro começava a dar sinais de que não estava nada bem.

Sempre nervoso e agitado, ele havia se afastado dos amigos habituais para juntar-se a grupos que, desde então, nunca demonstrou ter qualquer afinidade.

Apesar dos insistentes apelos de Chicão para retornar aos jogos na praia, Lauro mostrava-se indiferente, pois, passado o efeito das drogas, voltava a apatia diante da vida, fazendo com que ele se isolasse cada vez mais de tudo e de todos.

Para ficar bem ou alegre, Lauro não mais se juntava aos amigos na areia, mas a grupos de jovens cujo programa estava bem longe de ser algo saudável e esfuziante, já que nada faziam sem o uso constante do álcool ou da droga.

Preocupados com a mudança repentina do filho mais velho, pai e mãe reúnem-se para conversar, não sem antes esperar pela presença do jovem, que, apesar de bem tarde, retorna ao lar abatido.

– Lauro, meu filho, onde esteve? – perguntou a mãe aflita. – Não temos mais nos reunido para jantar, como antigamente, não é possível que você tenha ficado na faculdade até a essa hora...

– Não, não é isso – disse enquanto ajeitava o cabelo em desalinho.

– Então é o quê? – perguntou o pai tentando encará-lo de frente.

Confuso, Lauro não sabe ao certo o que responder:

– É que...

– Lauro, olhe para mim – insistiu o pai.

Temendo que seu pai pudesse descobrir o que estava acontecendo em seu íntimo, Lauro continua cabisbaixo ao mesmo tempo em que a mãe argumenta:

– Você sabe que pode se abrir conosco, não sabe? O que está havendo, afinal?

– Nada. Só estou um pouco estressado, nada de mais.
– E toda a medicação que eu te prescrevi? De nada adiantou? – disse o pai esperando por uma resposta convincente.
– Bom, é que eu resolvi dar uma parada, não estou tomando mais.
– Não? Então você está tomando o quê? – tornou a insistir o pai ressabiado.
– Nada.
– Nada? Pois não é o que parece. Sua fisionomia me diz que algo está errado, Lauro, muito errado mesmo. Por que você não se abre de uma vez?
Acuado, e sem saber o que dizer, responde o jovem de modo agressivo:
– Isso está mais para um interrogatório do que para uma conversa em família. Estou cheio!...
Na tentativa de amenizar um pouco os ânimos, Lucia argumenta carinhosa:
– Lauro, a Paola me contou que você está namorando uma garota da faculdade. Isso é verdade, filho?
Irritado, Lauro responde agressivo:
– Paola? E o que a minha adorada irmãzinha tem a ver com a minha vida agora? Será que agora ela deu para me vigiar?
– Não, não é isso, ela só...
– Por que essa fedelha não trata de cuidar da própria vida, e deixa a dos outros em paz? Afinal, quem aquela pirralha pensa que é para ficar bisbilhotando a vida alheia? – disse cheio de ódio.
– Agora basta! – retrucou o pai com autoridade, pois nunca havia visto o filho responder daquele modo antes.
Sempre tão carinhoso e alegre, Lauro dava sinais graves de agressividade e intemperança, nada habituais do seu cotidiano.
– O que está havendo, afinal? – perguntou a mãe chorosa. – Eu nunca vi você falar assim antes. Paola nunca bisbilhotou em sua vida, Lauro, isso nunca fez o estilo dela. Ela ficou sabendo sem querer, por intermédio de Rita.
– Rita? – disse surpreso – O que a Rita tem a ver com isso?
– Lauro, talvez você tenha esquecido, mas sua irmã completará 16 anos ainda esse mês. Eu e seu pai pensamos em presenteá-la com uma viagem, mas Paola preferiu uma festa.
– Uma festa?...
– Ela também parece estar interessada em alguém. Sabe como são as garotas nessa idade. Pensamos em contar a você, mas parece que ultimamente tem sido um pouco complicado a gente se reunir para conversar, sem contar o fato de que você tem chegado tarde quase todas as noites.
Sem graça, Lauro tenta uma desculpa descabida:
– É, eu tenho andado meio ocupado mesmo, e nem me lembrei do aniversário de Paola. Desculpe-me, mamãe...

— Sua mãe pediu para Paola conversar com Rita e encomendar o que fosse necessário para a festa, inclusive o bolo, que, por sinal, é uma das especialidades de dona Alice.

— E foi em meio a toda essa conversa que ela ficou sabendo desse seu novo relacionamento – completou a mãe carinhosa.

— Mas como Rita poderia saber? – perguntou Lauro encafifado.

— Parece que ela e o Chicão andaram se encontrando ultimamente. E entre uma conversa e outra...

— Então é isso? Chicão foi mesmo atrás dela! Ele e aquele seu rabo de saia resolveram espalhar a notícia sobre os meus encontros com a Carol – disse o jovem totalmente perturbado.

— E o que é que tem de mal nisso, meu filho? Por acaso era algum segredo? – perguntou o pai de modo inocente.

— Não, claro que não, mas eu não gosto que se metam na minha vida particular nem que falem nas minhas costas, só isso.

Desapontados, os pais de Lauro começavam a desconfiar que algo não ia bem. Agressivo e quase sempre sem paciência, ele começava a demonstrar traços de uma personalidade doentia, colocando seus pais sob alerta.

Tentando contornar a situação, disse Lucia na intenção de mudar um pouco de assunto:

— Gostaria muito de conhecer a sua nova namorada, Lauro, por que você não a convida para o aniversário de sua irmã?

De cara amarrada, e com os nervos à flor da pele, Lauro pega a chave do carro sem dizer uma só palavra, e sai batendo a porta com força.

Com o carro em disparada, Lauro deixa para trás dois corações despedaçados que, sem saber o que fazer, buscam o socorro para o filho nos tratamentos convencionais sem, contudo, se dar conta que nem sempre curamos nossos males fazendo uso unicamente de medicamentos, já que muitas vezes eles são provenientes de uma alma enferma e sem Jesus.

Capítulo VIII

Em Busca de Uma Solução

Sozinhos na sala de estar, Lucia e Norberto puseram-se a conversar durante horas.

– Lucia, você deveria tê-lo deixado falar, e não ter mudado de assunto.

– Eu nunca o vi tão irritado. Pensei que, se falasse da sua nova namorada, ele talvez pudesse ficar mais calmo.

– Nosso filho está doente, Lucia, muito doente.

– Sabe, Norberto, eu nunca pensei que fosse encontrar tanta dificuldade diante dos nossos problemas familiares. Apesar de ter me especializado em assuntos relativos ao comportamento humano, defendendo uma difícil tese que, às duras penas, deu-me o tão suado título de doutora, sinto-me fragilizada, perdida, como se tivesse esquecido tudo o que aprendi ao longo desses anos todos. Sinto-me tola quando estou ao lado do nosso filho; fico tentando contornar as coisas de modo a protelar uma verdade que, no meu íntimo, sei que não está muito distante de ser desvendada.

– Isso é natural. É o seu filho, e não um estranho...

– Parece que com os meus pacientes é mais fácil.

– Você já deveria saber que a teoria é uma, enquanto a prática é bem outra. Lucia, escute, é inútil querer disfarçar, pois é evidente que Lauro deve estar se envolvendo com drogas. Esse seu súbito abatimento, essa sua apatia constante, ao mesmo tempo em que a revolta e a irritabilidade estão se tornando uma rotina no seu modo de ser, tudo isso leva a crer que ele está precisando de ajuda com urgência.

– Mas por quê? Por que não conseguimos ajudá-lo, apesar de estarmos lhe oferecendo ajuda? Quantos jovens, na mesma situação, não dariam tudo para que seus pais os apoiassem nesse momento tão difícil de suas vidas? Parece até que, quando Adriano morreu, levou com ele uma parte do nosso filho, pois, desde então, ele nunca mais voltou a ser o que era.

– Não diga bobagem, Lucia. Lauro ficou inconformado, devido ao fato de ter sido uma morte súbita. Ele não esperava, é bem verdade, mas quem espera morrer de uma hora para outra? Isso o deixou muito abalado. Eu pensei que com os medicamentos ele pudesse dar uma reagida, mas, creio que, na verdade, ele nem os tenha tomado realmente. Fica evidente, pelo menos para mim, que ele deve ter encontrado o seu suposto alívio de outras formas.

– Eu sempre soube que a depressão costuma agir sorrateira, causando muitos malefícios nas pessoas com esse tipo de tendência, mas eu nunca havia reparado como ela também pode desencadear uma tremenda neurose naqueles que convivem com esse tipo de doente. Ver o meu filho sofrer desse modo dói-me muito mais do que se tudo isso estivesse acontecendo comigo. Sinto-me impotente, Norberto, sem saber como agir.

– Por que você não pede ajuda aos seus amigos psiquiatras?

– Talvez eu peça mesmo. Não consigo encontrar o porquê para tudo isso estar acontecendo com Lauro. Sempre cercado de amor e carinho, nunca lhe faltou nada que pudesse justificar a sua procura pelas drogas. Por que então isso está acontecendo conosco, Norberto, por quê? Por que Deus está querendo nos punir desse modo?

– Lucia, Lucia – disse Norberto segurando-a firmemente pelos ombros –, seja sensata, não misture as coisas, está bem?

– Às vezes fico pensando se não erramos em não ter lhe dado uma base religiosa mais sólida.

– Mas que conversa é essa agora?

– Qual foi a última vez que lhe falamos sobre Deus? Você se lembra, Norberto? Pois eu não. Aliás, nunca me lembro de ter conversado a respeito com ele. Não do modo como deveríamos.

– E qual é esse modo, afinal, se é que existe mesmo um modo de se falar sobre esse assunto.

– Norberto, eu sei que você não gosta de falar sobre isso, mas, a verdade é que nunca conversamos a respeito de Deus com os nossos filhos.

– Não gosto de falar no que eu não acredito. Não sei por que tocar nesse assunto novamente, Lucia.

– Eu sei que isso muito o aborrece, mas, acho que precisamos falar a respeito. O que Lauro está sentindo é um vazio muito grande dentro do peito, talvez até maior do que a perda que ele teve.

– E você quer compensá-lo falando sobre Deus?

– E por que não?

– Então comece lhe explicando por que Deus tirou a vida do seu melhor amigo, assim, de uma hora para outra, em plena juventude, quando poderia ter feito isso com um assassino ou estuprador. Será que você saberá o que lhe dizer? Explique a ele por que Adriano teve que morrer, sem parecer piegas demais, pois isso poderia ferir a sua reputação de grande

terapeuta e estudiosa que você sempre foi, quando o assunto diz respeito ao comportamento humano.
– Por favor, não seja irônico...
– Você sabe o que eu penso, Lucia, sempre soube. Casei-me na Igreja por consideração a você, respeitando o seu ponto de vista e também a sua crença. Mas nunca lhe menti dizendo que seguia essa ou aquela religião, porque, mesmo tendo sido criado no Catolicismo, não consigo aceitar certos dogmas existentes dentro da Igreja. Faço de tudo para tentar não influenciar nossos filhos com relação aos meus pensamentos, porque isso também foi um pedido seu assim que Lauro e Paola nasceram, mas não me peça para dizer a eles o que eu não acredito, porque eu jamais conseguiria mentir-lhes a respeito. Agora me diga, Lucia, como pedir para um filho acreditar em Deus, se tudo à sua volta parece contraditório? Fome, miséria, injustiça social, desigualdade de riquezas, doenças, pragas avassaladoras que exterminaram milhares e milhares de pessoas inocentes, como pode tudo isso acontecer se realmente é verídica a tese que defende a existência de um Deus justo e bom?
– Eu também não sei explicar, Norberto. Não concordo com muita coisa que falam, pois, assim como você, faço-me muitas perguntas das quais não encontro a resposta. Sei apenas que não estamos nesse mundo à toa, e que tudo isso que está acontecendo deve ter uma razão muito forte. Só não me pergunte qual.
– Então, Lucia, esse vazio, essa dúvida, esses desacertos que me parecem incoerentes diante de um "deus" que deveria ser de puro amor e bondade é que me fazem pensar, cada vez mais, que tudo isso é uma grande mentira. Uma mentira inventada pelo homem ao longo dos séculos só para ajudá-lo a não se perder. Na verdade, para mim, Deus é uma grande decepção. Eu sinto muito, mas é isso que eu realmente penso.
– Será por isso que estamos tão perdidos? Por não acreditarmos em nada, duvidarmos de tudo?
– Eu não disse que duvido de tudo, mas também não acredito em tudo o que dizem, principalmente quando não vejo coerência nos argumentos impostos pela Igreja.
– Somos dois hereges... – disse Lucia chorosa – por isso estamos sendo castigados...
– Pode até ser, mas, se Deus é amor como costumam dizer, então não deveríamos estar sendo punidos pelo simples fato de estar falando o que estamos sentindo. Eu até penso a respeito algumas vezes, é bem verdade, mas nunca encontro alguma lógica ou coerência nas respostas obtidas que me façam mudar de ideia. Eu sinto muito.
– Eu também, Norberto, eu também. Sinto que é justamente por causa desse vazio que Lauro está se perdendo. A morte do seu amigo acabou

abrindo uma enorme cratera em seu peito; tão profunda quanto a de um abismo. Mergulhado nesse enorme buraco, ele não consegue mais voltar à tona, pois não vê mais nenhum sentido em continuar lutando, nem vivendo.

– É assim que você avalia a sua situação? Acha mesmo que ele não faz questão de continuar vivendo?

– Acho. A ideia do nada depois da morte o está fazendo agir desse modo.

– Pode até ser, mas isso é uma coisa com a qual ele terá de se conformar.

– Conformar? Você não acha que isso é muito pouco quando se é jovem?

– Mas de que adianta essa rebeldia descabida? A droga nunca foi solução para coisa alguma, só para os fracos, Lucia.

– Então temos que ajudá-lo, temos que achar uma solução. Não posso ver o meu filho morrer aos poucos sem ao menos tentar. Você me ajuda?

– Claro. Mas não tente buscar outros caminhos que não seja o da racionalidade pura, pois, do contrário, ficará muito difícil uma concordância entre nós. Seja prática e realista. Só assim conseguiremos alguma coisa em benefício de Lauro.

Apesar de tudo, Lucia e Norberto buscavam no diálogo uma solução para o problema de Lauro.

Lucia, no entanto, parecia mais sensível. Embora sentisse a agonia do filho, não estava sendo capaz de ajudá-lo como gostaria, apesar de tanto ter estudado, pois sabia que o que Lauro procurava estava muito além de suas teses, ou de suas pesquisas, porque o que ele tanto queria não estava nos livros, mas sim dentro da alma!...

Capítulo IX

Na Faculdade

Na faculdade, Lauro parecia um estranho. Completamente apático diante da turma de que antes tanto gostava e fazia parte, Lauro mostrava-se indiferente aos cumprimentos dos ex-colegas, assim também como aos exaustivos apelos para juntar-se a eles novamente.

Sempre com a barba por fazer, sua aparência em nada combinava com o caminho que havia escolhido seguir na vida, pois a impressão que causava a todos era mais a de um *hippie* desleixado do que a de um futuro médico bem educado.

Caminhando por um dos corredores da faculdade, Lauro depara-se com o amigo Chicão, que, de imediato, demonstrou-se surpreso com sua presença:

– E aí, Lauro? Tomou chá de sumiço, cara? Que bom que tenha voltado!

– Eu nunca deixei a faculdade – disse rispidamente. Estou sempre por aí, você é que não me viu mais.

– Pode até ser, mas o pessoal da sala tem sentido muito a sua falta.

– Deu para me vigiar agora, é?

– Quem, eu? Você sabe que eu nunca faria isso, amigão!

– Pois não é o que parece – respondeu Lauro com raiva.

– Eu não sei o que você está querendo dizer com isso.

– Não, mesmo? Pensa que eu não sei que você fica por aí me vigiando?

– Eu?...

– É, você mesmo, Chicão. Você e essa sua namoradinha fofoqueira. E não venha dar uma de tonto comigo agora. Ou será que você não sabe que a Rita foi correndo contar para a minha irmã, Paola, que eu estou com a Carol?

– E o que é que isso tem de mais, cara?

– Agora a minha mãe quer conhecê-la. Eu posso até imaginar o que a Rita deve ter contado para a minha irmã sobre a Carol.

– Imagina mesmo, é? – disse Chicão de modo irônico enquanto cruzava os seus enormes braços sobre a barriga.

— É, imagino sim — disse Lauro com revolta. — Ela deve ter lhe falado poucas e boas, e você sabe disso, Chicão. Não venha dar uma de besta comigo agora.

Apesar da consideração que Chicão tinha por Lauro, ele sabia que não poderia deixar aquele episódio passar em branco, sem, no entanto, chamá-lo a atenção de modo enérgico.

Quase a um palmo do seu nariz, Chicão volta-se para o amigo dizendo-lhe com seriedade:

— Em primeiro lugar, Lauro, eu não tenho por hábito ficar bisbilhotando a vida de ninguém, porque eu tenho mais o que fazer do que perder tempo com isso. Em segundo lugar, eu gostaria que você se referisse à Rita com mais respeito e consideração, não só pelo fato de ela ser a irmã do Adriano, mas porque ela é uma garota séria, sensível, educada, e jamais falaria mal de você ou da Carol.

— Tá certo. Vou fingir que acredito nisso. Pelo menos, posso saber como tudo começou?

— Resolvi fazer uma visita para a família. Afinal, no tempo em que o Adriano vivia entre nós, tínhamos por hábito nos reunir vez por outra na casa dele, você está lembrado disso?

— Claro que estou.

— Além do mais, eu sempre tive uma queda toda especial pela Rita, só que eu não sabia como me achegar. Cheguei até a comentar isso com você certa vez, está lembrado?

— Estou sim, e também vejo que, diante de todo o ocorrido, você acabou arrumando uma boa desculpa para se achegar...

— Não estou entendendo. Onde você quer chegar com esse seu comentário, Lauro?

— Eu não quero chegar a lugar algum. O fato é que você aproveitou o ensejo, e uniu o útil ao agradável.

— Eu não estou gostando do modo como você está levando esse nosso papo. Eu jamais me aproveitaria de uma situação como essa para...

— Calma lá, Chicão! Eu não quis ofender — disse Lauro em tom debochado.

— E não ofendeu — respondeu Chicão secamente. — É que, ultimamente, eu tenho estranhado um pouco esse seu novo jeito de falar. Eu só acho que a gente já deveria ter ido visitar a família há muito tempo, mas, se você não pensa assim, problema seu.

— Isso é verdade, só que eu ainda não tive coragem.

— Você não pode acovardar-se da vida desse modo, Lauro. Até quando você vai insistir em querer afundar-se?

— Você não tem nada com isso!

— Pode até ser, mas de uma coisa eu tenho certeza, se o Adriano estivesse entre nós, ele jamais aprovaria esse seu novo jeito de encarar a vida, Lauro.

– Você fala como se o conhecesse muito...
– É verdade, eu não o conhecia tanto assim, mas, pelo visto, você também sabia muito pouco a seu respeito.
– Quem é você para falar isso? Você não sabe nada a respeito da vida do Adriano.
– Nem você, pois, se soubesse, não estaria agindo dessa forma. O Adriano era alguém muito especial, não só pelo seu caráter impecável, mas, sobretudo, pelas coisas em que ele acreditava e que fazia.
– Ah é? Será que dá para ser mais claro, Chicão?
– Acho que não. Não no momento, com você exaltado desse modo, porque seria o mesmo que martelar em ferro frio.
– O que eu sei é que o Adriano amava a vida – disse Lauro com muita revolta – o mar, o sol, a natureza, tudo, tudo! Mesmo assim, não foi poupado da morte, apesar de ele ainda ter muito para viver.
– Como pode ter tanta certeza disso, Lauro? Quem somos nós para dizer qual é o momento certo para se partir? Isso cabe somente a Deus. Só Ele sabe, verdadeiramente, qual é o momento de cada um de nós.
– Essa teoria funciona muito bem quando se tem fé.
– É, cara, você disse tudo. Esse é o ponto-chave, o que nos ajuda a continuar vivendo, a **fé**! Sem ela, nada faz sentido na vida. E é exatamente isso que está faltando em você, Lauro; é isso que o está afastando dos seus amigos verdadeiros para fazê-lo juntar-se a um grupo do qual você não pertence nem nunca perteceu, prendendo-se a uma vida repleta de vícios e ilusões, só para fugir da realidade. Como ajudar as pessoas doentes e desesperançadas dentro da profissão que abraçamos, se não tivermos um pingo de fé na vida? Como, se estivermos piores do que elas? Se não tivermos nada de bom para lhes oferecer, nem otimismo, nem alegria, nem confiança. Como fazer então, se dentro de nós só existir dor e revolta, indignação e indiferença? Deus sabe o que é melhor para cada um de nós, só temos de confiar.
– E desde quando morrer no auge da vida é a melhor solução?
– Desde o momento em que você já tiver cumprido com o seu papel aqui na Terra. Acabado esse momento, então é hora de retornar.
– Retornar? Retornar para onde?
– Para a verdadeira morada, Lauro, no plano espiritual.
Olhando perplexo para Chicão, Lauro deixa escapar uma enorme gargalhada, ao mesmo tempo em que diz:
– Qual é, cara? Virou pastor agora, é? Eu não acredito que você tenha se convertido, Chicão, não você!
Descontrolado, Lauro não conseguia parar de rir, indignando-se com as palavras do seu amigo.
– Eu sei que tudo isso pode parecer meio estranho, mas, acredite, Lauro, isso é fruto do nosso orgulho. Um orgulho bobo que não nos deixa ver o óbvio, por isso sofremos tanto.

– Chicão, Chicão, acho que você vai largar a Medicina para virar padre; ou, quem sabe, pastor?...

– Nem uma coisa nem outra. Não vou abandonar a Medicina por estar tentando entender mais sobre Deus e sobre a vida, mesmo porque não é isso que prega a doutrina espírita. Pelo contrário, ela prega uma fé raciocinada, embasada na razão e na lógica.

– Doutrina espírita? E desde quando você virou macumbeiro, Chicão? Olha só como são as coisas, eu tenho um amigo que é pai-de-santo e nem sabia. Daqui a pouco vou ter que marcar uma consulta para poder falar com você, tô sacando... Você também faz despachos, ou coisa parecida? Afasta encostos, espanta urucas, enfim, o que você faz mais que eu não esteja sabendo? Já sei, daqui para a frente vou te chamar de "Pai Chicão!" Para completar, só vai ficar faltando os charutos e a cachaça, mas pode deixar que eu arrumo. Que tal, cara?

– Acho que isso não vai ser problema para você, Lauro, principalmente se tratando de bebida e de fumo. Aliás, fumo de todos os tipos e de todas as marcas, pois é só o que você sabe fazer ultimamente, além, é claro, de continuar nessa vida insossa que você vem levando. Mas eu não ligo a mínima, sabe. Acho que você ainda não bateu a cara como deveria para poder aprender de verdade, por isso fala tanta besteira. Quando isso acontecer, então você pode me procurar para conversar novamente, mas não do modo como vem acontecendo ultimamente.

– Então eu acho que isso vai demorar um pouco, Chicão. Tenho os meus amigos, não preciso de você nem de ninguém da sua laia. Só quero que me deixem em paz e que não se metam na minha vida, só isso! Se você achou a solução dos seus problemas nos terreiros da vida, ótimo. Só não me venha pedir para acreditar nessa palhaçada toda, porque, apesar de pirado, eu ainda não estou louco.

– Faça como quiser – disse Chicão entristecido –, respeito a sua escolha. Mas guarde a certeza de que, se o Adriano estivesse aqui, jamais aprovaria esse seu comportamento, muito menos esse seu modo de pensar. Ele era muito diferente de tudo isso, Lauro, muito diferente mesmo...

Sem mais nada a dizer, Chicão afasta-se de Lauro cabisbaixo, na certeza de que somente a dor, um dia, o despertaria.

Capítulo X

Súplica de uma Mãe

Lucia estava diante de uma delicada problemática que, apesar de tudo, não estava conseguindo resolver. Para ela e Norberto tudo aquilo estava servindo de aprendizado, apesar de permanecerem cegos diante do enorme chamamento que a vida lhes havia imposto como prova, assim também como para o seu filho, Lauro.

Por mais que se esforçassem, não conseguiam enxergar a causa de todos aqueles aborrecimentos, por isso tanta luta vã. O vazio que tanto incomodava o coração do jovem Lauro incomodava também a todos naquela casa, por faltar-lhes a presença viva de Jesus em suas vidas, na convicção de uma fé raciocinada, totalmente crivada no uso da razão.

Por isso tanta pergunta sem resposta, tanta incerteza no amanhã, tanto medo no porvir e insegurança em continuar vivendo. Aquele episódio estava sendo para todos antes uma abençoada luz, do que uma pesada cruz, como muitos podiam estar pensando, pois estava sendo uma grande lição de vida.

Era tanta coisa para se pensar, tanto para se rever, que ela não hesitou em tomar alguns comprimidos para aliviar um pouco a forte dor de cabeça que parecia querer não abandoná-la.

Procurando acomodar-se numa confortável poltrona que havia na sala, Lucia relaxa o corpo e a mente por alguns instantes, em busca de um pouco de paz e conforto. Inspirada a falar com Deus em oração, Lucia abre o coração espontaneamente para sentida prece, dizendo ao Pai em pensamento:

"Meu Deus, há quanto tempo não falo contigo! Quanto tempo sem dirigir-Lhe uma prece, uma palavra apenas, um simples pensamento, por achar-me ocupada demais para isso. Durante toda a minha vida sempre almejei ser uma vencedora, lutando de todas as formas para tornar realidade um sonho. Sonho que sonhei ainda criança de me tornar alguém importante, inteligente, admirada por todos. Por isso deixei o lar ainda menina, em busca desse sonho tão almejado, na certeza de poder alcançá-lo. E eu o alcancei, Pai! Alcancei a vitória, depois da luta, mostrando, a todos aqueles que de mim duvidaram, que eu havia chegado lá! Feliz e orgulhosa me formei, namorei e até casei, dando continuidade, agora, aos meus sonhos de mulher. Um lar, filhos, uma boa situação financeira, conforto, trabalho, trabalho, trabalho... Era para mim a base de uma vida quase perfeita, não fosse pelos entraves habituais do dia-a-dia, que por vezes eu não me conformava em ter de passar. Para mim, a vida só valeria a pena de verdade se feita de felicidade e momentos de puro prazer. Nunca fui má, é bem verdade, nem desprezei quem quer que fosse, porque eu também vim de uma infância pobre, mas depois de adulta fiz por merecer a vida de luxo que conquistei. Muitas vezes atendia aos menos afortunados não lhes cobrando consulta, só pelo simples prazer de servir à minha profissão com amor. Mas acho que isso não bastou. Com certeza não bastou mesmo. Pensando ter encontrado a verdadeira felicidade, fui vivendo sem dar-me conta de que eu havia abandonado de vez os valiosos ensinamentos de minha amada mãe, que me pedia sempre para que eu não me esquecesse de Ti. Ela dizia que eu nunca seria feliz de verdade, se não Te buscasse no fundo de minha alma, pois só com a vivência dos Teus ensinamentos é que eu conseguiria manter a harmonia e a felicidade real no meu lar. Creio que as mães sejam também um tanto proféticas, pois a sabedoria que carregam no âmago do seu ser pode ser comparada a de anjos que, amorosamente, trabalham para o Senhor, cuidando dos Seus filhos na Terra. Mas algumas, no entanto, falham. E como anjos decaídos, amargurados e arrependidos, voltam-se novamente para Ti suplicando por mais uma oportunidade. Ajuda-me, Senhor, eu Lhe imploro. Em meio ao meu terrível padecimento, eu estou Te buscando. Será que mereço tamanho castigo? Estaria o Senhor derramando a Sua ira sobre essa filha tão falha, mas que deseja muito se modificar? Peço-Lhe perdão, do fundo da minha alma, porque apesar de tantos sonhos realizados, hoje me encontro diante de Ti como da primeira vez em que jurei a mim mesma que venceria na vida. Estou pronta para recomeçar, Pai, mas não mais com os objetivos de outrora que consistia tão-somente em ter uma carreira próspera e promissora, mas como nos tempos de menina, quando a pureza da minha alma e a inocência dos meus sonhos não iam além de Lhe pedir por uma vida feliz e harmoniosa junto aos meus pais e irmãos, porque isso apenas me bastava. É, Pai, eu era feliz e não sabia... Quero muito reconquistar essa felicidade, tendo do meu lado o filho que um dia eu tanto sonhei em ter, e dizer a ele que não mais precisa temer mal algum nesta vida. Sei que não será nada fácil, mas estou disposta a recomeçar. Tenho que reconquistar os valores por mim há muito esquecidos, e dizer aos meus filhos que sempre vale a pena viver, apesar do sofrimento e da dor que nos impõe a vida muitas vezes. Mas como? Como lhes dizer tudo isso se a minha própria fé está doente e bastante enfraquecida? Ajuda-me, Pai, mostre-me qual o caminho a seguir, que eu farei de tudo para trazer o meu filho de volta. Perdoa-me, Pai, por eu ter Te abandonado, o Teu amor ignorado, preciso muito de Ti...".

Lucia não conseguia conter o pranto emocionado, chegando até mesmo a soluçar em meio ao seu desabafo.

Desde há muito que a jovem mãe de Lauro não mantinha um colóquio tão próximo, tão íntimo e tão sincero com Deus, de forma a mostrar-Lhe a autenticidade em suas palavras, e, principalmente, em sua súplica para ajudá-la a recuperar não só o filho perdido, como também a autoestima por ele esquecida. Uma ajuda, aliás, que não tardou a chegar.

Mesmo o homem sendo cético diante da beleza e da grandeza do Universo, Deus faz-se presente em sua vida de diferentes formas, utilizando para isso os mais variados meios.

Um deles consta em se servir das criaturas com as quais temos a felicidade de compartilhar a nossa jornada evolutiva, mesmo que não tão próximas a nós, mas sensíveis o bastante para servirem de "ponte", ou melhor, de intérpretes do Seu grandioso amor.

Ainda prostrada na poltrona de sua sala, Lucia parecia distante. Olhos lacrimejantes e ainda bastante avermelhados de tanto chorar, a pobre mãe divagava.

Em meio a um apanhado geral que tentava fazer de sua vida, Lucia foi obrigada a recompor-se rapidamente, devido aos insistentes toques da campainha que pareciam querer despertá-la de vez de suas reflexões mais profundas.

Na tentativa de fazer parecer com que nada havia acontecido, Lucia enxuga rapidamente o doído pranto, ao mesmo tempo em que tenta recompor-se frente a um espelho que havia na sala.

Dando leves palmadinhas nas faces, Lucia procura recuperar um pouco a cor, pois seu visível abatimento demonstrava a todos a condição de penúria que havia em sua alma.

Capítulo XI

A Visita de Rita

Não tardou muito para que a empregada viesse ao seu encontro e anunciasse a presença de Rita na sala.

Tentando disfarçar ao máximo sua real condição, Lucia vai ao encontro da jovem.

– Rita?...

– Doutora Lucia, quanto tempo!...

– Como tem passado?

– Bem, doutora Lucia, obrigada.

– Depois de tudo o que aconteceu, eu ainda nem tive tempo de lhe falar... Sei que estou em falta com você e sua mãe, por isso peço que me perdoem. E como está Alice? Conseguiu recuperar-se da enorme perda?

– Graças a Deus estamos sempre tão lotadas de trabalho que nem temos tempo para tristezas ou lamentos, apesar da saudade que sentimos. E a senhora, como tem passado?

– Eu? Bom, tenho feito o possível para melhorar, mas não tem sido nada fácil ultimamente.

– Eu faço ideia.

– Faz?

– Faço sim, senhora. Mesmo sem nos ver constantemente, estou sempre pensando em todos.

– Está?

– Estou. Pode parecer meio estranho para a senhora, mas eu e minha mãe nunca esquecemos de incluí-los em nossas preces. Como a senhora pode notar, preces é que não lhes faltam – disse a jovem sorrindo.

– É verdade, Rita. Só está faltando Deus escutá-las.

– Mas Ele as escuta, doutora Lucia, fique certa.

– Então por que tudo parece estar dando errado ultimamente?

– As aparências enganam – disse a jovem com graciosidade. – Muitas vezes, o que nos parece ser o caos, é apenas o começo de uma nova etapa.

— Uma nova etapa?
— Isso mesmo. Só que, na maioria das vezes, não conseguimos ver desse modo, achando que Deus esqueceu-se de nós.
— Interessante, eu nunca havia pensado sobre isso.
— Não é comum escutarmos que depois da tempestade vem a bonança? Então, doutora Lucia, porque pensar no pior? Deus não desampara nenhum de Seus filhos, nunca!
— Nem quando nos esquecemos d'Ele?
— Isso é normal — disse a jovem com espontaneidade —, ainda somos muito orgulhosos. Às vezes esquecemos de orar para tão-somente agradecer ao Pai pelo nosso dia, pela nossa família, pelo nosso trabalho, pela saúde, enfim, só nos lembrando disso em meio à dor. É como costumamos fazer com relação aos médicos e àquele *check-up* que eles tanto nos pedem vez por outra. Só o fazemos mediante a dor, ou a necessidade mesmo. Aí nós nos sentimos praticamente intimados pela vida, que, de alguma forma, nos alerta. Não bastasse isso, ainda reclamamos, pode?
— Gostei da comparação, Rita. Muito interessante.
— Pior que isso ainda são aquelas pessoas que vivem nos pedindo para orar por elas, alegando falta de tempo ou coisa parecida. A senhora já pensou? É o mesmo que pedir para tomarmos um medicamento por alguém. Isso é absurdo! As pessoas têm de entender que as maiores interessadas são elas mesmas, e que ninguém fará por nós o que a nós compete de fato. Muito embora a senhora nunca tenha me pedido tamanho absurdo, quero deixar bem claro que quando oro por sua família, assim o faço por vontade própria, e porque tenho um profundo carinho por todos nesta casa. Afinal, Lauro era como um irmão para Adriano.
— Obrigada, Rita, você é um doce.
— Doce, eu? Não, senhora; doutora Lucia, eu não sou nenhum doce, não, eu apenas os faço — disse a jovem sorridente —, além de vender roupas também!
— Ah, Rita, Rita, só você para me fazer sorrir hoje.
— Por que tanta tristeza, doutora? Logo agora que está tão próximo o aniversário de Paola? Vim até aqui para combinarmos sobre a festa, mas, se a senhora preferir, posso voltar outro dia.
— Não, Rita, por favor, fique. Foi muito bom você ter vindo hoje.
Cabisbaixa, Lucia não consegue conter a lágrima que teimava em cair, dizendo emotiva:
— Meu coração está dividido. Parte dele está feliz pelo fato de Paola estar próxima de completar 16 anos, enquanto a outra metade está morrendo aos poucos por falta de esperanças.
— Não diga isso.
— Mas é verdade, Rita, e você sabe. Lauro está se matando aos poucos, e isso não é mais segredo para ninguém. Melhor teria sido se ele tivesse morrido de vez, assim como aconteceu com o seu irmão.
— Não fale uma coisa dessas, doutora!

– Eu sempre pensei que eu fosse a pessoa mais feliz desse mundo, mas hoje eu sei que estava equivocada. Se eu pudesse voltar atrás...

– A senhora não precisa voltar atrás, nem deve querer uma coisa dessas, pois, se voltasse, não aprenderia as lições que a vida está tentando lhe mostrar. Como mãe amorosa, mas também bastante firme, a vida nos coloca no lugar certo, na hora certa, no momento certo, diante dos problemas para os quais ainda não encontramos solução, que é para aprendermos e evoluirmos. E isso só acontece quando estamos preparados.

– Como você pode ter tanta certeza do que está dizendo?

– É porque eu confio em Deus.

– Eu acho tão bonita essa sua fé...

– Não se trata de ser ou não bonita, mas essa é uma condição que eu conquistei ao longo do tempo. Aliás, uma conquista de todos lá em casa.

– Eu também queria ser assim, mas não consigo.

– Não diga isso, doutora Lucia; não, sem tentar. Jesus costumava dizer que, se tivéssemos a fé do tamanho de um grão de mostarda, seríamos capazes de mover uma montanha de lugar.

– É verdade, lembro-me bem dessa passagem na Bíblia.

– É, doutora Lucia, mas não aquela fé cega que aceita tudo sem questionar, e sim uma fé raciocinada, que a tudo pondera.

– Isso não existe – disse taxativa.

– Existe sim, senhora! – retrucou a jovem convicta.

– Eu nunca ouvi falar nisso, Rita. Geralmente acreditamos em certos dogmas sem muito questionar, pois nos é ensinado que devemos respeitar os mistérios da fé.

– Mistérios da fé? Como podemos acreditar em algo que nos é simplesmente imposto, sem que se perceba alguma lógica, algum fundamento no que nos é dito? Afinal, somos dotados de inteligência!...

– Isso é verdade. Quando menina eu ficava pensando sobre a história de Adão e Eva, e não me conformava com as explicações das freiras no colégio, que diziam ter sido Eva criada da costela de Adão. Porém, quando eu as questionava sobre esse fato, era cortada de imediato, pois, segundo elas, não deveríamos questionar o que estava na Bíblia, e sim aceitar com humildade e resignação.

– É porque elas também não sabiam o que responder, por isso a tudo aceitavam. É mais cômodo, devo admitir, mas não muito sensato. Porém, se para alguns isso é bom, ótimo! Mas não para mim, que nunca me conformei com essas histórias sem fundamento, as quais, de certa forma, menosprezam a magnitude e a inteligência suprema de Deus, colocando-O numa condição de inferioridade, semelhante até à do homem comum. Não há nada de mistério quando procuramos Deus verdadeiramente. O que encontramos é só amor e a certeza cada vez maior de que Ele está realmente dentro de cada um de nós, e não nas "alturas", como muitas vezes nos é colocado pela Igreja. Sabe, doutora Lucia, eu até entendo que isso possa estar sendo muito difícil para a senhora compreender, porque, para que isso ocorra, é preciso que haja uma mudança dentro de nós. Uma mudança que por vezes nos é muito difícil, pois estamos muito arraigados a esses ensinamentos que nos são incutidos desde a mais tenra infância. Porém, sempre é tempo de mudar. Nada deve permanecer parado; devemos sempre estar buscando. Não dizia Jesus: "Buscai e achareis"? Já não somos mais assim tão ingênuos, como na época em que o Mestre esteve entre nós, precisando falar por parábolas para se fazer entendido, dada a infantilidade espiritual do homem da época. Continuamos orgulhosos, é bem verdade, mas não podemos alegar ingenuidade, pois temos livros maravilhosos que nos auxiliam sobremaneira, mostrando-nos que o caminho da fé não precisa ser trilhado com uma venda nos olhos...

– Sinceramente, Rita, eu nunca havia pensado sobre isso. Sinto como se tivesse sido desatado algum nó dentro de mim.

– Um nó?

– É, um nó. Não muito grande, mas o suficiente para começar a me fazer pensar sobre algumas coisas que até então eu nunca havia pensado.

– Então eu já me sinto muito feliz por isso.

– Só uma coisa me intriga neste momento.

– E o que é?

– Você falou de livros que podem nos ajudar a esclarecer sobre dúvidas que temos com relação a algumas passagens bíblicas. Onde, afinal, poderei encontrá-los? Tenho esperança de que eles poderão me ser muito úteis.

– Que bom que tenha se interessado, doutora Lucia. Temos uma vasta biblioteca lá no centro. Terei muito prazer em lhe mostrar.

– No centro?

– É, no centro espírita que eu frequento desde menina. Tenho certeza que a senhora vai adorar – disse a jovem ingenuamente.

– Centro espírita?

– Isso mesmo. A senhora nunca ouviu falar em Allan Kardec?

– Na-não, nunca!

– Nem em Chico Xavier?

– Algumas vezes, eu acho – disse confusa.

– Entendo. Infelizmente a doutrina espírita ainda continua sendo pouco divulgada e, por isso mesmo, por vezes, muito deturpada. Mas isso já está começando a mudar, graças a Deus! E os meios de comunicação têm contribuído muito para isso também. Existem até filmes e algumas novelas que falam a respeito da reencarnação, da vida além desta vida, enfim, com o tempo todos terão acesso a essa maravilhosa doutrina consoladora... – disse a jovem com empolgação.

Desapontada, Lucia argumenta sem graça:

– Desde quando você se envolve com essas coisas, Rita?

– Desde que eu nasci.
– Sério? Lauro nunca me contou nada a respeito. Adriano também era...
– Espírita? Era sim, senhora. Aliás, todos somos lá em casa, mas, para falar a verdade, acho que Lauro nunca soube. Meu irmão não gostava de ficar pregando aos quatro cantos sobre a sua crença, pois ele achava que essa busca tinha de ser algo natural e de cada um. Amamos o Espiritismo tanto quanto amamos ser espíritas. Difícil, no entanto, é tentar sê-lo de verdade, na íntegra, pois isso exige de nós desprendimento e bondade, indulgência e caridade, sem falar na tão suada reforma íntima.
– Entendo...
Mudando totalmente a entonação de sua voz, Lucia dá um fim na conversa que estavam tendo, dizendo em seguida:
– Bom, Rita, acho que vamos ter de adiar esse nosso bate-papo, pois só agora me dei conta do adiantado da hora.
– Claro, doutora Lucia, claro! – disse a moça de modo delicado, entendendo que estava sendo dispensada.
– Acho melhor combinarmos a festa de Paola uma outra hora, pois acabo de me lembrar que tenho um compromisso inadiável.
– Não se preocupe. Vou aproveitar a viagem e passar em outra cliente aqui pertinho. Quando a senhora precisar, é só me chamar novamente, que terei imenso prazer em poder ajudá-la.
– Obrigada, Rita, torno a ligar assim que puder.

Capítulo XII

Uma Surpreendente Revelação

Além de confusa, Lucia havia ficado indignada com o que tinha escutado de Rita.

Sua revelação causou-lhe constrangimento e temor, pois, além de ignorar sobre o assunto, preconceituosamente o seu conceito sobre Espiritismo não a deixava vislumbrar a possibilidade de um novo caminho que pudesse ajudá-la em seu dilema.

Pensativa sobre tudo o que tinha escutado da jovem, Lucia recorda-se de Tereza, a secretária do seu marido, que morava perto da casa de Rita.

Na tentativa de obter alguma informação mais consistente sobre a família da jovem, Lucia resolve ir procurá-la na manhã seguinte para conversar.

No caminho para o consultório, mil pensamentos fervilhavam em sua mente. Confusa, chegou a pensar que a mudança repentina do filho talvez pudesse ter sido causada pela amizade que ele vinha mantendo com Adriano, deixando, assim, uma enorme porta aberta para que espíritos menos esclarecidos pudessem insuflar-lhe pensamentos desordenados e sem sentido com relação à doutrina espírita.

Pensando ter encontrado a chave do problema, Lucia aproveita a ausência do marido no consultório para ficar mais à vontade com Tereza, e também para contar-lhe sua nova descoberta.

Assim que chegou, Lucia não hesitou em ir adentrando rapidamente o consultório, causando um enorme susto na secretária, que, aproveitando o horário de folga, lia sossegadamente um pequeno livreto que estava em suas mãos.

— Doutora Lucia? A senhora por aqui? – disse enquanto fechava o livro e ajeitava-se na cadeira.

— Tereza, por favor, não quero que você se preocupe com a minha presença, nem que se sinta constrangida de coisa alguma. Sei que está no seu horário de almoço, portanto, não tem obrigação nenhuma de ficar aqui se não quiser. No entanto...

Percebendo certa inquietação por parte da jovem mãe, Tereza responde-lhe calmamente:
— Doutora Lucia, por favor, acalme-se. Será que posso lhe buscar um pouco de água?
Caindo em si, de repente, Lucia responde esbaforida:
— Acho que um gole d'água me faria muito bem no momento. Vou aceitar, obrigada.
Demonstrando presteza e amizade, Tereza lhe diz com respeito:
— Para falar a verdade, eu já havia terminado o meu almoço há algum tempo. Gosto de trazer de casa uma refeição leve, balanceada, sem tantas calorias, pois não posso me descuidar. Além do mais, não é todo dia que eu posso me dar ao luxo de ir comer num restaurante...
— Vou pedir para Norberto lhe dar um aumento ainda hoje.
Sentindo as faces coradas, Tereza retrata-se de imediato dizendo:
— Doutora Lucia, pelo amor de Deus! Não foi isso que eu quis dizer...
— Eu sei, Tereza, eu sei, fique sossegada. É que você merece mesmo. Há quanto tempo Norberto não reajusta o seu salário?
— Bom, eu não tenho do que me queixar. Ainda mais ultimamente que está tão difícil de se obter um ganha-pão. Além do mais, não posso esquecer de alguns benefícios que recebo, além do meu salário, que me ajudam sobremaneira nas despesas de casa.
— Eu sei Tereza, mas você bem que merece. Assim, vez por outra, você poderá ir até um restaurante para almoçar.
— De vez em quando o doutor Norberto costuma ir num vegetariano aqui perto, que é de dar água na boca. Além de saudável, a comida é uma delícia! Mas, por falar no doutor Norberto, ele ainda não chegou. Ele foi chamado no hospital para uma emergência, por isso ligou dizendo que iria se atrasar um pouco.
— Ótimo!
— Ótimo?...
— É, ótimo. Vim até aqui hoje para conversar com você, Tereza, e não com Norberto.
— Conversar comigo?
— Você poderia me dar um pouco do seu tempo?
— Mas é claro, doutora. Em que posso ajudá-la?
— Tereza, mais do que uma funcionária, você é tida por Norberto e eu como uma amiga, alguém com quem podemos contar sempre. Sua lealdade e franqueza demonstraram esses anos todos que você é uma pessoa muito especial para nós, além de uma profissional excelente.
Constrangida diante de tantos elogios, Tereza responde encabulada:
— Obrigada, doutora. Sei que existe muita generosidade em todas essas palavras, e que não sou merecedora de tanto. Faço o meu trabalho com muito amor e carinho, pois lidar com a dor alheia nem sempre é tão fácil assim. Mas fico feliz, porque faço o que gosto.

— Eu sei, Tereza, posso imaginar. Também estou lidando com a bendita dor, ultimamente, só que bem mais ingrata, pois essa veio para mexer com uma parte muito importante da minha vida, que é o meu filho, Lauro. Por isso estou aqui hoje.
— O que eu posso fazer pela senhora? — disse Tereza prestativa.
— Se bem me lembro, certa vez você me falou que era vizinha de Alice, a mãe do Adriano. Isso é verdade?
— É sim, senhora. Moramos a menos de duas quadras uma da outra. Demonstrando certo nervosismo que não a deixava parar quieta na cadeira, Lucia vai direto ao assunto e pergunta:
— Você por acaso sabia, Tereza, que eles são adeptos do Espiritismo?
— Sabia sim, senhora.
— Desde quando? — perguntou perplexa.
— Desde sempre — respondeu Tereza com naturalidade. Porque a pergunta, doutora? Algum problema?
— Eu ainda não estou bem certa, mas creio que sim. Rita contou-me o fato de modo inocente e bem natural, mas confesso ter ficado muito chocada quando soube.
— Chocada? Por que a senhora ficou chocada?
— Acho que, a princípio, eu tenha ficado mais amedrontada do que chocada, por isso não permiti que continuasse falando. Porém, quando ela foi embora, confesso que passaram pela minha mente pensamentos terríveis, assustadores mesmos, a ponto de achar que por causa disso Lauro poderia estar doente.
— Por causa de quê?...
— De ele ter se envolvido com uma família de macumbeiros, sei lá... Sabe como é essa gente, sempre metida em terreiros, fazendo trabalhos e mais trabalhos, despachos de toda ordem. Eu só sei que, desde que o Adriano morreu, Lauro nunca mais conseguiu ser o mesmo. Fico pensando se ele não poderia ter "encostado" no meu filho, causando-lhe todo esse desânimo, toda essa mudança repentina. Quem sabe, até tenha sido por isso que o Adriano...
— Doutora Lucia, por favor, não continue. Sei de toda a sua problemática com Lauro, entendo o quanto a senhora deve estar sofrendo com tudo isso, mas, por favor, não permita que a sua imaginação a leve assim tão longe. Desse modo, a senhora poderá se perder...
— Eu já estou perdida, Tereza; não sei mais o que pensar.
— Então não pense coisas que possam vir a complicar ainda mais a sua situação. Sabe, doutora, por vezes tentamos arrumar uma desculpa para os nossos males do lado de fora, quando eles estão bem dentro de nós.
— ???
— Desculpe-me falar desse modo, mas é que eu não posso deixar a senhora continuar pensando isso do Adriano, muito menos de sua família,

porque eles são pessoas maravilhosas, íntegras, adeptas de uma doutrina que a senhora ainda desconhece, por isso permite que a sua imaginação crie fantasias a respeito, distorcendo toda a verdade.

– Toda a verdade? Que verdade?

– A verdade de uma vida com Jesus, alicerçada no Evangelho iluminado, que nos ensina uma fé sólida e coerente, embasada no uso da razão, já que somos pessoas inteligentes e não aceitamos qualquer tipo de imposição que não venha ao encontro com a lógica nem com a coerência. É nisso que **nós**, espíritas, acreditamos realmente.

– **Nós**? Você disse **nós**?

– Disse sim, porque eu também sou espírita! Aliás, frequentamos o mesmo centro há anos...

Surpresa mediante a revelação de Tereza, Lucia fica sem saber o que dizer, mergulhando num profundo e angustiante silêncio.

Capítulo XIII

Uma Conversa Edificante

– Eu sinto muito se lhe causei algum tipo de constrangimento, mas não poderia deixar de confessar para a senhora uma das verdades que muito me ajudou a entender melhor a vida e a aceitar os seus reveses com naturalidade. Graças a essa abençoada doutrina, mudei muita coisa dentro de mim, inclusive com relação a pensamentos e hábitos que não me deixavam ver o óbvio.
– Ver o óbvio?...
– É, sim, senhora. Como a beleza e a grandeza de Deus em todas as coisas, Sua bondade e justiça, Seu amor e Sua perfeição em todas as coisas por Ele criadas, enfim, que Ele está mais perto de nós do que podemos supor. Nós é que complicamos tudo, doutora Lucia, colocando mil barreiras, mil obstáculos para tornar tudo mais difícil. Realmente, nós ainda gostamos de sofrer! Sofremos porque ainda somos orgulhosos e não admitimos nos dar outra chance, preferindo permanecer estagnados a velhos conceitos que pouco ou nada nos ajudam.
– Nunca pensei ouvir isso de você hoje.
– Mas por que o espanto? Por que tanta indignação, se a senhora nem sabe do que se trata?
– Sei que posso estar parecendo um tanto quanto preconceituosa com relação a esse assunto, mas, para falar a verdade, Tereza, eu não gosto muito dessas coisas.
– Que coisas?
– Dessas coisas de trabalho em terreiro, velas pretas, matança de animais, eu nunca vou me acostumar com isso. Sou contra esse tipo de coisa, e acho que tal atitude também não deve agradar a Deus.
– Realmente, a senhora está coberta de razão. Deus não nos pede nenhum tipo de sacrifício físico para alcançarmos a luz, nem que sacrifiquemos nossos semelhantes às custas disso. Mesmo se esse semelhante ainda não tiver atingido o reino hominal, porque, para o Pai, somos todos importantes dentro desse imenso universo. A natureza

das espécies não foi feita para ser destruída, mas sim para ser respeitada. A prepotência do homem é que costuma cegá-lo, vez por outra, não o deixando perceber essas verdades, por isso ele vive cometendo essas atrocidades, infligindo seriamente as Leis do Pai. Somente um sacrifício é realmente aceito por Deus, mas que infelizmente quase ninguém a ele quer se submeter, que é o da nossa reforma íntima. Por mais que nos doa, por mais que nos machuque, por mais que isso venha a exigir de nós um grande esforço, uma grande renúncia, ao final, será muito compensador. Mas isso quase ninguém quer, porque passar pela porta larga é bem mais fácil.

– Do jeito como você fala, Tereza, nem parece que o Espiritismo é assim, tão assustador...

– E não é mesmo. A ideia que a senhora faz da doutrina espírita infelizmente é a mesma da maioria das pessoas que não a conhecem em profundidade. Escutam erroneamente os que se dizem espíritas, mas, na verdade, não passam de charlatões "espiriteiros", isso sim. Devemos tomar muito cuidado com esses falsos profetas que, sem conhecimento doutrinário algum, falam uma porção de "abobrinhas", confundindo ainda mais os que poderiam se interessar por ela. Para esses, só o fenômeno é o que importa, enquanto que, para o espírita sincero, o mais importante de tudo é o estudo aliado à prática do bem e da caridade, além da tão sonhada reforma íntima, como já lhe falei.

– E você, Tereza, conhece o Espiritismo na sua essência? – perguntou Lucia curiosa.

– Bom, pelo menos é o que eu tenho tentado fazer esses anos todos, frequentando o centro "Amor e Paz". Participo das reuniões e palestras, estou cursando a escola de médiuns, e...

– Escola de médiuns?...

– É sim, senhora. Lá costumamos estudar as obras básicas de Allan Kardec, como: *O Céu e o Inferno, Livro dos Espíritos, O Livro dos Médiuns, A Gênese, O Evangelho Segundo o Espiritismo*, enfim, tudo o que esses pseudoespíritas deveriam estudar e não estudam, por isso tanta bobagem, tantos conceitos distorcidos.

– É isso que vocês fazem na escola de médiuns? Estudam?

– Exatamente. Quem não conhece o Espiritismo, não faz ideia do quanto temos que nos empenhar para fazer morrer em nós o homem velho, e deixar nascer o homem novo...

– Homem novo?

– Um ser humano reformado, totalmente modificado, voltado para a prática do bem e da luz. Claro que isso não acontece de um dia para o outro, pois a conquista de algumas virtudes exige de nós muita reforma interior, muito sacrifício pessoal e muita renúncia do nosso "eu" mais profundo e egoísta, ainda por estar acostumado apenas a satisfazer os seus desejos mais imediatos. Porém, toda tentativa é sempre válida, principalmente se for sincera e bem intencionada.

– E quanto ao fato de vocês terem por hábito o contato com aqueles que já morreram? Será que isso não poderá provocar a "ira dos anjos"? Ou seja, será que cometendo esse sacrilégio vocês não estariam atraindo maus agouros?

– Minha nossa, doutora Lucia! Que lado macabro de ver as coisas! Mas eu entendo. Entendo como deve estar sendo difícil para a senhora, e também bastante complicado entender tudo isso.

– E está mesmo, Tereza. Se não fosse pelo meu filho, Lauro, muito provavelmente eu não estaria aqui hoje, conversando com você.

– Bendita dor! – disse Tereza com as mãos para o alto.

– Bendita? Como pode ser bendita a dor que dilacera o coração de uma mãe, por estar a mesma presenciando a decadência do seu próprio filho?

– A dor nos desperta para algumas verdades que teimamos em não ver, doutora Lucia. Ela nos desperta para uma série de situações na vida que muitas vezes nos passam despercebidas. Quanto ao contato que fazemos com os "mortos", fique a senhora sabendo que isso é apenas um mero detalhe dentro da doutrina espírita, e não o ponto principal na codificação de Kardec, porque principal mesmo é a mudança que ela pode e deve ocasionar dentro de cada um de nós, como já lhe disse anteriormente. Qualquer um pode entrar em contato com os mortos, bastando para isso ser médium de incorporação. Porém, isso não tornará ninguém melhor ou pior. Quando feito de modo sério, e com um propósito digno, é uma das mais belas caridades que podemos praticar.

– Caridade?

– É isso mesmo. Porém, só os médiuns sérios a conhecem verdadeiramente, e não os charlatões. A morte não nos modifica em nada. Levamos conosco depois que partimos as nossas virtudes, os nossos vícios, os nossos ódios e rancores, os nossos amores, enfim, somos o que somos aqui, ou lá. E é dentro desse maravilhoso processo de "idas e vindas" que vamos burilando o nosso espírito, combatendo em nós as más tendências, ou, então, continuamos com todas elas. É exatamente aí que esse abençoado trabalho com os espíritos se encaixa, por meio do contato amoroso com os médiuns, única e exclusivamente para um esclarecimento redentor, elucidando-os para essa nova vida que os aguarda. Vida essa que poderá ser de alegrias se embasada no perdão das ofensas e na prática do amor ao próximo. Como a senhora mesmo pode notar, até agora não matei nenhuma galinha nem acendi nenhuma vela preta. E nem acenderei, fique certa, porque a doutrina espírita não se presta a esse tipo de coisa. O amor que devemos ter em nós deve ser estendido a todas as criaturas deste planeta. Portanto, não teria sentido nunca a execução sumária de qualquer ser vivente, pois isso seria a negação total do amor, tão apregoado por Jesus. Galinha preta para nós é o mesmo que gato branco, cachorro marrom, porque temos pelos animais um profundo respeito e consideração, assim também

como pela natureza como um todo. Ninguém pode amar destruindo, isso não existe dentro das divinas leis.
— Então existe mesmo outra vida depois desta? — perguntou Lucia interessada. — Você acredita mesmo nisso, Tereza?
— Mas é claro que eu acredito, doutora!
— E é verdade que podemos tornar a viver novamente?
— Viver?... O espírito não morre nunca! Mas eu entendi a sua pergunta, e a resposta é sim. Nós podemos retornar a esse abençoado planeta, diversas vezes, graças à bendita reencarnação. Maior prova de amor, bondade e justiça do Pai, que dá a cada um de nós inúmeras oportunidades de nos corrigir, já que uma única experiência na carne é muito pouco.
— Confesso a você que não sei o que dizer.
— Então não diga nada, apenas reflita sobre tudo o que conversamos hoje, e analise. Com o tempo, se a senhora se interessar, poderemos conversar a respeito. De uma coisa a senhora pode ter certeza: se o Adriano se aproximar de Lauro, não será para atormentá-lo, mas sim para ajudá-lo, pois ele tinha uma formação religiosa exemplar dentro do lar. Frequentando o centro espírita desde criança, Adriano tinha um entendimento da vida, assim como da morte, como ninguém.
— Pena que ele não tenha ensinado tudo isso para o meu Lauro.
— Mas ainda está em tempo, doutora Lucia. Mesmo se esse despertar for algo difícil, não quer dizer que será impossível. Ore a Deus com fervor e vontade, que ele a ajudará, tenha certeza. Não feche seu coração com a chave do preconceito, pois outra oportunidade, por vezes, custa-nos muito para tornar a acontecer. Posso lhe dar uma coisa?
— Para mim? Po-po-de... — disse Lucia gaguejando.
— Então eu gostaria de lhe presentear com esse pequeno *Evangelho Segundo o Espiritismo*, de Allan Kardec. É pequenino por fora, mas de um conteúdo precioso, capaz de transformar a vida das pessoas. Costumo trazê-lo sempre comigo na bolsa ...
— Era o que você estava lendo assim que eu cheguei, não era?
— Era sim. Temos sempre muito que aprender com ele. Gostaria muito que a senhora o tivesse com muito carinho, e que, quando sentisse vontade, abrisse aleatoriamente, não sem antes pensar em Jesus. Tenho certeza de que ele a ajudará muito em sua vida, acalmando o seu coração. A senhora aceita?
— Claro! Claro que aceito, Tereza. Só de conversar com você já me sinto bem melhor.
— Teria se sentido assim, se também tivesse ouvido Rita. Ela é um encanto de pessoa.
— Eu sei. Fui tola e preconceituosa, amedrontando-me com algo que eu nem conhecia. Se tivesse lhe dado a chance de se explicar, talvez até eu tivesse evitado ter vindo aqui hoje.

– Doutora Lucia, não seja por isso! Ainda bem que veio, pois só assim para conversarmos um pouco.
– É verdade, Tereza, é verdade. Mas creio que daqui para a frente ainda conversaremos muito.
– Quando quiser, fique à vontade. Enquanto eu puder ajudar, terei imenso prazer...
– Só mais uma coisa, Tereza. Não comente nada com o meu marido sobre o que conversamos, nem que estive aqui hoje. Sabe como são os homens...
– Refratários?...
– É um bom sinônimo para teimoso e cabeça dura, mas, na verdade, creio que ele ainda esteja um pouco distante desse entendimento. Seu ceticismo não o deixa acreditar em nada nesta vida.
– A senhora não precisava nem dizer. Pode ficar tranquila, que eu não direi nada. Conte comigo.
– Obrigada, Tereza, vou contar, fique certa!

Capítulo XIV

Nunca é Tarde

    Lucia voltou para casa pensativa. Nunca pôde imaginar que Tereza fosse espírita, apesar de admitir total ignorância sobre o assunto.
    Apesar de tudo, aquelas palavras todas haviam ecoado fundo em seu coração, acalmando seu espírito sobressaltado.
    Porém, não por muito tempo, pois, assim que chegou em casa, deparou-se com Paola, que, assustada e chorosa, estava deitada no sofá da sala com o rosto afundado numa das almofadas.
    – Paola, minha filha? O que foi que houve? – perguntou a mãe preocupada.
    Assim que Lucia a puxou para conversar, pôde reparar um enorme hematoma em torno do seu olho direito e alguns arranhões e manchas arroxeadas pelo corpo.
    – Oh, meu Deus! O que significa todos esses machucados em você, Paola?
    Aos prantos, responde a jovem com dificuldade:
    – Foi o Lauro, mamãe, foi ele!
    Perplexa mediante a acusação da filha mais nova, Lucia começa a sacudi-la no intuito de fazê-la voltar à razão, mas em vão. Num misto de temor e ódio, Paola repetia seguidas vezes:
    – Foi o Lauro, mamãe, foi ele que fez isso comigo, a senhora tem de acreditar em mim.
    – Mas como? Por quê? – perguntou a mãe aflita.
    – Eu não sei. Eu só sei que, quando eu cheguei da escola, deparei-me com Lauro no seu quarto vasculhando tudo como um louco, atrás de algo que eu não sabia ao certo o que poderia ser. Assim que ele me viu, pediu para que eu o deixasse sossegado, mas, curiosa e assustada com toda aquela bagunça que ele havia feito, perguntei o que ele estava procurando, na intenção de ajudá-lo. Descontrolado, Lauro dizia que estavam atrás dele, e que por isso mesmo ele precisava de algumas coisas que estavam ali, com urgência.

– Coisas? Mas que coisas eram essas, Paola?
– Jóias mamãe. Jóias e dinheiro.
– Jóias e dinheiro?
– Isso mesmo. Acho que Lauro deve estar em apuros, pois, assim que ele encontrou a sua caixa de jóias, insistiu para que eu lhe desse a chave, mas eu jurei que não sabia onde estava. Furioso, ele começou a me bater desesperado, dizendo que todos estavam contra ele, inclusive a sua própria família.
– Meu Deus!
– Fiquei tão assustada que não consegui nem correr. Pedi, implorei para que ele parasse, pois estava me machucando, quando por fim ele achou por bem me jogar no chão com força. Fingi que tinha desmaiado e, assustada, percebi que ele havia ido embora.
– Não pode ser o meu próprio filho! – disse Lucia desolada.
– Quando dei por mim, estava com o canto da boca sangrando, e o corpo todo doendo. Ainda no chão, pude reparar na bagunça toda que ele havia deixado em seu quarto, desmontando quase tudo em busca de coisas valiosas para poder pagar as suas dívidas.
– Dívidas?
– É mamãe, dívidas. Dívidas de droga! Será que a senhora não percebe? Lauro está completamente fora de si, pois o que era para ser apenas de vez em quando virou um grande vício em sua vida.
Perplexa diante da maturidade da filha, Lucia pergunta mais uma vez:
– O que mais você está sabendo Paola?
– Nada mais do que a senhora já não saiba. Por favor, mamãe, não tente me esconder nada, pois já sou bem crescidinha e sei que meu irmão é um viciado. Não me trate como se eu fosse uma criança, só porque eu sou a caçula. Na minha idade muitas jovens já não são mais virgens, e algumas fumam até maconha!
Desesperada, Lucia desabafa:
– É o fim, meu Deus! O que foi que eu fiz para merecer tudo isso? Nossas vidas parecem estar de cabeça para baixo, pois a sensação que tenho é que tudo está desabando.
– Tenha calma, mamãe, não se trata disso. É que o tempo passou, bem rapidamente, e a senhora nem se deu conta de que eu cresci – disse a jovem enquanto afagava os seus cabelos.
– Nem percebi? – disse Lucia chorosa. – É verdade Paola mas não foi somente isso que eu não percebi dentro desta casa. Muita coisa mudou, e eu nem me havia dado conta. Estou perdida...
– Não diga isso, mamãe. Nós precisamos muito da senhora. Tenho medo; não posso nem pensar em ficar sem a minha família...

Abraçada à filha de modo carinhoso, Lucia tenta acalmar seu aflito coração, ao mesmo tempo em que diz:
— Você jamais ficará sem a sua família, querida, jamais! Nem que para isso eu tiver de lutar usando todas as minhas forças, e enfrentar todo o mal deste mundo.
— Eu também nunca vou deixar a senhora sozinha, mamãe, nunca! Já não sou mais uma criança...
— Não?... — disse a mãe ressabiada.
— Não, mamãe. Mas ainda sou uma garota, se é isso que a senhora tanto deseja saber, e não uma mulher.
Sem graça, Lucia aproxima-se da filha com carinho, ao mesmo tempo em que lhe diz:
— Prometa-me que daqui para a frente seremos boas amigas e confidentes?
— Claro, mamãe, claro que prometo.
— Que bom ouvir isso de você, filha. Temos tanto o que conversar... Estou confusa e com medo.
— Eu estarei com a senhora para o que der e vier; não podemos desanimar! Sabe mamãe, tenho rezado muito por Lauro ultimamente.
— Você? Rezado por Lauro? — disse Lucia chorosa, ao mesmo tempo em que verificava os hematomas deixados pelo irmão em seu delicado corpo.
— É, mamãe, não faço outra coisa que não seja pedir a Deus pelo meu irmão.
— Nem isso eu tenho feito ultimamente... Estou descrente de tudo, Paola.
— Sabe mamãe, no colégio eu escuto muita coisa das minhas amigas que, como todo mundo, tem problemas em casa. Mas um caso em particular, esta semana, chamou-me muito a atenção, fazendo-me pensar numa porção de coisas que até então eu nunca havia pensado.
— Do que se trata, Paola?
— É a dona Madalena.
— Dona Madalena?
— É a faxineira lá da escola.
— E o que tem ela?
— É que ela é uma pessoa muito especial, sabe? Sempre de bem com a vida, apesar do trabalho difícil e pesado que tem, que é o de ter que limpar os banheiros e corredores do colégio todo, sempre bem sujos, por sinal. Eu nunca vi a dona Madalena de baixo astral, mamãe, nunca! Existe até quem a chame de canarinho, pois, além de viver cantando, da sua boca não sai nada que não possa fazer uma pessoa sorrir.
— É porque ela deve ser uma pessoa muito feliz, apesar do trabalho duro.

— Aí é que está mamãe. Esta semana mesmo fiquei sabendo de uma coisa que me deixou muito impressionada, por isso fui falar com ela.
— Falar com ela? Falar o quê?
— Soube que ela vem sofrendo há anos com o marido alcoólatra, que não lhe dá uma trégua.
— Como assim, não lhe dá uma trégua?
— Parece que ele vive se metendo em encrencas, além de estar sempre comprometido com dívidas de jogo. O pior de tudo é que as pessoas a quem ele fica devendo acabam indo cobrar em sua porta, fazendo ameaças até para a sua família.
— Que horror!
— A dona Madalena sempre consegue um jeito de contornar a situação, mas parece que de uns tempos para cá ela tem desistido de ajudá-lo, deixando-o à mercê da própria sorte.
— Menos mal.
— Mas, para não correr riscos, mudou-se há mais ou menos um mês para um quarto e sala na periferia, onde a custa de muito sacrifício tem levado a vida com os filhos.
— Pelo menos isso.
— É, mamãe, só que essas crianças são especiais, e requerem dela muita atenção e cuidado.
— E o que elas têm?
— São gêmeas siamesas, unidas por um único corpo, mas que tem duas cabeças.
— Minha nossa, Paola!
— Soube que a diretora e até alguns professores já tentaram de tudo para ajudar; consultaram pais de alunos que, como médicos pediatras, prometeram também colaborar no que fosse possível, mas sem chance. Agora estão fazendo uma campanha para ajudá-la na compra de alguns medicamentos que parecem custar muito caro, mas que são essenciais para as meninas. Estão pensando até em fazer um bazar para ajudá-las nesse sentido. Nele, haverá roupas, panos de prato, artesanatos de todo tipo, além de doces e salgados com preços especiais, pois toda a arrecadação será em benefício da d. Madalena, que é muito querida por todos lá na escola.
— Que ideia brilhante!...
— Eu estava pensando até em pedir à Rita para fazer um bolo bem gostoso, como aquele que seria feito para o meu aniversário, para doá-lo nessa campanha. O que a senhora acha?
— Acho que você está certa, Paola. Estou muito feliz que você, apesar de tudo, ainda tenha bom ânimo para pensar em ajudar alguém. Eu nem sabia disso...
— Nem eu, mamãe, nem eu. Mas o que mais me impressiona nisso tudo – disse a jovem enquanto enxugava as lágrimas emocionadas – é o modo como ela leva a vida, apesar de tanta dificuldade. Como pode alguém

com tantos problemas ser tão feliz, enquanto tanta gente, que tem mais do que o necessário, vive reclamando pelos cantos sem conseguir dar um sorriso sequer durante todo um dia? Por isso fui falar com ela, conversar um pouco, sei lá, talvez na intenção de aprender alguma coisa boa, ver como ela consegue superar tantos problemas com tanta firmeza e com tanto bom astral...

– E você aprendeu, Paola?

– Aprendi, mamãe. Aprendi que, para começar, a d. Madalena agradece a Deus, todos os dias, pela oportunidade da vida, e por ter em seus braços as filhas que ela tanto ama, apesar das dificuldades que enfrenta. Aprendi também que a revolta, o inconformismo, a cara feia, não vai fazer a nossa vida mudar, nem melhorar, mas, ao contrário, vai só colaborar para aumentar ainda mais o nosso sofrimento. E mais que tudo isso até, mamãe, aprendi que rezar faz um bem enorme para a gente, pois é como se você dividisse com um amigo em quem você muito confia toda a sua dor, todo o seu sofrimento, tornando tudo mais leve, mais suave... Então eu pensei: se a d. Madalena, com tantos problemas, é feliz, por que nós também não podemos ser apesar de tudo? Por isso eu tenho rezado sempre para Deus ajudá-la, e também para ajudar Lauro, que está cada dia mais infeliz.

– Nossa, Paola, estou surpresa com você. Sinceramente não pensei que você pudesse estar tão madura... Acho que andei a subestimando. Seu modo de pensar, seu jeito de ver as coisas, tudo isso só está servindo para me comprovar o quanto você cresceu e mudou diante da vida. Não estou mais diante daquela menininha inocente, mas diante de uma jovem amadurecida que sabe muito bem o que quer e o que fala. Com tudo o que Lauro a fez passar, você ainda consegue forças para ir em busca de respostas? Estou impressionada...

– Eu não tenho raiva dele mamãe, porque ele não é assim. É a droga que está fazendo isso com ele.

– Paola, filha, só Deus poderá nos ajudar, apesar de eu ter me distanciado tanto d'Ele. Nem mesmo sei se Ele ouvirá as minhas súplicas...

– Claro que ouvirá mamãe. Mas para isso temos que ter fé; foi assim que a d. Madalena me ensinou. Quem sabe Deus não esteja mesmo esperando isso da gente? Vamos pedir a Ele, mas de verdade, assim como a d. Madalena faz, e eu tenho certeza de que Ele nos ouvirá também.

– Paola, toda essa nossa conversa só serviu para aumentar ainda mais a confiança e o carinho que eu tenho por você, filha. Só agora pude perceber a amiga maravilhosa que sempre tive e terei do meu lado daqui para a frente. Obrigada por tudo!

Capítulo XV

Um Telefonema Inesperado

Desta vez a situação havia se agravado muito, pois Lauro ficou ausente do lar durante quase sete dias. Dias de verdadeiro pânico e terror, que só se findaram com um inesperado telefonema, pedindo para que fossem buscá-lo às margens de uma importante rodovia.

Com o coração dilacerado, Lucia teve de enfrentar um dos piores momentos de sua vida, pois não sabia ao certo o que iria encontrar pela frente.

Aquele jovem saudável, vistoso, cheio de vida, agora parecia mais um miserável relegado ao abandono, pois seu estado lastimável demonstrava sua quase que total demência, devido ao uso exagerado das drogas. Tendo sido a maconha sua principal porta de aceso para outras drogas ainda piores e bem mais pesadas, Lauro passou a usar quase tudo o que lhe ofereciam, sem medir as consequências dos seus atos doentios.

A triste figura de Lauro jogado às margens da estrada era a representação clara do jovem que, cedendo aos apelos inferiores de companhias enfermiças, enavereda-se por caminhos perigosos, de difícil retrocesso.

Barba por fazer, cabelos sujos e mal cheirosos, roupas rasgadas, cheirando a urina, enfim, uma aparência de dar dó. Tudo isso demonstrava o ávido poder que a droga exerce para quem a ela se entrega sorrateiro. Mais cedo ou mais tarde os comprometimentos não apenas morais, como principalmente físicos, acabam por fazer da criatura um fantoche sem vida própria, manipulado por mãos inescrupulosas que visam única e exclusivamente a seus interesses pessoais.

Levado às pressas para o hospital, Lauro recebe os primeiros socorros, tendo em vista seu estado de total inconsciência. Examinado por médicos amigos de seu pai, o jovem passou por uma série de exames que, na intenção de vasculhar o seu vaso físico, acabaram por descobrir mais um agravante: a sífilis.

– Lucia – disse Norberto em tom grave –, falei com Roberto, o colega que examinou Lauro, e, ao que tudo indica, parece que a situação dele não está lá essas coisas...
– Como assim? Quero ver o nosso filho agora!!!
– Tente controlar-se, por favor. Você sabe que isso, no momento, é impossível. Ele está no CTI recebendo os cuidados necessários e também sendo examinado pelos melhores médicos que este hospital já teve.
– E o que faz você aqui, que não está com ele também? – perguntou Lucia chorosa.
Cabisbaixo, Norberto responde:
– Não quero estar com ele no momento, só isso. Examinado por médicos amigos, ele se sentirá mais a vontade.
– Ele? Ou você?...
– Ambos – respondeu o pai secamente.
– Por quê? – insistiu Lucia abatida.
– Não quero falar sobre isso agora – insistiu Norberto de tez franzida.
– Mas eu quero – retrucou Lucia altiva. – Lauro está doente, Norberto, e doente da alma.
– Almas não adoecem, o físico sim. Devido a tanta promiscuidade, descobriram que ele também contraiu sífilis.
– Sífilis?
– Dê-se por muito satisfeita, pois poderia ter sido outra doença ainda pior. Quanto à sua alma, se é que ele tem uma, deve estar é bastante aturdida, pois nessa brincadeira toda, ele quase perde a vida.
– Mas por que você insiste tanto em ser cabeça dura? – disse a mãe irritada. – Será que não percebe? Lauro está sem fé na vida, Norberto, sem esperanças no amanhã, porque de certa forma nós só lhe mostramos o dia de hoje.
– E isso já não basta? Não costuma dizer você que o amanhã a Deus pertence?
– Sim, mas não é desse amanhã que eu estou me referindo. É do amanhã futuro, destino certo de cada um de nós: a morte!
– Lá vem você novamente com essa...
– Nunca lhe ensinamos a ter fé na vida, a acreditar no amanhã, mas não no amanhã depois do hoje, e sim no amanhã eterno, onde a vida deve continuar, porque eu não acredito que Deus nos criou para que acabássemos no nada. Se assim fosse, realmente, não haveria sentido tanta luta, tanto aprendizado, tanto sofrimento, tanta vontade em se continuar vivendo. Por isso é que o nosso filho ficou tão desmotivado depois da morte do seu melhor amigo.
– Já conversamos sobre isso, se bem me lembro.
– É verdade, mas não chegamos a nenhuma conclusão.

– Você, talvez, mas eu cheguei. Sei muito bem do que Lauro precisa. Depois de receber os cuidados necessários neste hospital, devemos interná-lo numa clínica para drogados. É a única solução sensata que nós, como pais, devemos tomar.
– Você acha que só isso basta?
– Não vejo por que não bastaria. Já vi resultados excelentes com uma porção de jovens que se submeteram a esse tratamento.
– Eu concordo com você que essas clínicas são excelentes, mas será que ele quer? Será que ele aceita?
– Uma pessoa nessa situação não tem de querer, Lucia.
– Sabe o que eu acho, Norberto? Acho que você está querendo esquivar-se dessa situação, empurrando o nosso filho e seus problemas para que outros possam resolvê-los.
– Outros? Você quer dizer, médicos competentes e acostumados com esse tipo de caso? Ora, Lucia, por favor, poupe-me de chantagens emocionais num momento como esse, em que deveríamos usar a razão, e não o coração.
– Talvez pudéssemos usar as duas coisas, o que você acha?
– Acho que você não está querendo enxergar a realidade, isso sim. E eu já estou cheio dessa conversa toda.
– Somos pais, Norberto, portanto, responsáveis por tudo o que acontece com os nossos filhos.
– Eu não sou mais responsável por ninguém, Lucia. Já fiz a minha parte dando a Lauro tudo o que ele sempre quis ou do que precisou, retribuindo-me ele agora desse modo.
– Não podemos abandoná-lo...
– Por vezes, pergunto-me por que continuar insistindo? Será que vale a pena?
– Quando um doente muito grave lhe procura, você diz a ele que não tem mais jeito ou, mesmo sabendo disso, você faz o possível para ajudá-lo?
– Nunca abandonei nenhum dos meus pacientes, e você bem sabe disso.
– Então por que pensa em abandonar o nosso filho bem agora? – disse Lucia tristonha.
– Não é justo isso tudo estar acontecendo conosco – disse Norberto bastante revoltado. – Não é justo! A impressão que eu tenho é que quando tudo parece estar indo bem na vida, ela propositadamente resolve dar uma guinada virando tudo de cabeça para baixo, só para que, em seu deleite, possa ver todos cair. É como se tivéssemos que ser castigados por sermos felizes, entende? Será que temos de ser condenados a sofrer eternamente? Já não basta o caos que está o mundo? Será que mesmo assim a desgraça tem de cair sobre o teto daqueles que nada fazem de mal nesta vida, só pelo simples prazer que a vida

tem de nos fazer sofrer? Onde, afinal, está esse Deus de que você tanto fala, Lucia, onde?

– Por essas e por outras, Norberto, é que eu estou em busca de uma explicação. Deve haver um motivo para tudo isso estar acontecendo.

– Então, vai em frente! Quem sabe, um dia, você consegue me convencer do contrário.

– Prometa-me que irá vê-lo no CTI? Sua presença certamente o deixará mais fortalecido – disse Lucia com mansuetude, pois também conseguia entender a dor e a revolta do companheiro, que, apesar de cético, amava intensamente o filho.

– Vou assim que puder – respondeu desconcertado, mediante o seu amoroso apelo.

– Obrigada. Quando tudo estiver mais calmo, volto para vê-lo.

– Fique sossegada, o pior já passou.

Agradecida, Lucia beija-lhe a fronte, carinhosa, saindo em seguida rumo ao lar, enquanto Lauro recebia dos médicos e enfermeiros os cuidados necessários.

Capítulo XVI

Visitando o Lar de Rita

Lucia não estava apenas perdendo o filho amado, como também o companheiro de anos.

Tristonha e abatida, sentia que Norberto estava frio, diferente do que sempre foi, quando a vida, para todos, parecia um mar de rosas. Sentia-o distante, apesar de estar sempre perto, enfim, muita coisa entre eles havia mudado.

Na intenção de desculpar-se com Rita, e também de lhe pedir para que fizesse um delicioso bolo para Paola doá-lo na escola, Lucia resolve ir visitá-la em sua casa. Na verdade, o que a jovem mãe queria mesmo era conversar um pouco, pois se sentia só e desolada, apesar do carinho que a filha mais nova tanto lhe dedicava.

O ambiente de paz e tranquilidade que havia naquele local não conseguiu ser dissipado mediante a sua visita, ainda mais pelo fato de Lucia ter chegado bem na hora em que todos se reuniam para a prática do Evangelho no lar.

Ressabiada diante do inesperado, Lucia pensa em recuar, quando então é convidada pela dona da casa a sentar-se à mesa com todos, pois o adiantado da hora não permitia que perdessem mais tempo.

Enquanto pensava numa boa desculpa para esquivar-se do convite, Lucia foi surpreendida com a presença de Chicão, que, com uma jarra de água em suas mãos, sai da cozinha com um largo sorriso, dizendo:

– Doutora Lucia, como vai? É um enorme prazer tê-la conosco esta noite.

– Chicão? Você por aqui?...

– Para falar a verdade, é o que eu mais tenho feito ultimamente – disse de modo simpático enquanto olhava apaixonado para Rita.

– Eu tinha até esquecido que você e Rita estavam namorando. Parabéns pela escolha, Chicão, essa jovem é realmente encantadora...

Interrompendo de modo delicado a conversa que se fazia bastante animada, disse dona Alice:

– Doutora Lucia, espero que não se importe, mas estávamos nos preparando para dar início a mais um Evangelho no lar. Essa é uma prática bem comum entre nós, espíritas, por isso assim procedemos já há alguns anos.

– Eu sinto muito, não tive a intenção de incomodá-los.

– E não incomodou, em absoluto! Ao contrário até do que a senhora pode estar pensando, somos gratos à espiritualidade por tê-la mandado bem nesta hora, pois tenho certeza de que não foi à toa que isso aconteceu. Por que não se senta à mesa conosco, a fim de aproveitar esse maravilhoso banquete?

– Banquete? – disse Lucia ressabiada enquanto olhava para todos os lados para ver se encontrava algo para comer.

– Sim, doutora, um banquete espiritual, já que aquele outro, que nos abastece o estômago, temos por hábito fazê-lo todos os dias.

– Esse outro, no entanto... – completou Rita meigamente –, é quase sempre ignorado pela maioria das famílias, que, ocupadas demais com os seus afazeres diários, não conseguem dispensar alguns minutos do seu tempo para Jesus.

Percebendo que aquela seria uma boa chance para conhecer melhor tudo o que se passava naquele lar, e também sobre a doutrina que eles tanto admiravam e seguiam, Lucia resolve ficar, não sem antes perguntar:

– Será que não vou mesmo incomodar?

– De modo algum, doutora. Isso só nos dará imenso prazer – disse Rita com um largo sorriso.

– Então aceitarei o convite de bom grado.

Dito isso, Lucia sentou-se bem ao lado de Chicão à mesa, pois, de certa forma, a presença do jovem amigo de seu filho a acalmava sobremaneira. Enquanto todos se preparavam, Lucia achega-se bem de mansinho perto do seu ouvido e pergunta:

– Há quanto tempo você... Bom, você entende, não entende?

– A senhora está se referindo à prática do Evangelho no lar?

– Dentre outras coisas.

– Na verdade, eu sempre fui um curioso em busca de respostas que me fizessem entender todo esse complexo mecanismo chamado **vida**, pois eu nunca me conformei com o acaso, nem com a fatalidade. Palavras essas que, por sinal, são muito usadas na Medicina.

– E você encontrou nessa doutrina o que estava tanto procurando?

– Posso não ter ainda encontrado tudo, mas, pelo menos, encontrei o principal.

– É mesmo? E o que foi?

– Uma fé raciocinada, embasada na lógica e na razão, fatores esses essenciais para quem costuma usar a inteligência, a coerência e a lógica. Além do mais, não encontrei apenas respostas convincentes, como também propostas inteligentes.

– Propostas inteligentes? Como o quê, por exemplo?

– Como viver a vida de um modo diferente, não tão apegado aos bens materiais, mas sim aos bens espirituais, únicos realmente importantes na vida do homem que se diz reformado, totalmente modificado, enfim, aquele homem do terceiro milênio que já despertou para algo a mais em sua vida, que não seja tão-somente as coisas da Terra. Além do mais, essa doutrina não nos impõe nada, não nos proíbe nada, nem usa de subterfúgios para angariar "eleitos", pois ela não precisa disso.

– Então o que faz ela assim, de tão bom?

– Ela liberta o homem da ignorância e da cegueira que ele tanto insiste em continuar tendo, desde a época em que o Cristo se fez presente entre nós para a prática constante do amor entre as criaturas. Ela mostrou-me que o verdadeiro e único caminho é aquele que ocasiona profundas mudanças dentro de cada um de nós, principalmente no que diz respeito à nossa reforma íntima. Reformando-nos intimamente, seremos capazes de entender o Mestre, que, há mais de dois mil anos, convida-nos a segui-Lo, mas, teimosos que somos, preferimos sofrer na descrença e na falta de fé.

Muito embora aquela conversa toda estivesse sendo para Lucia bastante proveitosa, os ponteiros do relógio indicavam que já havia chegado a hora de dar início àquela singela reunião.

Educadamente, dona Alice foi apagando as luzes que se faziam em excesso naquele recinto, enquanto Rita, num determinado canto da sala de jantar, preparava o gravador com lindas melodias que serviram para acalmar ainda mais o ambiente.

O coração de Lucia, apesar de disparado, podia sentir as benesses que havia naquele local, pois a paz que todos ali sentiam era algo difícil de ser explicado.

Aproveitando aquele mágico momento, a espiritualidade ali presente foi trabalhando as fibras mais recônditas do coração da mãe de Lauro, enquanto dona Alice, percebendo a atuação desses espíritos de luz, aproveita para pedir-lhe que fizesse a gentileza de abrir o Evangelho.

Confusa diante do inesperado, Lucia olha assustada para Chicão, como se dele esperasse algum sinal ou aprovação que pudesse acalmá-la, recebendo do jovem ali presente um belo e largo sorriso, que acabou por tranquilizá-la sobremaneira.

Sentindo-se incentivada pelo plano mais alto, Lucia abre o Evangelho aleatoriamente, enquanto todos os presentes vibravam amorosamente para que a lição do dia pudesse vir ao encontro das necessidades do momento, o que de fato acabou acontecendo.

Ainda trêmula, Lucia passa delicadamente o Evangelho para as mãos de dona Alice, não sem antes ler o título do capítulo VII, que assim dizia:

"BEM-AVENTURADOS OS POBRES DE ESPÍRITO!"

Capítulo XVII

O Evangelho no Lar

Como é maravilhoso esse momento! E o tema então? Não poderia ter sido mais propício. Se todos pudessem vislumbrar esse acontecimento, quase ninguém deixaria de praticá-lo em seus lares, semanalmente.

Como se do centro daquele lar brotasse uma fonte de luz azulínea, espíritos de toda espécie eram beneficiados naquele tão sublime momento enquanto outros eram colocados para dormir, a fim de ser levados pelas caravanas socorristas.

Sua intensidade luminosa era tamanha que abrangia não apenas aquele quarteirão, como também algumas quadras mais além, beneficiando encarnados e desencarnados que por ali estavam.

Enquanto todo esse processo acontecia de forma sutil e imperceptível aos olhos humanos (pelo menos para aqueles que não eram dotados de vidência), Lucia deleitava-se com a feliz leitura escolhida, fazendo-a refletir sobre alguns pontos importantes, jamais por ela entendidos antes.

Porém, a jovem mãe de Lauro não precisou de muito para que o seu coração fosse tocado, bastando para isso apenas um leve toque. E esse toque não tardou muito a chegar, pois, ouvindo as explanações da dona daquele lar, Lucia sentiu que tudo aquilo já lhe era familiar, apesar de ter estado tanto tempo distante dessas verdades.

Cada palavra dita, cada apontamento feito mediante aquele tema, cada dúvida e cada explicação eram por Lucia totalmente absorvidos sem a menor dificuldade, pois, de algum modo, aquilo tudo já lhe parecia bastante familiar.

Tomada por forte emoção, Lucia deixa escapar algumas lágrimas, que logo foram percebidas por todos, fazendo com que os componentes daquela mesa orassem baixinho, pedindo a ajuda necessária ao Alto.

Não tardou muito para que Lucia voltasse a se sentir bem novamente, principalmente depois de terem lhe oferecido um pouco de água fluida.

Convidada a falar, Lucia aproveitou o ensejo para tecer alguns comentários a respeito do tema proposto, assim também como para fazer algumas perguntas relevantes, sem, no entanto, deixar a vibração amorosa que se fazia naquele recinto cair. Tudo dentro da mais pura disciplina e de respeito, pois é desse modo que deve ser o Evangelho nos lares cristãos.

Notando uma emoção diferenciada em Chicão, Rita logo desconfiou do que se tratava. Vidente desde a mais tenra idade, Chicão sofreu inúmeras represálias da família, que se intitulava puramente católica, pelo fato de estar sempre conversando com os espíritos, além de também vê-los com a maior naturalidade.

Preocupada com o fato, sua mãe passou a puni-lo sempre que isso acontecia, castigando-o duramente por achar que tudo aquilo não passava de uma brincadeira de mau gosto, inventada por ele só para chamar a atenção.

Porém, apesar de toda contenda, sua avó paterna era a única que acreditava em suas histórias, pois ela também via espíritos e conversava com eles. Infelizmente ela não pôde acompanhá-lo nem ouvi-lo por muito tempo, pois veio a desencarnar anos mais tarde.

Desapontado e sozinho, Chicão passou a trancafiar-se em seu quarto quase que todo o tempo, já que desse modo podia ver e conversar com sua avó, sossegadamente, até que sua mãe descobriu tudo, punindo-o severamente e ameaçando-o mandar para um colégio interno no interior paulista.

Logicamente, esse triste episódio o deixou amedrontado e infeliz, por isso sua avó, que tanto o amava, nunca mais lhe apareceu. Pelo menos enquanto perdurou a sua meninice.

Entretanto, o dom não se apagou, pois a mediunidade, seja ela qual for, é nata na criatura, independentemente da sua vontade. Aflorada anos mais tarde, Chicão passou a lidar com o fato de modo sigiloso, respeitando a crença de seus pais, mas procurando sempre uma explicação plausível para o seu caso.

Essa explicação, no entanto, não tardou a chegar, pois, assim que conheceu Rita mais intimamente, pôde constatar que, na verdade, o que ele tinha mesmo era uma sensibilidade exagerada que o caracterizava como sendo um médium vidente. Interessado no assunto, Chicão passou a frequentar o centro juntamente com a namorada, sendo colocado, algum tempo depois, para trabalhar na câmara de passe. O que havia sido um mistério durante tanto tempo em sua vida agora se chamava trabalho mediúnico com Jesus, pois, assim como ele, outros mais trabalhavam as suas mediunidades dentro daquele centro, cortando arestas, praticando o amor desinteressado em benefício do próximo, além, é claro, da constante reforma íntima.

E foi exatamente pelo fato de essa mediunidade existir que Chicão ficou emocionado durante a explanação do Evangelho, pois pôde notar a figura de Adriano na sala, bem ao lado de dona Alice, sua mãe, juntamente com seu pai, que, com ternura e carinho, sempre participou desse importante culto no lar.

Com os olhos marejados d'água, Chicão agradece a Deus, baixinho, ao mesmo tempo em que, mentalmente, saúda o velho amigo da faculdade.

Quantas benesses esse capítulo de *O Evangelho Segundo o Espiritismo* causou no coração de Lucia. Quantas dúvidas dissipadas, quantas desconfianças agora compreendidas, quanta lógica, meu Deus, quanta verdade!

A luz benfazeja do Evangelho redentor parecia estar acendendo no coração daquela mãezinha desesperançada um novo clarão, eliminando as trevas que tanto insistiam e persistiam em seus intentos.

A emoção foi geral. Particularmente tocada, Lucia dizia a todos que aquelas palavras pareciam ter sido ditas tão-somente para ela, pois bem serviram para despertá-la do imenso mar sombrio em que se encontrava.

A prece final feita por Rita veio tão-somente para encerrar aquele encontro, na intenção de estarem novamente reunidos na próxima semana.

Assim que as luzes foram novamente acesas, todos brindaram alegres com um copo de água fluida por mais aquele momento, agradecendo a Jesus e à equipe espiritual encarregada de visitar aquele abençoado lar, no intuito de higienizá-lo fluidicamente, colocando ali delicadas flores cujo perfume pôde ser sentido por todos que ali estavam presentes.

Ainda tecendo alguns comentários a respeito do tema da noite, disse Lucia com empolgação:

– Será que também poderei fazer o mesmo em meu lar?

– A senhora refere-se ao Evangelho que acabamos de fazer? – disse dona Alice sorridente.

– Esse mesmo. Será que também poderei fazê-lo em casa? Gostaria tanto de sentir lá o que acabo de sentir aqui...

– Sem duvida que pode, doutora Lucia, é só não desistir – argumentou dona Alice.

– Desistir? E por que eu desistiria?

– Porque quando nos propomos a seguir Jesus, ou convidá-Lo a adentrar em nossa casa, mil transtornos aparecem para nos desviar do caminho.

– Como o quê, por exemplo?

– É um telefone que toca bem na hora em que estamos nos preparando para o culto do Evangelho no lar, uma visita que se faz inesperada, alguém que nos chama com urgência, um mal-estar repentino, uma dor de cabeça, enfim, algum contratempo sempre aparece com a intenção de nos impedir nesse momento.

– Mas por quê? Por que isso acontece? – perguntou Lucia curiosa.

– O excesso de luz costuma ofuscar aquele que ainda se encontra na escuridão, incomodando-o sobremaneira. Por isso tanto tropeço para que também aquele lar, que ora se prepara para a luz benfazeja do esclarecimento, da reforma íntima e do aprendizado com Jesus, permaneça na sombra da ignorância. Só o amor verdadeiro será capaz de combater todos esses reveses, além da perseverança e da confiança de que nunca estaremos sozinhos.

– Entendo. Vou pedir para que todos lá de casa participem, a fim de tornarmos essa corrente ainda mais forte – disse Lucia com empolgação.

– Não importa o número de pessoas dentro do lar que se predispõe a participar desse momento, doutora Lucia. Não é isso que tornará o Evangelho mais forte ou menos forte. Pelo contrário, é até melhor que façamos sozinhos do que obrigarmos nossos entes queridos a participarem de algo que ainda não estão em condições de entender ou aceitar. Aliás, nunca estamos inteiramente sós. Estamos cercados por uma multidão de espíritos que nos espreitam diuturnamente, sem contar com aqueles que nos amam e que nos protegem nos momentos difíceis ou de dor. Precisamos respeitar o livre-arbítrio de cada um, minha querida, ninguém é feliz à força, nem ama à força, muito menos passa a acreditar em Deus à força, só porque nós achamos que isso será bom para ele. Não, não é assim que funcionam as coisas. Cada qual será tocado a seu tempo. O fruto que não está maduro, e que é arrancado do pé precocemente, fatalmente acabará no lixo. Faça sempre a sua parte com amor e vontade, sem cobrar nada de ninguém, nunca. O máximo que podemos fazer é convidar, de resto...

– Acho que você está certa, Alice. Mas que ingenuidade a minha em pensar numa coisa dessas. Onde é que eu estava com a cabeça em falar uma bobagem tão grande?

– Não se trata de bobagem, doutora Lucia, mas de conhecimento. E a senhora está apenas começando; não se cobre tanto.... Quando nos sentimos felizes, queremos que todos à nossa volta sintam também essa felicidade. Só que muitas vezes esquecemos que o que é bom para um pode não ser para outro, porque ainda não é o momento certo daquela pessoa despertar. Aliás, será que posso presenteá-la com um Evangelho?

– Agradeço muito, Alice, mas a Tereza já se encarregou de fazer isso.

– Mas que maravilha! Tereza é uma boa amiga, além de fazer parte do nosso grupo de estudos no centro.

– Gostaria muito de poder conhecê-lo.

– É só marcar o dia! Quando quiser...

– Vou falar com Paola. Quem sabe ela não deseja acompanhar-me? Mas sem imposições de nenhuma espécie, pode fica sossegada, Alice.

– Que bom que esteja se sentindo melhor...
– Obrigada por tudo, Alice. Será que posso fazer-lhe um último pedido?
– Claro!
– Gostaria que me chamasse de Lucia, simplesmente. E isso se aplica a todos dessa sala, inclusive a você, Rita.
– Eu?
– Isso mesmo. Amigos de verdade não necessitam de tanta formalidade. E vocês têm demonstrado isso todo o tempo; só eu que ainda não havia percebido. Obrigada por tudo!

A musica ambiente e o clima acolhedor e repleto de paz que inundava aquele lar fizeram com que Lucia, repentinamente, desatasse a chorar, deixando todos bastante enternecidos e também bastante preocupados.

Capítulo XVIII

Um Doloroso Desabafo

— Lucia, minha amiga, o que está acontecendo? Quer desabafar? – perguntou dona Alice com bondade, pois sabia que de alguma forma o Evangelho da noite havia calado fundo em seu coração, fazendo desabrochar sentimentos enrustidos, dores ainda profundas de feridas recentes.

— Desculpe-me, Alice, mas está difícil conter o pranto emocionado, pois não consigo deixar de pensar em Lauro. É que ele foi internado hoje, às pressas, devido ao seu péssimo estado.

— Lauro? Internado? – perguntou Chicão. – O que foi que houve com ele agora?

— Foi encontrado largado às margens de uma rodovia absolutamente bêbado e drogado, quase em coma.

— Meu Deus, por quanto sofrimento e dor vocês devem estar passando... – disse Alice comovida.

— Você não pode nem imaginar, não faz ideia de como tudo isso está mexendo conosco. Ele só não morreu porque pegou algumas jóias minhas para pagar os traficantes, que, devido a isso, pouparam-lhe a vida.

— Menos mal, poderia ter sido pior – argumentou a amiga solícita.

— Eu não sei, na verdade, o que poderia ter sido melhor. Se o fato de terem lhe poupado a vida, ou...

— Não, Lucia, não diga mais nada. Você está machucada demais para dizer o que pensa. Melhor mesmo é entregar nas mãos de Deus, pedindo a Ele a ajuda necessária para enfrentar esses reveses. Se a vida de Lauro foi poupada, é porque ele mereceu outra chance, apesar de tudo. Quem somos nós, então, para dizer o que poderia ter sido melhor ou pior? Claro que tudo isso gera sofrimento e dor para todos da família, mas ele não está com vocês à toa. Todos nós temos ligações profundas de um passado distante, que se consolida agora, novamente, pela da bendita reencarnação.

— Não bastasse isso, sinto que também estou perdendo Norberto... Frio e distante, ele não consegue esconder a revolta e a mágoa que tudo isso está lhe ocasionando, tornando-o ainda mais cético diante dos apelos divinos.

– Entendo. Para ele deve estar sendo muito difícil, principalmente pelo fato de ele não conseguir entender que na vida nada acontece à revelia, pois o acaso não existe para quem acredita em Deus.

– Aí é que está o grande problema. Ele não acredita nem nunca acreditou em Deus; agora então... Ele insiste em dizer que, se Deus existisse mesmo, não deixaria tudo isso acontecer, punindo realmente quem merece, e não pais inocentes que só desejam o bem dos seus filhos.

– À primeira vista, parece até justo e razoável esse argumento, se não fosse arrogante, colocando Deus como executor dos nossos caprichos, das nossas vontades. Porém, não é assim que funcionam as coisas, Lucia. Para acreditarmos em Deus, precisamos entendê-Lo em sua essência, mas nem todos estão preparados para isso, dizendo simplesmente o que bem entendem a respeito. A começar pela Sua infinita misericórdia e bondade que presenteou o homem com uma das mais belas oportunidades em termos de conquistas espirituais, por meio da abençoada reencarnação, tão repudiada pelos céticos e orgulhosos que não admitem esse fato. Apegados à materialidade da vida, não admitem a mudança de corpos a cada existência, sem compreender que o espírito que bem dentro dele habita é sempre o mesmo.

– É o mesmo que mudarmos de roupa conforme as necessidades da estação que temos que enfrentar, sem, no entanto, deixar de ser nós mesmos – disse Rita com espontaneidade.

– Somos muito orgulhosos para admitir isso, pois é mais fácil reclamarmos contra Deus, revoltando-nos com os fatos que acontecem e que à primeira vista nos parecem injustos – completou Chicão.

– Esquecemos, entretanto – disse dona Alice com delicadeza –, que trazemos no espírito as nossas tendências, que, se não forem bem trabalhadas nesta vida, provavelmente voltarão à tona tão logo encontre oportunidade, revelando-nos verdadeiramente a todos que nos cercam, principalmente se essas más tendências não forem podadas em nós desde a mais tenra infância. Como pode alguém rebelar-se contra algo que não entende e que nem procura entender? É fácil culparmos a divina providência quando fechamos a porta para o entendimento e a pesquisa, pois existem milhares de livros que bem poderiam orientar os que ainda duvidam sobre o maravilhoso mecanismo da vida. Religiões é que não faltam, muito embora cada uma tenha a sua própria interpretação de como enxerga a vida e Deus nesse imenso contexto. Isso, aliás, é muito natural, pois nem todos estão no mesmo grau evolutivo. Mas, infelizmente, somos presunçosos demais para aceitar tudo isso, atribuindo a vida ao puro acaso. É uma pena que pessoas dotadas de excepcional inteligência não consigam usá-la para refletir sobre esse tão maravilhoso tema.

– É verdade, Alice, quanta lógica existe nessas suas colocações. Gostaria tanto de saber expô-las todas para Norberto, mas sinto que ainda não tenho conhecimento suficiente para com ele argumentar. Todas as vezes que conversamos sobre a existência de Deus, e a falta que Ele faz em nossas vidas quando não O aceitamos como nosso maior coadjuvante, é briga certa.

– Então não discuta mais sobre isso, Lucia. Não jogue fora energias que poderiam bem auxiliar os que dela precisam. Precisamos, sim, exemplificar essa nossa crença, assim como fez Jesus quando estava entre nós.

– Exemplificar a crença?

– Isso mesmo.

– Mas como? Como fazemos isso, Alice?

– Mantendo uma postura digna e confiante mediante os reveses da vida, típica daqueles que acreditam em Deus do fundo do seu coração, e não daqueles que fazem alarde de Seus ensinamentos pelos quatro cantos, mas que ao menor contratempo lamentam-se chorosos dizendo-se imerecedores de tamanho castigo. "Aqueles que disserem 'Senhor! Senhor!' não entrarão todos no reino dos céus; mas somente entrará aquele que fizer a vontade do meu Pai." Essa é uma bela passagem do capítulo XVIII de *O Evangelho Segundo o Espiritismo,* intitulado "MUITOS OS CHAMADOS E POUCOS OS ESCOLHIDOS", que deveria ser minuciosamente estudado por todos.

– O Evangelho todo é um guia maravilhoso no qual estão contidos os códigos morais e de boa conduta mais perfeitos, porque vão aos encontro das Leis divinas. Só ele será capaz de mostrar ao homem a verdadeira felicidade, se por ele seguido e bem compreendido – completou Rita.

– E quanto a Lauro, ele aceita a ideia de Deus existir? – perguntou Chicão interessado.

– O Deus em que Lauro acredita é o mesmo Deus que lhe ensinamos desde quando criança: superficial, distante, às vezes até um tanto injusto. Um deus da boca e não do coração. Acho até que ele ainda insiste em querer acreditar, porque, no fundo, no fundo ele sente falta de algo que o sustente, pois, do contrário, ficaria muito difícil entender e aceitar os reveses da vida, como, por exemplo, a morte de Adriano, o seu melhor amigo. Infelizmente, eu não fui capaz de orientar o meu próprio filho com relação à morte, nem quanto à existência de Deus.

– É, Lucia, a família realmente cristã deveria reunir-se pelo menos uma vez por semana para falar sobre Jesus, Seus sagrados ensinamentos, e cada membro da família deveria expor as suas dificuldades e questionamentos, já que o lar é a nossa primeira escola. Mas nem todos têm consciência disso, o que é uma pena. Difícilmente encontramos a família reunida em torno de uma mesa falando sobre Jesus, pois essa é uma prática já bem esquecida por muitos. A falta de tempo está desunindo as criaturas que dormem sobre o mesmo teto, tornando-as estranhas umas com as outras, onde muitas vezes acontecem as grandes decepções, as grandes dores, enfim, desajustes de toda ordem. Daí o grande susto, em que a tragédia parece ter se instalado de vez, fazendo com que a família se desmorone e os seus componentes se desagreguem, dando lugar às sombras. Quem fecha a porta para Jesus apaga também a luz que poderia salvaguardá-lo da ignorância, tendo que passar pelos reveses da dor para então poder despertar.

– Será que vou conseguir? – perguntou Lucia desolada.

– Claro que vai. Aliás, você já está conseguindo. Não veio até aqui hoje? – perguntou Alice sorrindo – Então, isso já é sinal de que você já está despertando. Faça a sua parte, minha amiga, exemplificando e acreditando em Deus acima de tudo, que todo o resto lhe virá por acréscimo de misericórdia. Mas não pense que quase tudo serão flores, porque é justamente no espinho que está encerrada a grande lição que pedirá a cada um de nós perseverança e humildade, aceitação e luta constante em torno do bem, pois só assim conseguiremos eliminar de vez todo o mal que ainda existe em nós.

– E como está Paola com tudo isso? – perguntou Rita interessada.

– Paola é um amor de filha. Carinhosa, delicada, compreensiva e muito esperta também. Parece uma moça!

– Parece não, ela já é uma moça, Lucia. Temos jovens lá no centro com a mesma idade que ela ensinando o Evangelho para as crianças carentes da periferia, botando muito adulto no chinelo.

– Muitas delas falam para outros jovens e também para adultos sobre como se prevenir de doenças infectocontagiosas transmitidas por relações sexuais inconsequentes, sobre a importância que se deve ter com relação ao corpo, respeitando esse sagrado vaso físico, instrumento divino que nos proporciona a bendita oportunidade da vida no planeta – disse Rita empolgada. – E não é só isso, não! Elas falam com tanta propriedade sobre a importância de se colocar a presença de Deus em nossas vidas que acabam arrancando lágrimas e profundos desabafos dos ouvintes. Claro que esses jovens nunca estão sozinhos, mas sempre na companhia de um monitor capacitado e mais velho, que bem os oriente quando necessário, o que quase nunca acontece. Dizem os mesmos aprenderem mais com eles do que com outra coisa, mas a presença de alguém mais capacitado e experiente faz-se sempre necessária.

– É verdade, Rita, você está certa. Os jovens de hoje em dia não são mais os mesmos de antigamente. É que eles crescem tão rapidamente que nem nos damos conta disso.

– Por isso é tão importante o diálogo dentro do lar, a presença constante dos pais para que possam perceber essas modificações ocorrerem, enfim, esse laço não pode nunca ser desfeito, porque, isso acontecendo, desfaz-se também todo o resto – completou Alice mais uma vez.

– Mas nós vamos ajudá-la – disse Chicão –, não se preocupe. Faremos o que estiver ao nosso alcance para ajudar Lauro a sair dessa.

– Eu gostaria tanto que você fosse visitá-lo...

– Isso já fazia parte dos meus planos, doutora Lucia. Irei assim que puder e que ele estiver um pouco melhor. Lauro está doente da alma...

– Engraçado você me falar isso bem agora. Eu já havia dito isso a Norberto, e ele contestou-me dizendo que almas não adoecem, corpos sim. E você, que estuda Medicina como o meu Lauro, diz-me agora que eu não estava de todo errada.

– E não estava mesmo. Quando adoecemos o físico, é sinal que a doença já extrapolou o espírito, passando então para o corpo. Mas isso depois, com o tempo, a senhora entenderá melhor.

– Viu como intuitivamente você não estava assim tão equivocada? – disse dona Alice com carinho. – Era o teu espírito manifestando uma verdade que bem dentro dele já estava encerrada, graças às nossas sucessivas experiências na carne. Vamos agora torcer para que Lauro aceite essa ajuda, e que desperte para algumas importantes verdades, pois quem sabe, desse modo, ele encontre maior sentido em sua vida. Confie, Lucia, confie! Conte conosco a qualquer hora que precisar.

– Obrigada, Alice. Obrigada a todos pela enorme ajuda, e especialmente a você, Rita, que serviu naquela tarde para que eu despertasse e pudesse estar aqui hoje. Perdoe-me pelo o que eu lhe fiz, por como me comportei; enfim, fui tola e preconceituosa.

– Não tem nada do que se desculpar; não comigo! – disse a jovem sorridente.

Mais reconfortada e feliz, Lucia deixa o lar de Adriano confiante, na certeza de que dias melhores estariam por vir, já que o seu espírito mostrava-se mais fortalecido, totalmente modificado, ávido por mudanças que não tardariam muito a chegar.

Capítulo XIX

A Serviço da Mediunidade

Tocado não só pelas palavras de Lucia, como também pelo seu sofrimento diante do estado do filho, Chicão resolve dar um pulo no hospital alguns dias mais tarde, na intenção de visitar o amigo convalescente.

Assim que Chicão chegou, observou que Lauro dormia. Aproveitando o ensejo, o jovem amigo orou baixinho junto ao leito, pedindo ajuda ao Alto.

Assim que Lauro acordou, surpreendeu-se com a presença do amigo no quarto, bem ao lado da cama, e disse-lhe de modo jocoso:

– E aí, padre? Veio trazer-me a extrema-unção? Ou será que devo chamá-lo de pastor? – perguntou ainda sonâmbulo, pois estava sob forte efeito de sedativos.

– Nem uma coisa, nem outra – respondeu Chicão com paciência, enquanto sorria para o amigo enfermo.

– Ah, já sei! Esqueci que agora você é "Pai Chicão".

– Vejo que está com a memória ótima, apesar de tudo. Mas eu não vim até aqui para brigar com você, Lauro, mesmo porque você não teria força suficiente para poder encarar essa briga – disse Chicão levando na esportiva.

– Quer apostar? – retrucou Lauro esticando a destra.

– Para quê? – insistiu Chicão em tom de gozação – Para você perder?

– Aposto uma pizza! – disse Lauro mais esperto enquanto ajeitava-se na cama.

– Aí você pegou pesado, cara. Eu topo!

– Mas, afinal – disse Lauro de modo engraçado e ainda meio confuso –, o que é que estamos apostando mesmo?...

Antes que Chicão pudesse responder, ele sente Adriano se aproximar, quando então, totalmente envolvido, responde ao amigo:

– Estamos apostando na vida, Lauro, na sua vida! Topa ir fundo para ver quem ganha? Se esse seu lado teimoso e obscuro, que tanto teima em não aceitar as verdades eternas, ou aquele seu lado inteligente,

que não costuma desistir assim, tão facilmente, porque estar vivo já é um milagre!...
Impressionado diante daquela inesperada colocação, Lauro desata a chorar compulsivamente.
Aproximando-se do amigo com carinho, Chicão disse bem calmamente:
– O que foi que houve, amigo? O que aconteceu agora para você ficar desse jeito? Foi alguma coisa que eu disse?
– É, foi sim. Você me fez lembrar do Adriano.
– E por quê?
– Porque toda vez que enfrentávamos aqueles plantões nos prontos-socorros da periferia e víamos as pessoas entrarem mutiladas, esfaqueadas, baleadas, costumávamos conversar a respeito. Eu lhe dizia sempre que achava um absurdo essas pessoas mais humildes terem de passar por tanta provação, miséria e violência, e ainda terem de esperar para ser atendidas. A falta de dinheiro, de recursos, enfim, as injustiças todas que se cometiam contra essa gente, ainda assim não as deixava desistir diante de tanta dor. Apesar da minha revolta e do meu inconformismo, Adriano sempre me dizia que era preciso confiar, pois nada do que estava acontecendo era sem um propósito. Porém, uma frase que muito me marcou, pois sempre que ele me via desanimado e descrente ele costumava dizer, era para que eu nunca desistisse, por pior que fosse a situação, porque estar vivo já era um milagre... Claro que eu não me conformava com isso, mas ele sempre tinha argumentos que me faziam pensar, apesar de termos opiniões tão divergentes.
– E isso te marcou, não marcou?
– É, marcou, sim, Chicão. Como posso me esquecer de um amigo que tanto bem me fez nesta vida? Sempre fomos muito ligados, sabe, e só de olhar ele já me entendia. Na verdade, parecíamos dois irmãos. Tínhamos planos de abrir uma clínica juntos; ele com especialização em Oncologia, e eu, em Pediatria. Sempre gostei de crianças. Porém, de uma hora para outra, todos os nossos sonhos desabaram, por causa da maldita morte que ceifa a vida das pessoas sem razão nem porquê. É justo? É certo? Para que viver, então? Para que se esforçar em ser alguém nesta porcaria de vida, se quando menos se espera estamos a sete palmos da terra? Meu pai é que está certo, Deus não existe nem nunca existiu! Isso tudo é invenção do próprio homem para se iludir mediante a morte inesperada. Eu é que não sou trouxa em acreditar numa bobagem dessas...
– Isso dá a você o direito de matar-se aos poucos, Lauro? É isso mesmo que você quer com toda essa revolta? Matar-se e matar também todos que te amam e se preocupam com você? Bem se vê que você não conhecia o Adriano assim, tão profundamente, como costuma dizer. Se o conhecesse de verdade, saberia que jamais ele aprovaria essa sua conduta que vai contra a vida e não a favor dela.

– Você veio até aqui para me pregar um sermão? – perguntou Lauro irritado, enquanto se ajeitava na cama.

– Não, Lauro, eu não vim aqui para isso, mas sim para dizer a você que existia muita coisa no Adriano que você desconhecia.

– É mesmo? O quê, por exemplo?

– Adriano era um cara espiritualizado, totalmente conhecedor e crente da vida futura, porque ele também era espírita.

– Você veio até aqui para me gozar? Acha mesmo que eu vou acreditar numa bobagem dessas? Qual é, cara, é melhor você cair fora enquanto é tempo, porque eu já estou começando a perder a paciência com você, Chicão.

– Talvez tenha sido por isso mesmo que ele nunca quis te contar. Essa sua teimosia exagerada, essa sua mania chata de só criticar em vez de tentar conhecer outro lado da vida que não seja tão-somente a material...

– De onde foi que você tirou tanta babaquice, Chicão?

– Não é babaquice, cara, é a verdade! A família toda do Adriano é espírita. Por isso eles aceitaram tão bem a sua partida, porque sabem que toda separação é temporária, e que o Adriano continua VIVO. Entendeu bem? VIVO!

– Adriano era um estudante de Medicina, não um macumbeiro!... – disse irado.

– Quanto preconceito bobo, Lauro, jamais pensei que seria assim tão difícil te fazer entender.

– As suas verdades, Chicão? Não, muito obrigado, eu estou muito bem assim. Não quero usar uma camisa de força, nem parar num hospício.

– Infelizmente também lá está repleto de pessoas teimosas, assim como você.

– Vai se danar, Chicão, vê se me esquece de vez! Eu não quero mais te ver, cara, nem ter de ficar ouvindo esse monte de bobagens.

– É uma pena, Lauro. Nem mesmo a presença de Adriano hoje, neste quarto, te fez repensar um pouco sobre a existência de uma nova vida, num novo plano. Teu ceticismo é bem maior do que eu imaginava. Pelo menos eu fiz a minha parte. Sei que eu não vou poder invadir o seu livre-arbítrio, porque a escolha é toda sua, e o caminho que você escolher, terá que ser respeitado.

– É, Chicão, você disse tudo, **res-pei-ta-do.** Por isso, dá o fora enquanto é tempo, e não volte mais a me procurar, nunca mais!

Sentindo que nada mais poderia ser feito, Chicão retira-se do quarto, silencioso, demonstrando em seu semblante uma profunda tristeza, e também preocupação, na certeza de que, assim que Lauro saísse daquele hospital, muita coisa ainda poderia acontecer.

Capítulo XX

O Sonho

Infelizmente Chicão não conseguiu permanecer com o amigo mais tempo, mas a espiritualidade amiga, que tanto amparava Adriano em suas poucas vindas para a Terra, incumbiu-se de realizar o resto com prestimoso carinho.

Completamente adormecido, e com os laços que o prendiam à matéria densa afrouxados, Lauro é levado para a colônia girassol, a fim de poder encontrar-se com o amigo que tantas intercessões fizera no intuito de estar com ele novamente, nem que fosse por alguns minutos apenas.

Apesar de atordoado, Lauro parece despertar um pouco mais calmo.

Assim que abriu os olhos, pôde constatar a presença de um homenzarrão bem ao lado de sua cama, todo de branco, que arrumava alguns medicamentos que estavam sobre uma mesinha no quarto.

– Hei, cara! Você mesmo – disse Lauro para o tal enfermeiro. – Será que você pode me dizer onde estou?

– Claro, amigo, num hospital! Mais exatamente, numa enfermaria, se é o que deseja tanto saber – disse o simpático enfermeiro de pele negra.

– Fui transferido?

– É, pode-se dizer que sim. Porém, temporariamente.

– Vou fazer algum exame especial?

– É, pode-se dizer que vai, sim.

– Qual?

– Que tal de consciência?

– Hum?...

– Foram tantas as intercessões a teu favor que acharam por bem trazê-lo até aqui hoje.

– Intercessões?

– É, pedidos, súplicas, rogativas, essas coisas...

– Você é louco ou será que me deram algo "turbinado" para beber?

– Nem uma coisa nem outra. Aqui não temos essas coisas.

— Ah, é, esqueci que estava num hospital. É que estou me sentindo tão bem aqui que nem parece que eu... Você sabe.
— É, sei, sim.
— Você conhece o meu pai?
— Conheço.
— Ele também deve mandar em tudo isso aqui, tenho certeza.
— Eu sinto muito desapontá-lo, mas aqui existe um único mandante. E certamente ele não é o seu pai.
— Não? Então quem manda aqui?
— Jesus.
— Jesus? De que Jesus você está falando?
— Aquele mesmo em quem você está pensando, mas que ainda tanto insiste em não aceitar.
— Isso é alguma piada? Por acaso você é maluco, é?
— Não, amigo, eu não sou louco como pode estar pensando, mas sou o enfermeiro que cuida dessa ala. Além do mais, eu me chamo Adalberto.
— Então deve ser enfermeiro de loucos, só pode – tornou a repetir o jovem confuso.
— Não creio que você esteja em tal condição, mas, se continuar agindo assim na Terra, provavelmente logo ficará.
— Na Terra? Em que planeta estamos, afinal? Será que estou "viajando"?
— Não se preocupe, você está lúcido como nunca esteve. É que estamos na espiritualidade. Aquela que você insiste em dizer que não existe.
— Então, eu morri?
— Não, ainda não, mas, se continuar agindo da forma como vem agindo, provavelmente isso acontecerá bem cedo. Fora, aliás, dos planos divinos, que preveem para você uma vida razoavelmente longa na Terra.
— Mas por que estou aqui? Afinal, o que vocês querem comigo? Será que estou pirando de vez?

Amedrontado, Lauro encolhe-se no leito em posição fetal, cobrindo-se até a cabeça, como se quisesse se esconder de tudo e de todos.
— Deixem-me em paz! – dizia aflito e com medo. – Eu sei que não estou pirado; eu não fumei, não cheirei, não fiz nada para ficar assim, nem beber eu bebi, então por que tudo isso?
— Não precisa ficar assustado, amigo. Ninguém quer lhe fazer mal, não foi para isso que o trouxemos até aqui.

Reconhecendo a voz que, com suavidade lhe falava, Lauro descobre a cabeça logo de pronto, e com o coração sobressaltado diz:
— Adriano, é você? Como pode? Você não...
— Morri?
— Não pode ser!

– Morri para o mundo da matéria, Lauro, mas não morri em espírito, porque esse não morre nunca!
– Então eu também...
– Não, com você é diferente. Você foi trazido para cá, temporariamente, enquanto o seu corpo dorme profundamente num hospital da Terra.
– Eu não posso acreditar... Você está vivo?
– E você quase morto, amigo.
– Eu não me importo mais, pois, se morrer é isso, não tenho com que me preocupar...
– Engano seu, Lauro. Por isso está aqui hoje, para ser alertado, orientado e, pela última vez, quem sabe, avisado para parar de fazer com o seu corpo o que você vem fazendo, pelo uso indiscriminado das drogas. Se você morrer, será considerado um suicida. E os suicidas não vêm para um lugar como este, mas sim para um vale de dor e lágrimas muito diferente daqui.
– Mas por quê? Por que eu iria para um lugar como esse?
– Porque você está se matando aos poucos, entupindo-se com tantas drogas, e fazendo mal não só ao seu corpo físico, como também para o seu espírito.
– Não pode ser, eu devo estar sonhando...
– E está mesmo. Amanhã tudo isso para você não passará de um sonho. Só que, infelizmente, você não se lembrará de nada.
– Mas por quê?
– Porque você tem o seu livre-arbítrio, e nada nem ninguém tem o direito de interferir.
– Então, por que estou aqui?
– Está aqui para aproveitar esses momentos de lucidez, e porque, de alguma forma, você merecia essa chance. Chance que você está tendo de despertar, e parar de tanto se envenenar.
– Mas então de que me adianta tudo isso, se amanhã não vou me lembrar de coisa alguma?
– Lauro, nada fica perdido na vida, nada. Essa nossa conversa ficará gravada nos refolhos da sua alma, e nada nem ninguém conseguirá apagar isso de você. Toda vez que desejar envolver-se novamente com o mundo perigoso das drogas, envenenando assim o seu corpo físico, algo em sua consciência o tocará profundamente. Porém, a decisão será sempre sua, porque o livre-arbítrio é intocável.
– E se eu não conseguir?
– Então terá que arcar com as consequências. Ninguém fica sem ser ajudado, Lauro. Não pense você que estar aqui, hoje, consiste em algum privilégio de sua parte. As enfermarias deste local estão abarrotadas de espíritos encarnados que, assim como você, estão tendo outra chance para se modificar. Atendendo a inúmeras súplicas de parentes encarnados ou

desencarnados, eles chegam até aqui por intermédio dos seus amigos espirituais, a fim de receber o incentivo necessário para deixar os seus vícios. Temos aqui alcoólatras, comedores compulsivos, fumantes inveterados com comprometimentos sérios em determinadas partes do seu corpo, hipocondríacos de toda espécie, loucos por farmácias e remédios manipulados, enfim, temos neste setor inúmeros irmãos que, assim como na Terra, tem o espírito repleto de viciações, mas que se acham normais. Incentivados por mentes doentias de espíritos que já não contam mais com o corpo de carne, cometem os mesmos erros sempre, dividindo com esses irmãos infelizes suas neuroses, numa simbiose tamanha, que não conseguimos diferenciar quem é quem nesse envolvimento todo.

– Como você pode saber tudo isso?

– Você esqueceu que eu fui criado no Espiritismo?

– Então você...

– Eu sempre fui espírita, Lauro, porque nunca me contentei com o acaso. Aqui estou em estágio, tentando ainda me recuperar do meu desenlace, pois algumas vezes costumo ter sérias recaídas. A saudade é a única coisa que não tem muito remédio por aqui. Precisamos trabalhar constantemente o nosso interior, a fim de fortalecer o espírito imortal, porque a vida continua, meu amigo.

– E quem não consegue superar os seus vícios?

– Infelizmente não há o que se possa fazer a respeito. Quase sempre esses espíritos não ficam até o fim das palestras ou do tratamento, partindo desesperados e na surdina para os bares da vida, para as farmácias, ou até mesmo para os restaurantes, a fim de saciar seus devidos vícios, dentro ou fora do corpo.

– Isso quer dizer que eu não vou conseguir?

– Isso quer dizer que você deverá lutar, com todas as forças do seu coração, para vencer as tentações terrenas, que não costumam ser poucas, por sinal. Para isso, meu amigo, você deverá contar com a força da prece, aliada à humildade no coração, para que Jesus possa falar em teu espírito toda vez que achar que irá sucumbir. Pense nisso, Lauro, e não desanime jamais, amigo. Supere esse vazio que existe dentro de você, e acredite na vida, acredite em Deus de verdade, pois, do contrário, será tarde demais.

– Mas como? Como eu faço isso? – perguntou Lauro aflito.

– Isso você terá que descobrir sozinho. Mas fique certo de que eu estarei sempre do seu lado para lhe ajudar no que for permitido pelo Pai. Creia e tenha fé, Lauro, é o que mais posso lhe pedir no momento.

– Não consigo me conformar...

– A inconformação vem da falta de fé.

– Então eu não tenho fé.

– Não tem ou não quer ter? Pense nisso e busque no fundo da alma a resposta para as suas aflições, porque é lá que Deus costuma conversar conosco. Fique em paz, amigo, e não desista...

Como se uma terrível sonolência fosse tomando conta de todo o seu ser, Lauro não consegue dizer nem mais uma palavra, afastando-se daquele maravilhoso ambiente para retornar novamente ao corpo na Terra.

Agitado no leito do hospital, Lauro desperta balbuciando algumas palavras desconexas, sendo prontamente atendido pelo enfermeiro que estava bem ao seu lado, e que, com delicadeza e paciência, tentava a todo custo acalmá-lo.

Os primeiros raios de sol que tentavam adentrar por entre as cortinas brancas do quarto demonstravam que, mais uma vez, a bondade infinita do Pai havia lhe presenteado com mais um dia na Terra, restando apenas saber aproveitá-lo de modo conveniente.

Capítulo XXI

De Alta

– Tenha calma, amigo, tenha calma! Por que tanta agitação? – disse o enfermeiro a Lauro, enquanto tentava ajeitá-lo na cama para que o mesmo pudesse tomar seu café.
Ainda confuso, Lauro reponde:
– Onde estou afinal?
– No hospital. Mas não será por muito tempo, pois, provavelmente, você terá alta ainda hoje.
– Hoje? Você disse hoje?
– Disse sim. Seus ferimentos já estão todos bem cicatrizados, mas, quanto a sífilis, você sabe, tem de continuar tomando os remédios corretamente. Você não se previne não, é rapaz? Hoje em dia a camisinha é parte integrante do órgão sexual. Sem ela, nada feito, fechado para "balanço".
– É que na euforia, você sabe...
– Sei sim. Já vi muitos entrarem aqui no hospital com a mesma história, mas que não conseguiram sair daqui tão cedo, pois a AIDS, quando em estágio avançado, requer tratamento e cuidado especial.
– Tô fora! Isso eu não quero para mim.
– Então, cuide-se enquanto é tempo, e veja se consegue largar essas porcarias todas que está te envenenando aos poucos. Puxa vida, você já é quase um doutor, como foi que você foi cair nessa?
Com o olhar distante por entre a vidraça de seu quarto, Lauro comenta com o enfermeiro como se estivesse recordando de algo:
– Engraçado, não sei por que, mas me sinto mais fortalecido hoje. Tenho em mim um forte desejo de sair dessa, ao mesmo tempo em que algo dentro de mim parece ter mudado...
– Isso é bom! Outra dessa, não sei não, mas você pode não ter a mesma sorte.
– Eu sei. Fui jogado do carro com violência, nem sei como estou vivo... – disse enquanto fitava o céu. – Não me conformo como isso

pode ter acontecido comigo, não me conformo mesmo. Isso tudo só porque eu estava mal, muito mal, mas se fosse hoje...
— Deixa disso, rapaz, vingança não está com nada nesta vida. É que você foi se meter com os caras errados. Veja se de agora em diante toma jeito. Bom, não me leve a mal estar falando assim, mas é que você é jovem, bonitão, tem toda uma vida pela frente, tem instrução, enfim, tem tudo para ser um cara feliz. Então, por que procurar essas coisas?
— É que, apesar de tudo, ainda me falta algo que eu não sei explicar. Não estou muito contente com a vida, sabe. Acho alguns lances meio injustos, e algumas vezes não encontro respostas que me convençam do contrário.
— Na minha igreja nós temos respostas para quase tudo. O pastor não deixa ninguém sair do culto com dúvidas, explicando-nos em detalhes o que precisamos saber.
— Você é crente?
— Sou sim. Sou evangélico. Quem sabe não seja isso que esteja faltando em sua vida?
— Isso o quê?
— Uma religião!
— Você também?...
— Então já te falaram isso?
— Já, inúmeras vezes, mas eu não estou muito a fim. Acho que as religiões, de um modo geral, servem como desculpa para ajudar o homem a entender as fatalidades que acontecem na vida.
— Já vi tudo. Você não deve ser nada fácil. Cuidado, rapaz, você pode sofrer muito se continuar pensando desse modo.
— É, mas, por enquanto, é assim que eu penso. Se um dia eu mudar de ideia, eu te conto.
— Está feito! — disse o simpático enfermeiro. — E se você quiser conhecer a minha igreja, desde já está convidado. Quem sabe você se encontra...
— É, pode ser, vou pensar no caso. E quanto ao meu pai? Ele já veio me ver hoje?
— Que eu saiba ainda não.
— Nem ontem, nem antes de ontem, enfim, desde que eu fiquei internado, ele não veio me ver uma única vez, não é?
— Pode ser que ele tenha vindo nos meus dias de folga — disse o enfermeiro sem graça, sentindo em Lauro uma forte amargura.
— Não acredito. Todos dizem a mesma coisa.
— É que o seu pai talvez não queira se envolver sentimentalmente com o seu caso, por isso passou-o aos cuidados do doutor Roberto, que é um excelente médico também.

– Não me diga! – retrucou irônico. – E desde quando o meu pai é alguém assim tão frágil? Até parece! Mas tudo bem, eu quero mesmo é dar o fora daqui o quanto antes.
– Sua mãe e sua irmã vieram visitá-lo quase todos os dias. É que você dormiu muito...
– Minha mãe e minha irmã? Como será que está Paola? Será que ela já conseguiu me perdoar? – pensou em voz alta.
– Perdoar? – disse o enfermeiro enquanto o ajudava a despir-se.
– Deixa pra lá, eu só estava pensando em voz alta.
– Então trate de entrar no chuveiro agora mesmo, que o doutor Roberto já deve estar quase chegando. Ou será que você gostou tanto que deseja ficar aqui mais algum tempo?
Cabisbaixo, Lauro deixa escapar uma lágrima, confidenciando ao amigo enfermeiro:
– Para falar a verdade, eu estou com medo do mundo lá fora.
– Mas você não vai poder ficar fugindo eternamente. Você vai ter de enfrentar esse medo de frente, e tentar superá-lo a qualquer custo.
– Não sei se vou conseguir...
– Então procure ajuda em terapias de grupo. Elas ajudam bastante. Hoje em dia, quase todo mundo frequenta uma.
– Esses dias aqui me fizeram um bem enorme. Vou tentar superar sozinho, mas, se eu não conseguir, aí então eu vejo.
– Sei, sei, todos dizem a mesma coisa.
– É sério. É que desta vez eu exagerei um pouco, mas não vai tornar a acontecer.
– Já tô vendo tudo. Todos falam a mesma coisa.
– Eu não sou todos. Eu sou mais eu! – disse apontando para o próprio peito.
Assim que terminou de se banhar, Lauro recebe a visita do simpático médico, amigo do seu pai, que ao vê-lo se arrumando foi logo dizendo:
– Vejo que já está quase pronto para partir.
– Só estava esperando pela sua visita, doutor. O meu pai não veio? – perguntou olhando em direção a porta.
– Ele teve um compromisso inadiável na clínica, por isso pediu para que eu viesse em seu lugar.
– Isso é mentira! – disse Lauro esbravejando com revolta.
– Tente entendê-lo. Não está sendo nada fácil para ele.
– É mesmo? Não me diga! E para mim? Tem sido fácil sem o apoio dele?
– Você tem a sua mãe e a sua irmã, Lauro. Elas são mais flexíveis, conseguem entender melhor o seu problema.
– Não me diga, doutor! Sério? – disse com ironia.

– Eu sinto muito, Lauro, mas isso você terá que aceitar. O seu pai não se conforma com a sua atitude, nem com o fato de você ter mudado radicalmente depois que o seu amigo morreu. Você está jogando fora uma grande oportunidade, filho, logo você que sempre foi criado com tanto carinho pelos seus pais?

– É, e logo agora que eu estou precisando de apoio o meu pai me vira as costas. Eu também pensei que ele fosse mais forte, mais amigo, mas vejo que não sou só eu o fraco nessa história toda. Mas tudo bem, eu me viro sozinho...

– O que pensa fazer?

– Se o meu próprio pai se recusa a me ajudar, então por que eu deveria procurar a ajuda dos outros?

– Ele não está se recusando em te ajudar, tanto que me pediu para vir aqui, todos os dias.

– Por favor, doutor, não diga mais nada, eu não sou bobo. Para quem se envergonha do próprio filho...

– Lauro, Lauro, você está parecendo uma criança mimada.

– Enjeitada, o senhor quer dizer.

– Aceite o meu conselho, e vá procurar ajuda o mais rápido que puder. Tente mostrar ao seu pai que você superou esse impasse e voltou a ser o exemplo de filho que sempre foi. Faça isso, e você ganhará a amizade do seu pai de volta.

– Vou pensar no caso – disse em tom de deboche. – Será que estou dispensado, ou tem mais alguma coisa que o senhor deseja me falar?

– Só mais uma coisa. Dê continuidade aos remédios, e não pare de tomá-los sem a minha autorização. Gostaria que você fosse me ver na clínica dentro de 15 dias. Nem tente se descuidar, filho, pois o que você teve foi muito grave. Outra dessa, e você poderá se dar muito mal. Não abuse da sorte, Lauro, nem das drogas, pois a vida poderá não lhe dar outra chance, e você sabe disso. Espero a sua visita, não falte!

– Eu irei.

– De resto, boa sorte e não deixe de se cuidar, rapaz. Se precisar de mim, sabe onde me encontrar.

– Com certeza será mais fácil encontrá-lo do que encontrar o meu pai. Obrigado por tudo assim mesmo – disse Lauro entristecido.

Capítulo XXII

Escolhendo seu Próprio Caminho

Enquanto Lauro se arrumava para partir, o enfermeiro amigo anuncia-lhe visitas.
– Visitas, eu? – disse olhando ansioso para a porta.
– Isso mesmo. Posso mandar entrar, ou...
– Claro, claro – disse o rapaz, esperançoso de que fosse o seu pai.
Assim que o enfermeiro abriu a porta, sua mãe e sua irmã adentraram acanhadas.
– Mãe? Paola? – disse com um largo sorriso. – Que bom que vocês vieram!
– Ainda bem que você gostou. Estamos ansiosas por levá-lo novamente para casa.
Olhando Paola com um carinho todo especial, Lauro abre os braços e vai em direção à irmã, dizendo:
– Será que você pode me perdoar?
– Claro, seu bobo! Aquele não era você, mas a maldita droga tentando tirar você de mim. Eu te amo muito, Lauro, muito mesmo!
– Estraguei o seu aniversário, feri seus sentimentos, agredi-a fisicamente, como pode ainda dizer que me ama? – disse enquanto afagava os seus cabelos.
– Eu sempre vou amar você. Sou sua maior tiete, você não sabia?
– Mas que escolha errada essa sua, maninha...
– Eu não acho. Não penso assim, apesar de você não concordar...
– Eu também – completou a mãe beijando-lhe a fronte. – Agora, deixe-me ajudá-lo com as suas coisas, e vamos logo para casa, está bem?
– Não, mãe.
– O que foi que você disse?
– Eu não vou voltar para casa.
– O que é que você está dizendo, Lauro?
– Mãe, escuta, eu não vou voltar para casa; pelo menos não por enquanto.

– Você quer me matar, é isso? – perguntou Lucia com os olhos marejados de água. – Senti tanto a sua falta que pensei que fosse morrer...
– E o papai? Também sentiu?
– Claro; claro que sentiu – disse-lhe de modo pouco convincente.
– Então por que ele não veio me visitar uma única vez?
– Quem disse que ele não veio?
– Por favor, mamãe, vamos abrir o jogo e falar a verdade.
– Filho, o seu pai tem andado tão ocupado...
– A senhora também vai querer me convencer com esse papo? – perguntou indignado.
– Lauro, escute. O seu pai é um homem muito inteligente, é bem verdade, mas, assim como você, ele é cabeça dura. Ele não consegue aceitar os reveses da vida com a mesma facilidade com que outra pessoa aceitaria, por isso se revolta facilmente contra tudo e contra todos.
– Por causa disso ele tinha de me deixar?
– Ele não deixou você, Lauro, ele apenas o evitou porque também precisava pensar. Você há de convir que foi um choque muito grande para todos nós. E para o seu pai, então, ele, que tanta admiração tinha por você, filho...
– Tinha? Não tem mais, é isso?
– Não, não foi isso que eu quis dizer...
– Foi sim, que eu sei. Não sou mais o exemplo da família. Agora ele tem de contar para os outros que ele tem um filho drogado, e isso ele não admite, porque é orgulhoso.
– E você? Está sendo o quê? Qual o pai que admite algo desse tipo, Lauro?
– Por isso mesmo, todo pai que se preze fica ao lado do filho para ajudá-lo, e não distante dele, como fez o meu.
– Não exija dele o que ele nunca conseguirá lhe dar, filho. Lauro, ouça, preciso lhe contar uma coisa. Estive com Alice, há dias, e descobri que tanto ela como a filha são espíritas, e que também o Adriano o era.
– Essa não! O que a senhora está me dizendo agora, mamãe?
– Calma. Não julgue precipitadamente o que você ainda não conhece nem sabe, meu filho.
– É preciso?
– Claro que precisa, Lauro, não seja assim, tão radical – disse Paola. – Escute ao menos o que a mamãe tem a dizer...
– Isso já é apelação, um complô...
– Mas por quê? Por que tanto julgamento em cima de algo que você desconhece?
– Já sei, o Chicão deve estar fazendo a sua cabeça, só pode ser. A sua só não, mamãe, mas a da Paola também. Minha nossa!...

— Ninguém está nos influenciando, Lauro, eu juro. Fomos até o centro com eles, é bem verdade, mas fomos por livre e espontânea vontade. E você quer mesmo saber? Eu nunca pude supor que fosse daquele modo...
— De que modo, mamãe?
— De um modo maravilhoso que nos fala sobre a existência de um Deus bom e justo, que não castiga nem pune os Seus filhos, porque Ele é só amor e bondade. Nós é que infringimos as Suas leis, filho, por isso sofremos tanto...
— Fizeram uma lavagem cerebral na senhora, só pode ser isso.
— Não seja tolo, Lauro, isso é puro orgulho. Tenho tanto a lhe falar... Quero muito que você volte para casa conosco.
— Mas isso agora não será possível, mamãe – disse agitado, enquanto terminava de arrumar a mochila.
— Por quê?
— Porque eu não quero mais decepcioná-los, só isso. Não quero mais machucar os sentimentos de ninguém, nem agredir quem quer que seja.
— Mas isso não vai mais acontecer, eu tenho certeza.
— Mas eu não. Ainda não.
— Por favor, Lauro, não torne tudo mais difícil do que já está – disse a mãe aflita. – Eu quero tanto poder te ajudar...
— Então tente me entender, e não interfira na minha decisão, por favor! Preciso dar um tempo na casa de um amigo, só isso.
— Mas que amigo é esse?
— A senhora não conhece.
— Então, apresente-me a ele!
— No momento certo.
— Filho... – disse a mãe aos prantos.
— Não se preocupe comigo, eu estarei bem. Mando notícias assim que puder.
— E o que eu digo a seu pai?
— Diga que eu vou tentar não decepcioná-lo mais, apesar de tudo.
— Tem certeza de que é isso mesmo que você quer? – perguntou Paola com a voz embargada.
— Tenho, minha gatinha. Quanto à senhora, mamãe, faça o que achar mais certo, mas não espere que eu aceite essas bobagens todas. Cuide para que Paola não venha a se machucar com tudo isso, está bem?
— Eu não quero discutir isso com você agora, Lauro, mas, quem sabe uma outra vez...
— É, mamãe, quem sabe. Espero que não se importe, mas preciso terminar de arrumar as minhas coisas.
— Quer ajuda? – perguntou mãe e filha quase ao mesmo tempo.

— Não, obrigado. Preciso ficar só, se não se importam. Mas adorei a visita de vocês duas.
— Cuide-se, filho. Mande-me notícias tão logo você esteja instalado.
— Fique sossegada, eu mandarei.
— Se cuida, tá? – disse a jovem entristecida. – Promete?...
— Prometo – disse Lauro à irmã, em tom emocionado.

Entre beijos e abraços, Lauro escolhe seguir o seu próprio caminho, na ilusória esperança de tão logo poder libertar-se das drogas.

Capítulo XXIII

Norberto Deixa o Lar

Alguns meses se passaram desde que Lauro saiu do hospital, e nenhuma notícia para acalmar as expectativas da família, como ele havia prometido.

Lucia já não sabia mais o que fazer, ligando para os seus amigos da faculdade, mas ninguém sabia do seu paradeiro.

Desesperada com o sumiço do filho, o lar, que antes parecia calmo e harmonioso, agora enfrentava o próprio caos.

Indignado com a decisão de Lauro ir morar fora de casa, Norberto acusava Lucia por ter sido mole demais com o filho, fazendo da discussão entre ambos uma constante.

Ofensas de todo tipo passou a substituir o diálogo, dilacerando ainda mais os corações, que, desesperançados, não sabiam mais o que fazer.

Norberto não mais encontrava no lar a paz de outrora, por isso não via motivos para voltar cedo ao ninho doméstico, deixando Lucia cada vez mais só e entristecida. Revoltado contra tudo e contra todos, Norberto tornava a situação ainda mais caótica, acusando Deus e todo mundo pelo que tinha lhe acontecido em relação ao seu filho. Blasfêmias em cima de blasfêmias misturavam-se à revolta e à dor daquele pai, que, sem acreditar em nada, e com o coração totalmente vazio de esperanças, tornava toda aquela situação ainda mais complicada.

A gota d'água veio quando Lucia resolveu contar-lhe que estava frequentando um centro espírita, sem fazer ideia do que essa confissão lhe custaria.

Sem forças para enfrentar a realidade, Norberto resolve sair de casa e ir morar em um *flat*, pois toda vez que ele e Lucia se reuniam para conversar, acabavam trocando insultos de toda ordem.

– Irracionalidade pura! – vociferou Norberto indignado. – É por isso que este lar encontra-se neste caos! Mãe e filho perderam o juízo; não é à toa que estamos afundando na lama a cada dia que passa.

– Se estamos desse modo, por certo não será pelo fato de eu estar indo procurar ajuda e entendimento, força e também um pouco de fé para poder superar todas essas dificuldades.
– Num centro espírita? Essa não! Você está procurando mentira e ilusão, sem se dar conta de que está sendo enganada por essa gente. Parece até que você está sob hipnose, pois essa sua irracionalidade diante dos fatos, sinceramente, surpreende-me por demais.
– Irracional? Eu?...
– Você abandonou toda uma vida de estudos e pesquisas, para encontrar respostas no Espiritismo? Francamente, Lucia, como você pode querer que eu aceite um despropósito desses? Logo você, tão requisitada para resolver os problemas alheios, não está sendo capaz de ajudar o próprio filho, indo em busca de "força" numa doutrina que você mal conhece? Sinceramente, estou chocado. Acho que não perdi somente o filho amado, como também a esposa que eu pensei conhecer tão bem.
– Você está sendo radical, egoísta e preconceituoso.
– Pode ser. Mas pelo menos eu não perdi a razão nem o bom senso.
– Razão? Bom senso? E desde quando um pai que diz amar o filho abandona-o em meio à dor? Você chama isso de razão? Pois eu chamaria de covardia; uma covardia vinda de uma alma vazia e sem luz que, ao menor sinal de perigo, não encontra forças para continuar lutando.
– Não seja tola, isso não é verdade.
– Não? Enquanto Lauro demonstrava para toda a sociedade ser "alguém de bem", ele era o filho ideal para você, motivo do seu maior orgulho. Mas, depois do seu envolvimento com as drogas, ele passou a ser a vergonha da família, a tal ponto que você o repudia e teme.
– Temê-lo, eu?
– Isso mesmo. Você não teme sua pessoa em si, mas o problema que ele traz na alma, por isso prefere ignorá-lo isolando-o desse seu mundo marrudo e teimoso, fugindo da realidade. E sabe por quê? Porque você é tão fraco quanto ele. Quando algo nos incomoda, mas nem sempre conseguimos saber o que é, das duas uma: ou fugimos ou enfrentamos.
– E você acha que deixando toda a racionalidade de lado para ir procurar no Espiritismo as respostas é a melhor solução?
– Em primeiro lugar, Norberto, eu não deixei a racionalidade de lado, muito pelo contrário, pois, no Espiritismo, aprendemos que a fé não deve ser cega, mas para tudo devemos usar a razão. Em segundo lugar, eu nunca disse que no Espiritismo está a cura para todos os nossos males, porque a doutrina nos ensina que, sendo o homem um ser integral, corpo, mente e espírito, ele deve procurar a cura dentro de si mesmo, reformando-se intimamente, e trocando hábitos velhos por outros mais novos. A cura sempre acontece por meio das mudanças morais que conseguimos conquistar ao longo do tempo, porque tudo

começa no espírito. Quando uma doença se manifesta no corpo, é porque o espírito já foi afetado muito antes, contaminando-se, por assim dizer, pelos fluidos densos, pesados, doentios que o cercam. Claro que para isso ele também precisa estar receptivo a esse apelo desequilibrado e infeliz, pois, do contrário, nada acontece. Aprendi também que trazemos na alma as nossas tendências, boas ou más, por isso tantas doenças psicossomáticas, tantos neuróticos sem solução, tantos compulsivos, viciados, maníacos, depressivos, enfim, tantos comportamentos estudados pela Medicina convencional que não encontram a devida resposta, enquanto o homem não admitir a vida pregressa do espírito. Quando o homem deixar de ser tão materialista e enxergar a criatura como um todo, admitindo as sucessivas vidas no corpo, então será mais fácil estudar e entender esses comportamentos, assim também como saná-los. Aí então o Evangelho não será tão-somente um livro a ser lido, mas o mais perfeito código de moral a ser seguido, no qual estão encerradas as normas de bem viver e de amor ao próximo. Toda terapia, Norberto, será mais frutífera se a pessoa for dotada de fé. Jesus foi o maior terapeuta que essa humanidade já teve, mas, assim como antigamente, nos tempos atuais muito poucos conseguem entendê-Lo, tendo-O alguns à conta de "santo", enquanto outros, de louco. Ainda hoje, nas igrejas, Ele continua pregado à cruz, em vez de modificarem para sempre essa triste imagem que não corresponde mais à realidade desses novos tempos, porque Cristo vive no coração de toda a humanidade. Não foi à toa que Ele nos disse um dia: "Eu sou o Caminho, a Verdade e a Vida". Quando o homem entender o significado dessas palavras, então será capaz de enfrentar todo e qualquer obstáculo, porque será sustentado por amigos da luz. Infelizmente, o nosso Lauro está sendo sustentado pelos irmãos que ainda permanecem nas trevas da ignorância, por isso não consegue achar a saída. Seu coração sem fé e sem esperanças no porvir deixa-o vazio e sem forças para continuar lutando. Mas nós também temos parte de culpa em tudo isso.

– Eu nunca acreditei em Deus, mas nem por isso me perdi na vida. Não me sinto culpado de coisa alguma, a não ser de não ter insistido com você para interná-lo o quanto antes em alguma clínica.

– Sem que realmente ele quisesse? Ora, vamos, Norberto, se nem Deus interfere no nosso livre-arbítrio, quem somos nós para forçá-lo a se internar? É interná-lo num dia, para ele fugir no outro. Infelizmente, essa decisão sempre gera alguma luta e também perseverança por parte daqueles que convivem com um viciado, mas parece que você não teve muito tempo para isso, estou certa?

– É, está mesmo. Pensei que Lauro fosse mais forte, e também mais inteligente, mas vi que me enganei quanto a esse respeito.

– Cada caso é um caso, porque cada alma é cada alma.

– Vejo que você tem se empenhado bastante nessa sua nova doutrina. Entretanto, será bem difícil convencer-me...

– Não tenho essa pretensão, Norberto, mesmo porque, só conseguirá entendê-la quem já estiver preparado. Nada nos é imposto no Espiritismo, porque a sua função é apenas a de nos alertar, mostrando qual é o melhor caminho a seguir. Aceitar ou não, isso dependerá do livre-arbítrio de cada um.

– Realmente estou surpreso! Em poucos meses, sua mudança foi admirável...

– Que bom que tenha notado. Mas continuo usando a razão, fique você sabendo, e ponderando cada palavra, cada ensinamento, cada frase, porque no Espiritismo também não se admite a fé cega.

– É desse modo que você pensa realmente ajudar nosso filho?

– É assim que eu penso em **me** ajudar, adquirindo forças e entendimento, para poder ajudá-lo no que for preciso, juntamente com a Medicina convencional, que eu tanto respeito, e na qual confio.

– Então você ainda acredita na Medicina?

– Mas é evidente que eu acredito! Nunca desacreditei nessa maravilhosa ciência que tem como meta ajudar o homem na Terra, em suas doenças. Na Medicina está o tratamento, Norberto, mas na fé, a cura! Essa é a grande diferença. Talvez Lauro tivesse trazido na alma muita coisa escondida que nós não percebemos quando ele era criança, por acharmos que isso nunca fosse acontecer conosco. Esperando só o momento certo para aflorar, seus conflitos mais íntimos encontraram na morte de Adriano um bom motivo para eclodir. Mas ainda está em tempo, Norberto, ele precisa muito de você, e eu também. Fique comigo, e ajude-me a lutar contra esse mal, cada qual a seu modo, respeitando as crenças e convicções de cada um, assim como eu sempre fiz com relação a você. Eu nunca deixei que o seu ceticismo destruísse o que de mais belo eu sentia por você, porque eu sempre te amei. Por que, então, não me aceitar agora?

– Eu preciso pensar, Lucia, preciso de um tempo sozinho para colocar a cabeça novamente no lugar.

Abatida diante de sua escolha, Lucia percebe que não há mais nada a fazer a não ser respeitar a sua decisão, e deixá-lo partir.

– Se é isso que realmente você quer... Então faça como achar melhor – disse-lhe com os olhos marejados de água, enquanto Norberto se preparava para deixar o lar, convicto de sua decisão.

Capítulo XXIV

No Centro

Apesar de desolada, Lucia não se deixou abater mediante a decisão do marido, pois sua convicção diante de tudo que vinha aprendendo no centro espírita era cada vez mais fortalecida pela fé adquirida.

Esforçada, e sempre disposta a aprender, Lucia não precisou de muita coisa para reconhecer nas obras de Kardec uma verdade inteligente, absolutamente coerente, capaz de preencher todo aquele vazio que até então lhe envolvia a alma.

Cada livro lido parecia iluminar ainda mais a sua mente, fazendo com que, em cada página, Lucia pudesse encontrar a mais pura lógica e razão para os seus questionamentos.

Frequentadora assídua do Centro Espírita Amor e Paz, Lucia não faltava às reuniões semanais de nenhum modo, levando sempre Paola, a filha mais nova.

Depois de cada reunião costumavam voltar para casa conversando sobre o tema da noite, e também sobre o quanto essa maravilhosa doutrina as estava ajudando a compreender melhor a vida e os fatos que vinham acontecendo.

Como se tudo aquilo lhe fosse bastante familiar, Paola não demonstrava qualquer dificuldade em compreender as palestras, nem os livros que lhes eram sugeridos pela encarregada da livraria. Sempre que podia, conversava com outros jovens, formando um círculo de amizades que muito a ajudava em seus questionamentos.

Ao término de uma dessas reuniões, Lucia encontra-se com Rita e Alice, que, felizes em vê-la perseverante, abraçam-na com carinho.

– E Tereza? Não está com vocês esta noite? – perguntou Lucia sentindo falta da amiga e secretária de seu marido.

Sem saber ao certo o que dizer, Alice demonstra algum constrangimento, mas responde em seguida:

– Sabe, Lucia, parece que, ultimamente, toda vez que ela se prepara para vir ao centro, algo inesperado acontece para tentar impedi-la de continuar.

– Como o que, por exemplo?

Olhando meio sem graça para a amiga, Alice desabafa:

– Bom, Lucia, parece que o dr. Norberto não tem dado muita folga para Tereza ultimamente, principalmente nos dias em que ela tem de vir ao centro. Trabalhando quase que direto no hospital, talvez para não ter de enfrentar a solidão e seus conflitos mais íntimos, seu companheiro tem solicitado a ajuda de Tereza, quase que todo o tempo.

– São muitos anos de trabalho junto a Norberto, não deve estar sendo nada fácil para ela. Mas ela precisa ponderar e dizer **não** quando achar necessário, pois, do contrário, ele nunca a deixará em paz.

– Ela está pensando seriamente em começar a recusar seus pedidos "extras", pois é evidente que a sua intenção é a de afastá-la do centro espírita.

– Eu não sei, não, Alice, mas ou eu muito me engano, ou ele lhe dará as contas, apesar de não querer perdê-la. Ele odeia o centro espírita, e acho que as pessoas que o frequentam, também. Posso ver em seus olhos como ele se transforma toda vez que tocamos nesse assunto.

– Bem, essa é uma escolha que ele deverá fazer, pois não é prendendo as pessoas desse modo que as impediremos de continuar o seu caminho. Nessas três semanas em que Tereza esteve ausente da casa espírita, ela disse ter trabalhado muito em espírito, pois o seu pensamento vivia ligado com a espiritualidade superior e com os colegas da sala de passes. Existe até quem jura tê-la visto dentro da sala trabalhando. Sua vontade é tão grande de estar aqui que, em vigília, seu espírito busca o trabalho com Jesus, e os seus afins.

– Entendo – disse Lucia atenciosa.

– Aprisiona-se o corpo, mas nunca o espírito. Esse é livre para ir aonde bem entender.

– Mas preocupa-me o fato de Norberto querer dispensá-la.

– Pois então não se preocupe mais, porque há tempos que Tereza vem querendo trabalhar com idosos abandonados, dedicando-se inteiramente a esse tipo de trabalho voluntário. E cá entre nós, Lucia, amor e talento não lhe faltam para isso. Vamos torcer para que tudo possa dar certo.

Antes mesmo que pudessem continuar conversando, Chicão aproxima-se sorridente, pois o seu trabalho na câmara de passes já havia sido encerrado.

– Não vai ficar para a desobsessão? – perguntou Alice encafifada.

– Não, mamãe, hoje vamos para casa mais cedo – respondeu Rita antecipando-se a Chicão.

– E eu posso saber por quê? – perguntou Alice novamente.

– Porque Chicão precisa muito conversar com todos.

– Com todos?...

— É, todos, inclusive com a senhora, doutora Lucia.
— Comigo também? Tem certeza de que essa não será uma conversa em família? — disse Lucia sem fazer ideia do que poderia ser.
— Tenho sim, senhora. Sua presença será mito importante.
— Mas do que é que você está falando agora, Rita?
— Calma, mamãe, logo mais a senhora ficará sabendo. Vamos logo para casa tomar uma boa xícara de chá com bolo.
— Ah, então foi por isso que você foi para a cozinha prepará-lo pouco antes de virmos para cá?
— Foi sim.
— Então você já sabia que teríamos essa conversa?
— Sabia. Mas é melhor irmos andando, para acabar de vez com todo esse mistério — disse Rita de modo sério.
— Não será um pouco tarde? — perguntou Lucia.
— De modo algum — respondeu Alice sem pestanejar. Vamos ver o que esses jovens têm de tão importante para nos dizer... Depois, Chicão fará a gentileza de acompanhá-las até em casa com segurança.
— Por mim, tudo bem. Paola está comigo, não tenho ninguém me esperando em casa, enfim... Vamos logo acabar com esse mistério!
— Então, creio que o melhor a fazer é irmos embora o quanto antes, para não ficar muito tarde — completou Chicão, enquanto dirigia-se para o carro.
— Vamos nessa? — disse Rita com graciosidade.
— Vamos já! — responderam todos, enquanto se despediam dos amigos que encontravam pelo caminho.
A noite estava calma, mas o coração sobressaltado de Chicão indicava que algo muito sério estava para ser revelado, por isso Rita, vez ou outra, apertava a sua mão indicando-lhe apoio e confiança, ao mesmo tempo em que pedia a Deus, baixinho, a força necessária para que tudo pudesse transcorrer na mais pura paz e harmonia.

Capítulo XXV

Uma Triste Descoberta

Depois de uma gostosa xícara de chá com bolo, e um bate-papo descontraído, Lucia foi chamada por Rita e Chicão para darem início à conversa que tanto os estavam preocupando.
– Do que se trata, afinal? – disse Lucia agitada.
Sem saber ao certo o que responder, pois Chicão sentia-se constrangido diante da presença de Paola, Rita toma a frente dizendo em seguida:
– Não seria melhor eu e Paola irmos para o meu quarto, para que vocês possam ficar mais à vontade?
– Nada disso! – respondeu a jovem resoluta. – Eu e minha mãe decidimos que daqui em diante não esconderíamos mais nada uma da outra, e que seríamos boas amigas e confidentes como nunca fomos antes. Afinal, eu já tenho 16 anos, e não sou mais nenhuma criança.
Olhando para Lucia com o intuito de obter alguma aprovação, Chicão fica sem saber se para ou prossegue, até que a jovem mãe responde-lhe sorrindo:
– Paola está certa, Chicão, ela já não é mais nenhuma criança. Não quero mais esconder nada dela, nem subestimá-la. Seja o que for, pode falar francamente, pois, independentemente do que possa ser, eu também quero saber a sua opinião.
Alegre e confiante, Paola segura as mãos de sua mãe com carinho, ao mesmo tempo em que diz:
– Obrigada por confiar em mim, mamãe. Eu não vou deixar a senhora sozinha nunca!
– Então vamos nos sentar na sala, para conversar de modo mais confortável – disse Alice preparando o ambiente numa prece que fazia mentalmente.
– Doutora Lucia – disse Chicão –, tenho notícias de Lauro.
– Notícias de Lauro?... Jura?...

– Calma, minha amiga – disse Alice entendendo a sua aflição, pois, afinal de contas, Lauro estava desaparecido há mais de quatro meses.
– Você não está entendendo, Alice! Lauro ficou de me dar notícias tão logo estivesse instalado na casa de um amigo, e até agora eu não sei nada sobre o seu paradeiro... Tenho sofrido muito com a sua ausência, mas tenho confiado muito em Deus, suplicando-Lhe por notícias que pudessem acalmar meu coração.
– Na verdade eu não sei onde ele está, e também não sei se o que eu tenho para lhe contar vai acalmá-la ou preocupá-la ainda mais. Eu sinto muito.
– Como assim, Chicão? O que você quer dizer com isso?
– Eu estou querendo dizer que Lauro optou por uma vida diferente, muito aquém do que a senhora e o doutor Norberto vinham lhe oferecendo.
– Como assim? Será que você poderia ser mais claro, Chicão?
– Doutora Lucia – disse Rita tomando a frente –, parece que Lauro agora, além de usuário, está envolvido com o tráfico de drogas.
– O que você está dizendo, Rita? Isso não pode ser verdade. Eu não criei o meu filho para que ele se transformasse num bandido desalmado, porque, por mais que eu tenha falhado, eu nunca fiz por merecer tamanho castigo...
– Lucia – disse dona Alice complacente, pois sentia na amiga algo de revolta e indignação, já que esperava por melhores notícias sobre o paradeiro de seu filho –, nenhuma mãe merece passar por isso, principalmente aquela que muito se empenhou, fazendo o melhor que pode para educar e tornar o seu filho um homem de bem. No entanto, nem sempre é assim que acontecem as coisas, já que cada um de nós conta com o livre-arbítrio, sem falar nas tendências que trazemos ao longo de nossas existências.
– Eu já não sei mais nada, Alice, nem em quem acreditar. Pensei que durante todo esse tempo em que eu estava frequentando o centro, pedindo a Deus para ajudar-me, eu fosse ser atendida, mas vejo que até mesmo no céu a mãe de um viciado é discriminada...
– O que é isso, mamãe? Eu não acredito que a senhora possa estar pensando num absurdo como esse. Logo a senhora que sempre se mostrou tão confiante... É claro que isso não é verdade.
– Eu não sei de mais nada, Paola. Eu só sei que em vez de as coisas melhorarem, elas pioram a cada dia. Estou perdendo o meu Lauro e não estou podendo fazer nada para evitar tamanho desastre.
– Isso não é verdade – disse dona Alice –, você está fazendo a sua parte com coragem e otimismo, pois não são todos os pais que sabem enfrentar esse problema de frente, assim como você vem enfrentando.
– E de que está me adiantando tudo isso, se a cada dia que passa Lauro encontra-se mais perdido e distante?

– Não podemos permitir que o desânimo tome conta do nosso coração nem da nossa mente, pois lutar contra esse mal não é para qualquer pessoa, mas para quem já está preparado para enfrentar esse poderoso inimigo – disse Chicão.

– Definitivamente, eu acho que não sou esse tipo de pessoa, pois já estou quase desistindo e achando que Norberto, apesar de tudo, é que está certo quando diz não acreditar em mais nada.

Em um desabafo incontido, Lucia desata a chorar compulsivamente, pois a sua indignação diante da atual notícia parecia ter sido a gota d'água para que as suas esperanças fossem, de vez, derrotadas. Percebendo o desapontamento e também o sofrimento da mãe, Paola a abraça dizendo:

– Não desista, mamãe. Lauro não tem mais ninguém a não ser a gente, no momento. Ele sabe que pode contar com o nosso apoio, além de confiar no nosso amor. Ele não sabe por que age assim, mas age; e isso acontece com quase todos os que se drogam. Aprendi isso no centro, com o instrutor do grupo de jovens que nos falava justamente sobre esse assunto outro dia. Os "ex-viciados", ao retornarem para o plano espiritual, prometem, depois de muito aprender, que não irão mais cometer os mesmos erros, mas poucos conseguem cumprir as suas promessas ao reencarnar, pois a tentação do mundo é muito grande, e o espírito quase sempre fraqueja diante das provações.

Admirada com o jeito gracioso e espontâneo de falar da garota, Alice completa:

– Vejo que você entendeu muito bem a palestra para os jovens, minha querida.

– Eu não sou a única, lá no centro, que tem um irmão viciado, dona Alice. E olha que muitas dessas mães nunca trabalharam fora, dedicando-se inteiramente à criação dos filhos. Por isso eu acho que a senhora, mamãe, não deve se culpar de nada, mas fazer o que estiver a seu alcance, sem se cobrar tanto.

– Paola está certa, Lucia. Não é correto cobrar-se dessa forma, nem a Deus pelo que achamos ser o mais certo. Ore e confie, minha amiga. Além do mais, Lauro deve trazer dentro de si muita culpa, pois, geralmente, os que têm tendências viciosas têm também uma baixa estima muito grande, conflitos íntimos dos mais diversos, que costumam causar muita dor.

– Preciso vê-lo o quanto antes, acho que tenho esse direito.

– Sem dúvida que tem – respondeu-lhe a amiga.

– Quero olhar em seus olhos e perguntar-lhe francamente se ele está sendo capaz de levar outras famílias ao caos e ao desespero como aconteceu com a dele. Isso não é justo; ele não tem esse direito...

– Tenha calma, doutora Lucia, isso já era de se esperar. Ausente do lar há mais de quatro meses, Lauro precisava continuar mantendo o seu vício a qualquer custo, pois, sem teto e sem dinheiro, ele deve estar apurado.

– Isso, no entanto, não lhe dá o direito de viciar outros jovens – disse Lucia inconformada.
– E a senhora acha que Lauro tem condições para pensar dessa forma, mamãe? Pois eu acho que não – disse Paola em tom firme. – Lauro pensa como um viciado que precisa manter o seu vício, só isso.
– Fiquem sossegadas. Amanhã mesmo eu vou ver como posso fazer para entrar em contato com ele. Não será tão fácil assim, mas eu farei tudo o que estiver ao meu alcance.
– Tenho certeza disso, Chicão. Vou precisar muito da sua ajuda daqui em diante – disse Lucia abatida.
– Vamos pedir a Deus para nos amparar nessa tão difícil tarefa, confiando sempre para que o melhor seja feito, mesmo que esse melhor não corresponda às nossas expectativas – disse dona Alice. – Por ora, Lucia, tente acalmar-se o mais que puder, pois o desespero nesses momentos só serve para confundir-nos ainda mais, tornando-nos suscetíveis a pensamentos negativos. Temos de ser fortes, minha amiga, tenha fé!
– É isso, mamãe, temos de ter fé! Agora mais do que nunca. Lembra da d. Madalena lá da escola?
– Como poderia esquecer...
– Paola está certa – completou Rita –, não vamos nos desesperar, mas sim confiar acima de tudo. Por hora, é só o que podemos fazer.
Disposta a enfrentar mais esse revés, Lucia se enche de coragem e espera ansiosa pelo reencontro com o filho amado.

Capítulo XXVI

À Procura de Lauro

Na manhã seguinte, Chicão foi para a faculdade com o firme propósito de encontrar Lauro, apesar de saber que isso não seria tão fácil.

Perseverante em seu intento, Chicão procura pelo amigo, insistentemente, ao mesmo tempo em que conversava com todos que encontrava pelo caminho, mas ninguém sabia lhe informar sobre o seu paradeiro. Na verdade, foi por meio de um colega da faculdade que Chicão obteve notícias sobre Lauro. Frequentador assíduo de festas *rave*, o rapaz disse ter visto Lauro num desses eventos comercializando drogas pesadas, juntamente com um grupo de traficantes bem conhecidos no pedaço.

Inesperadamente, Chicão se depara com Dirceu perto da lanchonete, que, descontraído, confabulava com um grupo de jovens afoitos, interessados no que ele dizia.

Levado por impulso, Chicão aproveita aquele inusitado encontro, chamando pelo amigo que nem sequer havia reparado em sua presença:

– Dirceu?....

– E aí, cara? O que é que manda? – respondeu o mesmo, rodeado de jovens.

– Eu não quero incomodar, mas é urgente. Preciso falar com você um instante. Será que você poderia me ouvir?

– Tudo bem, pode falar.

– É particular – insistiu Chicão.

– Tudo bem, tudo bem!...

Afastando-se da turma, Dirceu dirige-se para um local mais tranquilo, enquanto seus amigos o aguardavam impaciente.

– Aqui está bom?

– Está, obrigado.

– Qual o problema, Chicão?

– É sobre o Lauro.

– Lauro? O que é que tem ele?

— Bom, eu não sei se você está sabendo, mas o Lauro saiu de casa há quase quatro meses, e, desde então, ninguém mais sabe do seu paradeiro.
— É mesmo? Bom, faz tempo que eu também não o vejo, sabe.
Decepcionado com o que acabara de ouvir, Chicão argumenta:
— É que eu pensei que você e ele...
— Pensou errado, Chicão. O pouco que eu sei é suficiente para ter certeza de que Lauro está metido em encrencas até as tampas.
— Como assim, Dirceu?
— Eu ouvi falar que ele anda comprando fiado de um bando da pesada, e que muitas vezes não consegue pagar em dia o que deve. Não bastasse isso, ele anda repassando suas encomendas para terceiros, no intuito de angariar alguma grana extra e limpar a sua barra. Só que, na verdade, isso não está acontecendo, porque o pessoal para quem ele tem repassado também não está lhe levando muito a sério, atrasando o que deveria lhe ser pago praticamente no ato da entrega. Entre essas e outras, o cara está enroscado até não poder mais, pois o bando não aceita nenhum tipo de rodeio, nem qualquer tipo de desculpas, principalmente no que diz respeito à grana alta, muito alta. Qualquer dia desses, eu não sei não – disse o jovem balançando a cabeça –, a coisa pode ficar preta para o lado dele.
— Eu preciso falar com ele, Dirceu. Você sabe como eu posso fazer isso?
Pensativo, Dirceu reluta em responder, quando Chicão mais uma vez insiste:
— Por favor, Dirceu, a família dele está desesperada. Não é justo o que ele está fazendo...
— Mas também não é certo nos metermos onde não somos chamados.
— Você talvez pense assim, mas eu não. Acho que se o Adriano pudesse, ele faria a mesma coisa, pois ver um amigo se destruir aos poucos é muito triste.
— Eu até entendo você, cara, mas essa foi uma escolha dele. Você acha que vai poder impedi-lo ou fazê-lo mudar de ideia? Pois eu digo que não! E sabe por quê? Porque ele **não quer!**
— Mesmo assim, eu preciso falar com ele – insistiu o jovem.
— Eu não sei se vou poder te ajudar, mas eu vou falar com uns caras que podem saber alguma coisa a seu respeito.
— Sério? E quando eu vou poder ter alguma resposta?
— Logo.
— Logo quando, Dirceu?
— Calma cara, calma! Não adianta me apressar, pois isso não depende só da minha vontade. Vou falar com uns amigos mais chegados, aqueles que costumam "abastecer" as minhas festas mais íntimas. Quem sabe eles nos dizem algo novo, sei lá. Mas isso não será assim tão fácil, Chicão; no mundo das drogas, ninguém costuma meter o bedelho onde não é chamado, pois você corre o sério risco de ficar sem a língua, entende?

– Apesar de entender, custo a acreditar que Lauro tenha descambado de vez para esse lado sórdido do tráfico. Maldita droga! Malditos usuários! Bando de imbecis – disse Chicão impensadamente.

– Tudo bem, tudo bem! Eu não vou me ofender! – disse Dirceu de mãos para o alto. Eu sei avaliar quando um amigo está nervoso e, portanto, descontrolado, sabe?

Como que caindo em si, depois desse inadvertido comentário, Chicão se desculpa envergonhado, apesar de já ter dito o que pensava.

– Sabe, Dirceu, eu não tenho nada com isso, apesar de ter em mim a certeza do erro que todos vocês estão cometendo ao se drogar, mesmo que de vez em quando, porque eu sei que isso é uma mentira que, cedo ou tarde, virá à tona para cobrar-lhes de modo sério.

– Uau, cara! Você está parecendo o meu velho falando.

– Pode até ser, e eu não ligo, porque sei que é verdade. Mas eu não estou aqui para lhe passar um sermão, porque eu também acho que você é bem grandinho para isso, apesar de agir como um adolescente burro e teimoso que insiste em se destruir aos poucos, alegando que pode parar a hora que bem desejar. Mas não é isso que acontece realmente, e nós sabemos disso, embora muitos dos que se drogam não admitam essa verdade.

– Só os fracos fraquejam – insistiu Dirceu altivo, e também com raiva.

– Fiquei sabendo que a Carol trancou matrícula na odonto para dar um tempo numa clínica de apoio, muito embora os seus amigos insistam em dizer que se trata de um SPA. Mas nós sabemos que isso não é verdade, não é Dirceu? E pelo que parece, ela também pensava do mesmo modo que você, estou certo?

Constrangido, e ao mesmo tempo irritado, Dirceu responde em tom grave:

– A vida alheia é algo que não me interessa, pois já me bastam os meus próprios problemas...

– Mas eu pensei que ela fosse sua amiga. Afinal, ela costumava ser uma frequentadora assídua das suas festas.

– Esse papo já está me cansando, e eu já estou começando a achar que eu não deveria ter deixado os meus amigos de lado só para falar com você, Chicão. Afinal, eu não tenho de ficar aqui ouvindo tudo isso, nem mesmo o ajudar em coisa alguma. Se você quiser saber sobre o Lauro, acho bom você se virar do mesmo modo como você se virou para ficar sabendo sobre a Carol.

Tentando amenizar um pouco toda aquela situação, Chicão argumenta:

– Não foi por mal, Dirceu, eu juro. Considero você, cara, assim como todos os colegas da turma, mas preocupo-me sinceramente com o futuro de todos nós. Somos jovens, é bem verdade, mas com sentimentos e esperanças distorcidos, porque não acreditamos mais no porvir, vivenciando e valorizando apenas o momento presente sem pensar no amanhã. E sabe por quê? Porque menosprezamos um sentimento ainda muito distante de nós chamado amor, para dar lugar ao egoísmo que ainda tanto nos cega. E cegos, não conseguimos mais enxergar o futuro, nem termos esperança ou fé no porvir! Preocupa-me pensar no amanhã da galera, que, sem amor próprio, prestará um sério juramento com relação ao seu próximo, entende? Como vamos fazer isso se não conseguimos nem nos amar como deveríamos, matando-nos lentamente? Como vamos poder dizer aos nossos pacientes que vale a pena lutar pela vida, quando a cada dia nos matamos um pouco mais com o uso indiscriminado das drogas? Claro que eu não estou generalizando, mas a gente sabe que enquanto isso for tido como a grande válvula de escape, muitos jovens serão arruinados e suas famílias destruídas. Você já parou para pensar nisso?

– A minha família já está destruída faz tempo, cara, e não foi a droga que fez isso, acredite. Mas eu não posso deixar de concordar com você, quando você se refere à falta de amor, pois talvez tenha sido por causa disso que eu tenha procurado nas drogas um subterfúgio, uma saída, para não me sentir tão sozinho. Sempre tive tudo, mas nunca tive nada, porque nunca tive ninguém do meu lado quando eu mais precisava. Mas tudo tem a sua compensação – disse o jovem com ironia –, e foi justamente a grana em abundância que me abriu espaço para que eu pudesse ter tudo o que eu tenho hoje. Se assim não fosse, acho que eu já teria me matado, pois não existe nada que machuque mais do que a indiferença. Meu pai, apesar de morar na fazenda, está sempre ocupado, preocupado apenas em ser o maior e mais bem-sucedido empresário do Paraná, enquanto minha mãe e minha irmã pensam apenas em viajar para o exterior, a fim de gastar a grana do velho. Enquanto isso, ele aproveita com a mulherada, que não lhe dá um minuto de folga, nos bacanais da vida. Quanto ao filhão aqui, o melhor jeito foi mandá-lo para a cidade grande estudar, já que dinheiro nunca foi problema para nós. Afinal, alguém tem de cuidar de todo patrimônio no dia em que o velho bater as botas, uma vez que a minha única irmã nunca fez questão de cursar uma faculdade. Para falar a verdade, ela não teria capacidade para isso mesmo, pois, com o miolo mole que tem, o máximo que ela consegue pensar é qual o próximo *shopping* a ser visitado para gastar a grana do velho, ou a qual cabeleireiro ela ainda não foi. Obcecada pela moda, e pela conquista do "corpo perfeito", tem dado sérios sinais de uma possível bulimia, pois não consegue manter quase mais nada em seu estômago. É mole ou quer mais? Minha maior vingança, no entanto, foi não ter feito a faculdade de veterinária como ele sempre sonhou, pois esse foi o único meio que eu encontrei de poder contrariá-lo. Mas não se preocupe, não, porque eu não vou descontar as minhas frustrações nos meus pacientes, pois, assim que eu me formar, vou pegar a minha parte na herança e sumir para sempre da vida de todos.

– Você o quê?...

– É isso mesmo. Não está faltando muito para que o "gran finale" aconteça.
– Você vai jogar tudo para o alto? Tudo o que você conseguiu até agora?
– Tudo o que queriam que eu conseguisse, não eu, porque nunca fui consultado de coisa alguma. Não vejo a hora de dar um "capote" no velho, isso sim. Vou querer a minha parte em tudo o que eu tiver de direito, e aí eu sumo para sempre da vida deles.
– É o que realmente quer, Dirceu?
– Acho que sim, não sei. Mas vai ser a primeira vez que, com certeza, meu pai fará questão de me ouvir e conversar, enquanto eu farei questão de lhe responder que agora, infelizmente, é um pouco tarde para isso. Mas não estamos aqui para falar de mim, e sim de Lauro. Fique você sabendo que vou reconsiderar e esquecer o que você disse ainda há pouco, e tentar esse encontro entre vocês. Mas nunca mais, cara, nunca mais tente passar-me um sermão, pois, apesar de tudo, você não sabe nem conhece os motivos que me levaram a fazer tudo isso.
– Tudo bem, Dirceu, eu te entendo, muito embora não concorde.
– Não, Chicão, você não vai entender nunca, cara. Mas você é boa gente, ainda acredita no amor e tudo mais. Vai em frente com os seus sonhos, porque eu ainda tenho que resolver muito dos meus pesadelos.
– Eu não queria ter te aborrecido – disse Chicão entristecido.
– Não esquenta – retrucou Dirceu com um leve sorriso. – Você não está de todo errado, sabe, mas a vida que eu venho levando é que está, admito. Pensando num meio de tornar as coisas melhores, embrenhei-me por caminhos perigosos em que somente o dinheiro realmente conta, e não o ser humano. Porém, devo admitir que tudo isso também tem as suas compensações, pois "viajando" eu esqueço, e esquecendo eu vivo melhor, mais aliviado, menos angustiado, e também menos só.
– Você ainda vai encontrar alguém bem legal que vai conseguir te tirar dessa, você vai ver. Alguém que te ame de verdade...
– Pode ser. Se eu achar que vai valer a pena, quem sabe?...
– Sempre vale a pena a gente tentar encontrar a felicidade, Dirceu. Além do mais, o amor faz verdadeiros milagres...
– Você que o diga, Chicão, você que o diga! Olha só para você, cara! Tá paradão em alguma garota, só pode!...
– Você notou, é? – disse Chicão tentando descontrair.
– E quem não notaria? Seria o mesmo que ignorar o óbvio. Qualquer um pode notar, pela sua fisionomia, que você está amando... Bom, eu tenho que ir agora. A galera toda está me esperando, pois estamos combinando uma festa para daqui alguns dias. Sabe como é, enquanto esse "grande amor" não aparece, tenho de me virar como posso – disse Dirceu em ma-

licioso tom. – Além do mais, o pessoal está pensando em agitar fora da cidade, desta vez.
– Fora da cidade?
– É, numa chácara, ou sítio, quem sabe? O risco é bem menor, e a bagunça bem maior. Além do mais, meu pai está cansado de reclamações e multas em cima de multas, que o pessoal lá do condomínio onde eu moro resolveu aplicar injustamente sobre mim.
– Injustamente sobre você? Ah, qual é, Dirceu? – disse Chicão sorrindo – Você só pode estar brincando...
– E estou mesmo, Chicão, mas eu não me importo. Estamos planejando essa festa há dias, e, com certeza absoluta, ela não será apenas mais uma festa, mas uma megafesta, se é que você me entende.
– Claro, eu posso muito bem entender o que isso significa.
– Por isso não vai adiantar nada eu te convidar, que, com certeza, você não irá, estou certo?
– É, está mesmo.
– Eu sabia – retrucou o jovem sorrindo. – Sabe, Chicão, você promete. Você é um cara e tanto, isso eu devo admitir. De que planeta você vem, cara?
– Do planeta Terra mesmo, Dirceu. Quer mesmo saber? Apesar dos pesares, eu adoro estar vivendo aqui. Amo essa morada e respeito cada palmo desse chão, porque sei que essa bendita oportunidade não é para quem quer, mas para quem pode – disse Chicão sem perceber a profundidade de seu discurso.
– Oportunidade? Do que é que você está falando agora, cara? Tá viajando?...
– É, acho que me perdi em meus pensamentos – disse meio sem graça.
– Eu, heim? – disse Dirceu encafifado, enquanto coçava a cabeça.
– Obrigado, Dirceu. Mas estou contando muito com a sua ajuda, não esqueça.
– Não vou esquecer, Chicão, pode deixar comigo.
Na esperança de que Dirceu pudesse ajudá-lo, Chicão retorna ao lar confiante, pois seu coração dizia que, dentro em breve, obteria notícias de seu amigo Lauro.

Capítulo XXVII

Uma Ajuda Necessária

Infelizmente as festas *raves* costumam fazer muito sucesso entre os jovens de classe média alta, por isso a notícia de que Dirceu e alguns amigos estavam planejando mais uma "noitada inesquecível" não demorou muito para se espalhar por todo o *campus* da universidade.

O comentário era geral. Todos sabiam que Dirceu costumava ser "generoso" com seus convidados, promovendo encontros inesquecíveis, em que drogas de todos os tipos corriam a solta, sem falar no sexo desregrado e na bebida em abundância.

Tentando encontrar o amigo a todo custo, Chicão, finalmente, obtém a tão esperada notícia que o levaria até Lauro.

Num passeio descontraído com Rita a um *shopping* próximo, Chicão recebe uma chamada de Dirceu em seu celular, confirmando a presença de Lauro na megafesta que estaria para acontecer no final de semana.

Sem entrar muito em detalhes, Dirceu pede-lhe apenas que não comente nada com ninguém a esse respeito, muito menos que diga a Lauro, caso o encontre realmente, que havia sido ele o responsável por contar-lhe sobre o seu paradeiro. Pediu-lhe, enfim, que fizesse esse encontro parecer casual, pois não queria comprometer-se, muito menos envolver-se na vida particular de ninguém.

Apesar de prometer-lhe discrição, Chicão não hesita em pedir ajuda ao centro espírita que frequentava, pois sabia que se aproximar de Lauro, novamente, não seria nada fácil.

— Fique calmo, Chicão, vai dar tudo certo – disse Rita com carinho.

— Pela primeira vez, Rita, estou com medo.

— Medo do quê, Chicão?

— Eu não sei explicar ao certo, mas a sensação que tenho é que estou mexendo num grande ninho de marimbondos. Já pensou o que isso pode significar?

— Já. Você poderá sair bem machucado, se não for cuidadoso.

— Sabe, Rita, desde o instante em que eu me propus a ajudar Lauro, venho sentindo coisas estranhas.
— Coisas estranhas? Que coisas estranhas?
— Tenho tido pesadelos horríveis, vez por outra, que nunca antes eu havia tido.
— Pesadelos? Que tipo de pesadelos?
— Sinto-me quase sempre sendo perseguido por um bando de mal encarados que querem me pegar a todo custo. Entre gritos e xingamentos, eles me perseguem de arma em punho, do tipo medieval, prometendo acabar comigo na primeira chance. Esferas metálicas pontiagudas são arremessadas em direção a mim, enquanto flechas em chama tentam acertar-me em cheio. Muitas vezes, nesse ínterim, acordo totalmente desnorteado, bastante assustado e completamente molhado de suor, com o coração tão disparado que parece querer saltar pela boca. Tento gritar, mas a boca fica tão seca que nada sai.
— E por que só agora você resolveu me contar isso, Chicão?
— Eu não queria te preocupar...
— E não me preocupou, pois, muito provavelmente, você deve estar trabalhando durante a noite, em espírito, depois do desprendimento total do seu corpo físico pelo sono, no plano astral.
— Você acha mesmo?
— Eu tenho certeza. Sabe, Chicão, muitas vezes não conseguimos fisicamente estar em lugares que precisaríamos estar, ou porque é muito perigoso ou porque não sabemos como ali chegar, enfim, não importa o motivo que nos impede. Então, quando nos desprendemos do corpo pelo sono físico, a espiritualidade, se achar necessário, leva-nos até esses lugares mais "difíceis", se é que eu posso dizer desse modo, para que dessa forma possamos trabalhar naquilo que nos propusemos. Seja esse lugar na esfera física ou extrafísica.
— Ah é? Muito obrigado, mas eu não me lembro de ter dito que iria a um lugar como esse, nem que me encontraria com essa turma, pois, que eu saiba, ainda não estou louco.
— Claro que você não está louco, Chicão, apenas esquecido.
— Esquecido, eu?
— Claro! Muitas vezes nos reunimos com os nossos amigos na espiritualidade para conversar, comprometendo-nos com trabalhos dos quais quase sempre nos esquecemos ao acordar.
— Então eu posso ter prometido?...
— Isso mesmo. Mas fique tranquilo, pois toda vez que nos propomos ao trabalho com Jesus, nunca estamos sozinhos. Acontece que a nossa pouca fé não nos deixa reparar que, bem ao nosso lado, está sempre um amigo para nos ajudar.
— Um amigo? Você quer dizer o nosso amigo espiritual?

– E quem mais poderia ser? Claro que existem muitos outros engajados nesse mesmo propósito, e, nesse caso, atrevo-me a dizer que Adriano também pode estar participando desse grande grupo de socorro.
– Sabe que eu nunca havia pensado nisso?
– Pois é bom começar a pensar. Somos médiuns, lembra?
– Você, mais do que ninguém, sabe que eu sempre vi e ouvi os espíritos desde criança, mas, de uns tempos para cá, parece que as coisas estão piorando...
– Não se trata de piorar, Chicão, mas você precisa aprimorar-se. Você está passando por um processo bastante comum, que quase todos os médiuns passam. Sua mediunidade está muito aflorada, tornando-o sensível o bastante para captar esses irmãozinhos menos felizes que não querem que você ajude Lauro. Eis aí o seu grande vespeiro!
– Mas por que eles não querem que eu o ajude?
– Por ignorância, ou até mesmo inveja, sei lá. Infelizes que são, não querem a felicidade alheia, pois, de certa forma, isso os incomoda. Além disso, Chicão, eles se aproveitam das substâncias tóxicas exaladas por Lauro para saciar seus desejos, tanto com relação às drogas, como também ao sexo em desalinho e ao álcool sem medida. Sem contar que também não somos "santos", por isso muita coisa em nosso passado nos condena, fazendo com que adversários de toda a espécie nos procurem para o devido acerto de contas.
– Em que beco eu fui me meter...
– Não pense dessa forma, Chicão. Pense que você é alguém muito importante para a espiritualidade, porque é um encarnado com quem eles podem contar para ajudar Lauro. Percebe como as sombras estão sempre conspirando contra quem trabalha no bem, mesmo que sutilmente? Então imagine só o trabalho que os espíritos de luz devem ter para agir sem ser notados, num submundo de trevas e dor, onde o ranger de dentes constante está levando milhares de jovens como nós à morte prematura, tudo por causa da droga, do desamor e da falta de fé?
– Não sei se vou conseguir...
– Claro que vai! Mas para isso nós vamos pedir ajuda no centro, a fim de que os mentores da Casa nos auxiliem no que for permitido e necessário. Você estava certo quando disse que estava mexendo num grande ninho de marimbondos. Para isso, no entanto, devemos nos proteger com roupas especiais a fim de não sairmos machucados, não é mesmo? Da mesma forma acontece conosco, médiuns que somos, pois devemos nos proteger com a couraça da fé. "Pedi e obtereis", disse-nos Jesus, e é exatamente isso que iremos fazer quando voltarmos ao centro.
– Quero muito ajudar Lauro, e sinto muitas vezes que Adriano utiliza-se da minha sensibilidade para isso.

– Não somente ele, Chicão, mas também os nossos irmãos menos felizes muitas vezes se utilizam de nós, sem que percebamos. Por isso é tão importante o orai e vigiai. Enquanto houver um resquício de dor no mundo, o homem de bem não ficará jamais inerte, pois ele tem por dever ajudar seu irmão que sofre. Além do mais, quanto mais sensíveis formos, mais trabalho teremos, assim também como mais responsabilidade de nos aprimorar no estudo e na dedicação da prática do Evangelho. Prepare-se com uma prece antes de adormecer, e peça para o seu mentor ajudá-lo proporcionando-lhe a calma necessária para você perceber que jamais está sozinho.

– Vou fazer isso, Rita.

– Mas, de qualquer forma, devemos colocar para os nossos amigos tarefeiros da Casa essas últimas ocorrências, a fim de que também eles possam ajudar, principalmente durante os trabalhos de desobssessão. Não há nada que resista a uma corrente vibratória amorosa, principalmente vinda dos mentores amigos. Ao final, eu tenho certeza de que tudo dará certo, você vai ver, Chicão.

– Assim eu espero, Rita, assim eu espero!...

Capítulo XXVIII

Conversando com o Sr. José

Depois de uma longa conversa com os dirigentes da casa espírita, Chicão foi alertado para que tivesse cautela, pois todo cuidado seria pouco dali em diante.

– O senhor acha que, tentando ajudar Lauro, estou correndo algum risco? – perguntou Chicão ao sr. José, um dos dirigentes dos trabalhos de desobsessão.

– Filho, o único risco que corremos, verdadeiramente, é quando desistimos de trabalhar para o Cristo. Claro que esses irmãos que lhe perseguem durante o sono físico querem a todo custo afastá-lo de seus nobres intentos, pois, para eles, você é tido como alguém que atrapalha, e muito, seus planos doentios. Mas isso já era de se esperar. Todo servidor do bem sabe que mil olhos o espreitam, assim como mil braços também tentam impedi-lo de continuar marchando, segurando-o com força onde sempre somos mais frágeis.

– Como assim, sr. José?

– Filho, não foi à toa que você foi abençoado com o divino dom da mediunidade. Todo médium que se preze precisa do trabalho amoroso e constante com Jesus, a fim de manter-se equilibrado e feliz no percurso da sua marcha evolutiva. Água parada apodrece e cheira mal, pois nada nesse mundo é estático, tudo está em constante movimento e transformação. Acontece que é justamente aí que esses irmãos desavisados e infelizes costumam agir sem temperança; onde somos mais sensíveis, ou seja, mais vulneráveis. No seu caso, por exemplo, é na própria mediunidade que eles veem um meio de tentar impedi-lo, causando-lhe todo esse desconforto. Aproveitam-se da grande facilidade que você tem de poder ver e ouvir, por isso tentam amedrontá-lo ameaçando-o quando em desdobramento.

– O senhor está querendo dizer que, realmente, eu tenho tido encontros com esses espíritos no decurso da noite?

– Evidente! Todo aquele que se propõe ao trabalho com o Jesus está sempre em contato com esses irmãos sem luz, pois, como Ele mesmo já dizia, "os sãos não precisam de médico"...
– É que eu nunca pensei que eu pudesse...
– Ter esses encontros? – retrucou o sr. José com gentileza.
– Minha mediunidade sempre foi muito tranquila e, além do mais, quando eu via a minha avó, eu costumava estar sempre acordado.
– Filho – disse o sr. José com paciência –, para começar, o espírito não dorme nunca, mas eu entendo a sua colocação; depois, não se trata da minha ou da sua mediunidade, mas dos compromissos que assumimos muito antes de reencarnar. Não disse a você que tudo se modifica ao longo do tempo? Com a sua mediunidade não está sendo diferente, nem poderia, pois até mesmo ela sofre modificações. Quanto mais sabemos, mais responsabilidade temos.
– O sr. José tem toda razão, Chicão. O trabalho na casa, aliado ao curso de educação mediúnica, só poderia dar nisso mesmo. Maior conhecimento, maior responsabilidade; e, se o instrumento se propõe ao estudo e à reforma constante com Jesus, mais ainda será utilizado pela espiritualidade de luz para os trabalhos nas trevas. Somos médiuns de tarefa, por isso devemos estar sempre prontos para o serviço no bem. Hoje somos médiuns de incorporação, amanhã, quem sabe? Sofremos mudanças todo o tempo, conforme a necessidade do nosso espírito.
– Nunca pensei na possibilidade da minha mediunidade ser transformada...
– Sabe, Chicão, infelizmente existem alguns médiuns muito vaidosos que se dizem "adivinhos", palpitando na vida de todo mundo sem se darem conta do perigo que estão correndo de ser enganados por espíritos zombeteiros, e inescrupulosos, que só fazem crescer em seus corações a erva daninha do orgulho e do egoísmo. Esses não aceitam jamais o trabalho no anonimato, porque seus espíritos vaidosos precisam dos aplausos constantes daqueles que o cercam, não lhes bastando o trabalho silencioso com o Mestre. Alguns até nem se dão conta de que o espírito que antes o auxiliava já não mais se encontra com ele, pois, vibrando em outra faixa, ele terá perto de si outros afins – completou Rita. – Como se isso não bastasse, alguns até se acham no direito de "cobrar consultas", na justificativa de que esse é o seu trabalho. E nós sabemos que isso não existe com médiuns sérios, nem com espíritos sérios. Onde já se viu barganhar com o plano espiritual? Porém, fascinados, não conseguem enxergar o perigo, melindrando-se com tudo e com todos que tentam alertá-los. A mediunidade deve estar sempre a serviço do bem e da luz, nunca da vaidade nem de interesses pessoais. Se ela nos foi dada gratuitamente, também não temos o direito de fazer aos outros qualquer tipo de cobrança, porque, nesse caso, responderemos seriamente pelos nossos atos. Aceitar mudanças é se colocar com humildade diante do plano Maior, confiando no

trabalho que nos aguarda. Além do mais, senhor Chicão, sair do corpo durante o sono físico também não é nenhuma novidade para qualquer espírita que se preze!
– Viu só como em poucos minutos conseguimos fazer uma bonita jovem sair do sério? – disse o simpático dirigente, que demonstrava em seu plácido olhar a inegável experiência dos anos.
– Sr. José?... – retrucou Rita.
– Será que eu disse alguma inverdade?
– Absolutamente! – completou Chicão enquanto dava uma piscadela para o simpático comparsa.
– Filho, pense em tudo o que lhe foi dito hoje e medite. Esse pode estar sendo o meio mais apropriado que a espiritualidade arrumou para você poder trabalhar esses espíritos mais endurecidos: indo encontrar-se com eles no decurso da noite.
– Sozinho?...
– Você nunca está sozinho – completou o amigo.
– Mas eu nunca vejo ninguém do meu lado, sr. José.
– É porque você está sempre com medo, e o medo cega, ensurdece, confunde e até emudece.
– Isso é verdade, e como é verdade! Lembro-me que algumas vezes costumo correr, de um canto para o outro, tentando me esconder do bando que me persegue, retornando ao corpo quase sempre cansado e aflito. E olha que nem mesmo o meu avantajado peso impede-me a fuga, tamanho é o pânico que de mim se apodera.
– Viu só? Eu não disse?
– Mas o que o senhor queria que eu fizesse? Que ficasse para bater um papo com eles?
– Não, Chicão, não tenho a intenção de tirar-lhe a razão, mas também não posso deixar de repetir o que ainda há pouco lhe falei, plagiando as sábias palavras do Mestre de que "os sãos não precisam de médico". Ponho-me a pensar, no entanto, se esse não seria o momento de você deixar de ser tão-somente o médico do corpo, para especializar-se na medicina da alma, única capaz de curar, realmente, as feridas mais profundas da criatura em dor.
– Então...
– Então da próxima vez, filho, prepare-se profundamente na prece antes de adormecer, buscando através da mesma a figura meiga de Jesus, para que você possa ser amparado de acordo com as suas tarefas fora do corpo físico. Peça-Lhe para que, juntamente com o seu amigo espiritual, você tenha condições de bem atender aos que o procuram, mesmo se malignas forem as suas intenções, para que você possa estar protegido e amparado como realmente precisa. Você terá o seu horizonte ampliado, e a sua confiança será redobrada, acredite.

– Mas e quanto aos trabalhos de desobsessão na casa? Não são eficazes nesses casos?

– Não se trata disso, Chicão. Por acaso você pensa que os trabalhos espirituais são restritos apenas aos poucos instantes em que ficamos nesta casa? Ledo engano... O trabalho com Jesus não cessa nunca, e médium que é médium trabalha até debaixo d'água.

– ???

– Não pense você que médium é aquela criatura que dedica apenas algumas horas do seu tempo por semana para fazer caridade, porque esse não é, nem nunca foi, um verdadeiro médium de Jesus. "Pegar na charrua" significa pegar no arado e trabalhar firme, constantemente, não importando o lugar nem o tempo que isso possa levar. Todo lugar é lugar para se trabalhar o bem, o amor, o perdão, enfim, a todo instante estamos sendo não apenas chamados, mas convocados para a labuta.

– Até parece que quando deixamos o centro e voltamos para o lar, nossos problemas aqui permanecem arquivados para resolvermos numa próxima vez. Bom seria, mas não é assim que acontece de fato. É justamente fora da casa espírita que as coisas parecem complicar-se ainda mais, exigindo de nós cautela – disse Rita.

– E é justamente aí que temos de dar o nosso testemunho, exemplificando as virtudes apregoadas no Evangelho de Jesus, o que por certo não é nada fácil – completou o sr. José. – Os espíritos que aqui comparecem para os trabalhos de desobsessão muitas vezes já foram trabalhados carinhosamente por médiuns abnegados, dispostos a visitarem os vales de dor e lágrimas, no intuito de resgatar os que já se encontram preparados para a luz do entendimento.

– Mas nem todos parecem aptos para tanto – retrucou Chicão cismado. – Dá-nos a impressão de que muitos dos que aqui comparecem, são pegos a laço.

– É verdade. Mas trata-se de um laço amoroso de coloridas fitas, cujas cores, semelhantes às do arco-íris, vão balsamizando esses espíritos mais rebeldes para que, finalmente, eles possam enxergar a luz. O Pai não nega oportunidade para nenhum de Seus filhos. Até mesmo os mais recalcitrantes terão a sua oportunidade, graças às intercessões amorosas por parte de seus entes queridos, sejam eles encarnados ou desencarnados.

– Entendo.

– Por vezes, até pode parecer teimosia de nossa parte envolver com tanto carinho espíritos que parecem não aceitar de modo algum sua melhora. Porém, muitas vezes com uma única palavra de carinho eles se desmontam diante de todos, e, arrependidos diante de seus feitos, pedem perdão a Deus, assim também como mais uma chance. Seguindo sempre as instruções do Alto, sentimo-nos amparados e fortalecidos diante desses casos mais difíceis, confiantes de que, ao final, tudo dará certo. Nunca estamos sozinhos, filho, assim também como Lauro. Acontece que, por vibrar numa faixa menos elevada, ele tem a companhia de irmãos desavisados, tão ou mais doentes do que ele. Afinal, os semelhantes se atraem, isso é inegável! Mas tenhamos fé, Chicão, por mais difícil que possa parecer o caminho. Ninguém é vítima nem presa fácil desses espíritos que ainda se comprazem com o mal; na verdade, cada um de nós atrai para si os seus afins. Essa é uma lei inexorável. Arregace as mangas, filho, e não tema mal algum.

– Gostaria de poder ver Adriano com a mesma facilidade que consigo ver esses espíritos que teimam em perseguir-me.

– Lembra-se de quando você era criança e via a sua avó? – disse o bondoso sr. José.

– Como poderia me esquecer?...

– Por acaso consegue lembrar-se de como estavam as suas emoções naqueles instantes?

– Que eu bem me lembre estavam sempre ótimas. Mas eu era apenas uma criança e, como tal, não tinha muitas preocupações.

– Então tente fazer como Jesus um dia tanto nos pediu, filho. Imite as crianças, e deixe-se levar pela pureza dos seus sentimentos, sem temer mal algum, que, quando menos esperar, terá do seu lado a presença fraterna do companheiro de faculdade. É uma questão de sintonia, lembra-se? Sintonize-se com o bem e todo o resto lhe será dado por acréscimo de misericórdia.

Entendendo perfeitamente as palavras do sr. José, Chicão abraça o amigo com carinho, na certeza de que jamais estaria sozinho.

Capítulo XXIX

Juventude Alucinada

A conversa com o sr. José foi muito importante para Chicão, pois serviu para fornecer-lhe renovadas forças.

A mediunidade é um dom natural na criatura, por isso mesmo não deve ser tida como algo do "outro mundo", nem como privilégio de alguns, ou até mesmo como forma de castigo para outros. Não! A mediunidade é uma oportunidade bendita, que oferece à criatura uma nova chance para reformar-se interiormente, e para a prática de todo o bem que puder fazer. Para tanto, faz-se necessário, além da boa vontade e do amor ao próximo, estudo e aprimoramento constante por meio das obras básicas deixadas por Kardec, e é claro, a prática do Evangelho de Jesus. Só mesmo esse maravilhoso compêndio será capaz de ensinar ao homem a arte de bem viver, tendo, para tudo, o amor como via de regra.

Chicão, assim como tantos médiuns que se propõe a estudar a doutrina espírita, estava passando por uma transformação. Quanto melhor o instrumento, maior será o seu uso. Empenho e boa vontade é que não lhe faltavam, nem estudo constante; portanto, estava praticamente pronto para o trabalho com os espíritos de luz, na Seara do Mestre Jesus.

Não existem médiuns perfeitos, pois essa é uma virtude ainda muito distante do homem na Terra. Existem médiuns de boa vontade que, apesar de muito errar, procuram com humildade se modificar, dando o melhor de si. Outros, no entanto, comprazem-se no erro e se utilizam da mediunidade como uma "alavanca" para obter sucesso e dinheiro fácil na vida, pois ainda os vícios torpes e a vaidade exagerada não o deixam ver a sagrada oportunidade de trabalho para o bem, e para o aprimoramento moral das criaturas.

Tanto Rita como Chicão acharam melhor não contar para Lucia sobre esse encontro, pois, apesar de terem sido avisados da festa, não tinham certeza de que poderiam encontrar Lauro. No intuito de não criarem maiores expectativas, preferiram aguardar com cautela os próximos acontecimentos.

O final de semana havia chegado, e, com ele, a megafesta tornou-se realidade. Carros e mais carros iam lotando os arredores de uma bonita chácara, próxima à cidade de São Paulo, ladeada por densa vegetação que, de certo modo, a encobria quase que por completo.

O barulho ensurdecedor das caixas acústicas fazia com que todos que ali estavam parecessem robôs, comandados por um único dono: a droga!

As batidas frenéticas e constantes do som pareciam hipnotizar todos aqueles jovens, que, movidos pelas drogas e pelo álcool, não paravam um só instante de se contorcer. Para quem pudesse observar com mais critério, a impressão que dava era realmente essa. Contorções desconexas e repetitivas, não podendo, de modo algum, ser comparada a qualquer tipo de dança que se conheça.

– Minha nossa, Chicão! Todos aqui parecem estar enlouquecidos... – disse Rita admirada.

– E de certa forma estão mesmo.

Antes que pudessem seguir conversando, Rita e Chicão foram abordados por um jovem de aparência estranha, quase vulgar, que, logo de pronto fora lhes dizendo:

– E aí, pessoal? Vão entrando vão entrando, a festa tá animada pra caramba, é só curtir e se deixar levar pelo embalo do som. O casalzinho tem alguma preferência? Hoje temos para todos os gostos...

Antes mesmo que Rita pudesse responder, Chicão toma-lhe a frente dizendo:

– É, cara, hoje vai ser mesmo um arraso, mas, por enquanto, a gente vai até o bar, pra dar uma esquentada.

– Então por que vocês não aproveitam e tomam também um desses? – disse o tal jovem exibindo-lhes uma cartela de ecstasy.

– Tenho coisa melhor! – respondeu Chicão sem titubear.

– Aí, cara, tô sacando... Mas se precisar de mim, tô circulando no meio da galera. É só chamar pelo "Paco", que o pessoal logo me encontra. Tenho só coisa boa, sacou? Purinha, purinha... Com o Paco ninguém fica na mão, muito menos é enganado. No dia seguinte, "neguinho" não vai nem lembrar que cheirou ou fumou, porque o Paco só trabalha com material de primeira. Não tem mistura, não!

– Legal, Paco, a gente se vê por aí!

– Falouuu... – disse o tal jovem perdendo-se no meio da multidão.

– Nossa, Chicão, acho que somos os únicos aqui que não usamos drogas. Olha só para a fisionomia desses jovens que estão dançando. Parecem hipnotizados pelo som da música eletrônica.

– Não é à toa que o significado da palavra "rave" quer dizer delírio, fúria. Esses jovens são capazes de ficar dançando umas 15 horas seguidas, principalmente se embalados pelo uso do ecstasy e de outras drogas.
– Sério?
– É, mas, quando usado com frequência, os efeitos agradáveis parecem diminuir, enquanto os negativos aumentam.
– Que tipo de efeitos negativos são esses, Chicão?
– Confusão, depressão, ansiedade, paranoia, e assim vai.
– Então deve ser por isso que muitos se tornam agressivos – disse Rita interessada.
– Como todos os perturbadores sintéticos, o ecstasy é capaz de promover alucinações auditivas, visuais e táteis. Alterações da percepção corporal como sensação de despersonalização, dificuldade na fala, ilusões e sensação de leveza ou flutuação, especialmente em doses elevadas.
– E ainda tem gente que insiste em dizer que não vicia...
– O ecstasy poderia ter sido classificado como uma droga estimulante, semelhante à cocaína e as anfetaminas, já que possui efeitos similares a essas substâncias. Porém, foi classificado como um alucinógeno, devido ao seu potencial de provocar alucinações.
– Nossa, Chicão, você está mesmo por dentro desse assunto, não é?
– Li alguma coisa a esse respeito na faculdade. Acontece que essa droga quase foi comercializada na Alemanha em 1914, para ser usada como moderador de apetite.
– Ainda bem que não foi – disse Rita.
– É, mas, infelizmente, outras anfetaminas tomaram conta do mercado hoje em dia, as quais, usadas de modo incorreto, estão levando muitos jovens e não tão jovens assim, a se viciarem da mesma forma.
– É, pelo jeito ainda estamos muito longe de saber respeitar esse nosso corpo! Até quando teremos de sentir na pele as pesadas provas pelo mau uso do nosso livre-arbítrio?
– Até aprendermos as lições, Rita.
– Você está certo, não tem outro jeito. Até mesmo os nossos "milagres" somos nós que fazemos acontecer, pois nada "cai do céu" sem o devido esforço. Tudo depende de nós, e isso quase ninguém aceita. Por esse motivo é que determinadas religiões tem uma quantidade de adeptos imensa, pois, prometendo milagres e mais milagres, vão enchendo seus templos e também seus bolsos. Ninguém quer passar pela porta estreita, Chicão. Escuto muitas vezes alguns dirigentes de determinadas seitas falar aos quatro cantos que rezará para fulano, para beltrano, para que o mesmo se liberte de seus supostos pecados, sem se darem conta de que só mesmo por meio desses "pecados" é que a criatura verdadeiramente se libertará e aprenderá a não "pecar" mais.

É a lei do mínimo esforço predominante entre os homens, mas o mesmo já não acontece para com Deus.

– Tem razão, Rita. Fico pensando quanto sofrimento tudo isso deve estar causando para essas famílias que têm os seus jovens a mercê dessa diabólica estratégia das trevas, tornando escravo do vício todo aquele que, sem nenhuma perspectiva de futuro, atira-se a ela impensadamente.

– É, Chicão, está faltando Jesus no coração das pessoas, e também dentro dos lares de hoje em dia. Muitos não conseguem colocar o Mestre de forma simplificada em suas vidas, por isso acabam perdendo-se nos labirintos da dor e do desespero. Acho que também os centros espíritas deveriam preparar-se melhor, não só para receber esses jovens em aflição, como também seus familiares, que tanto agonizam silenciosos. Infelizmente, para muitos, Jesus é apenas um símbolo, um quadro na parede, ou ainda uma imagem num crucifixo pendurada no pescoço para dar sorte, proteção, e outras coisas mais. Apegam-se ao símbolo, mas não ao significado real que esse símbolo representa, que é o da renovação constante e da busca de valores reais para o espírito.

– É, Rita, mas, enquanto isso não acontece, só mesmo a dor para despertar.

– Embora a contragosto, ela é o único remédio capaz de curar a humanidade. Pelo menos até o homem aprender...

Tentando fugir um pouco de toda aquela frenética música, Chicão convida Rita para um passeio nos arredores da casa, no intuito de se refazerem um pouco de toda aquela agitação, que parecia não querer sair de seus ouvidos.

A noite estava agradável, apesar do ambiente contaminado pelas larvas mentais de todo tipo de espíritos doentes, que, presos às suas vítimas desavisadas, vampirizavam-nas numa simbiose tamanha, que parecia, para quem pudesse ver, dois seres em apenas um.

Na tentativa de encontrar Lauro, Rita e Chicão acabaram deparando-se com uma triste cena, que jamais esqueceriam...

Capítulo XXX

Uma Visão Inesquecível

Como loucas serpentes à procura de seu par, no intuito de acasalarem-se, pois é bem assim que procede a natureza no reino animal, corpos imersos nos vícios do álcool e das drogas agora também procuravam pelo sexo desenfreado, numa frenética troca de parceiros em busca de doentio prazer, nas matas próximas à casa onde estava acontecendo a "festa".

Chocados com a lamentável cena, Rita e Chicão percebem que seria muito perigoso se embrenharem mais profundamente pelas matas que circundavam o tal lugar, uma vez que toda aquela área estava tomada, por assim dizer, pelo trabalho sombrio e doloroso das trevas.

Jovens de boa aparência agora pareciam guardar em si a demência daqueles que, por razões que só a vida conhece, abusaram das leis eternas e imutáveis do Pai, tendo agora que enfrentar os reajustes impostos pela própria consciência. Rostos cadavéricos, olhos assustados, expressões animalescas faziam-se confundir nos semblantes daquele grupo dominado pela insensatez e pelo descaso com a própria vida.

Sexo desregrado, corpos entrelaçados, orgia e desrespeito para com o próprio vaso físico, faziam daquele amontoado de jovens um verdadeiro "ninho" de serpentes famintas, onde predominava as sensações grosseiras, ao mesmo tempo em que serviam de repasto para espíritos que, na mesma sintonia, se deleitavam diante de toda aquela triste cena.

Ao deparar-se com aquela constrangedora situação, Chicão, que a tudo observava, mas não com os olhos da matéria, e sim do espírito, começou a passar mal, a ponto de quase vomitar, não fosse pelas preces de Rita, pedindo imediata ajuda ao Alto.

Lamentável era a condição daqueles jovens que, entregues ao descaso de si mesmos, enveredavam-se por caminhos de difícil retorno.

– Chicão, você está bem? – perguntou Rita tentando afastá-lo daquele local.

– Você viu aquilo? – disse o jovem assustado. – Viu só aquele pântano, Rita? E os jovens que nele estavam imersos, ao mesmo tempo em que praticavam sexo com aquelas formas animalescas? Viu aquelas serpentes enroladas em seus corpos?

– Calma, Chicão, tenha calma. Lembre-se da conversa que teve com o sr. José lá no centro, das coisas que ele lhe disse a respeito da sua mediunidade. Acontece que os meus olhos materiais não conseguiram perceber o mesmo que os seus, porque o que você viu foi com os olhos do espírito.

– Então você não pode ver o mesmo que eu?

– Vi o que qualquer pessoa comum veria: jovens usando e abusando do sexo de forma desregrada, só isso.

– Mas e toda aquela lama, aquele cheiro de podre, aquelas serpentes enroladas em seus pescoços, seus braços e suas pernas. Algumas, até em seus órgãos genitais, você não viu? Será que estou ficando louco?

– Claro que não, Chicão, não fale assim.

– Sabe, Rita, estou começando a achar que ser médium não é nada fácil, sabia?

– Mediunidade é coisa séria, Chicão. É trabalho árduo e constante. Esse negócio de médium dar consulta como se fosse alguém muito especial é coisa para charlatões vaidosos que tentam tirar vantagens desse sagrado dom, adeptos do "faça o que eu digo, mas não faça o que eu faço". Esses, não são médiuns nem aqui nem na China. Médium que é médium sabe da responsabilidade que tem, pois não é nada fácil lidar com os espíritos doentes e sem luz. Além do mais, seu trabalho é quase sempre feito no anonimato, longe, portanto, dos refletores e dos aplausos alheios. Médium que é médium trabalha para Jesus, e não para os homens.

– Mas o que eu, um simples mortal, posso fazer para ajudar se toda aquela cena quase me ocasionou um enfarto? Sinceramente, Rita, não gostaria de ter que voltar lá.

– E nem será preciso, Chicão. Vamos pedir a Deus por aqueles jovens que, cegos, ainda relutam em aceitar a vida com Jesus. Fazendo isso, você já estará ajudando muito, pois a nossa tarefa como médiuns que somos não é outra senão a de tentar acender uma pequenina luz em meio a tanta escuridão no planeta. Além do mais, médium vidente tem dessas coisas, mesmo. Pensa você que só irá ver coisas boas, é?

– Não, claro que não, mas foi muito forte toda aquela cena. Mais um pouco e eu teria desmaiado ali mesmo.

– Ainda bem que não desmaiou – disse Rita olhando-o de cima a baixo.

– Será que estou enganado ou existe certa ironia nesse seu comentário? – disse Chicão em tom de gozação.

– Ironia jamais, verdade sempre! – disse Rita de peito estufado. – Já pensou o que teria sido de mim se acaso você tivesse caído? Ainda por cima aqui, que não tem ninguém para ajudar?
– E com esse meu avantajado peso então...
– Mas ainda bem que não aconteceu, foi só um grande susto. Ufa!...
– Vejo que você está com um ótimo senso de humor hoje, Rita.
– Foi só uma brincadeirinha para descontrair, Chicão. Amo você porque não é somente o seu peso que é avantajado, mas, principalmente, o seu coração, o seu bom caráter, a sua bondade e meiguice. É sério!
– Puxa, também não precisa exagerar, assim você me deixa sem graça. Não costuma dizer o ditado que o amor é cego? Pois então...
– Amor cego é esse que acabamos de ver, Chicão, em que jovens sem o menor propósito de vida doam-se impensadamente, sem ter noção do que estão fazendo, pelo uso indiscriminado da droga e do álcool. Não existe amor, Chicão, só sexo. Sexo sem sentido; sexo pelo sexo, nada mais do que sexo. Aliás, falta-lhes até mesmo o amor próprio, pois quem age desse modo não se ama.
– É verdade, Rita, você está certa. Fico pensando, no entanto, quantos pais neste momento estão preocupados com os seus filhos, sem ao menos se darem conta do que lhes está acontecendo.
– Outros existem que dão graças a Deus quando os seus filhos batem à porta de casa, alegando cansaço e falta de tempo para conversas fiadas, pois, para alguns pais, os jovens só sabem falar "abobrinhas". Saindo para passear, é um problema a menos para eles poderem pensar. Infelizmente, Chicão, tem de tudo neste mundo, desde pais omissos até aqueles que se preocupam em demasia. No caso dos omissos, como a palavra mesmo já diz, não existe uma preocupação com relação à sagrada missão que Deus lhes confiou, sendo para muitos deles um enorme sacrifício ter de ficar em casa vez por outra com seus filhos para conversar, conhecer a fundo suas necessidades, seus anseios e receios, etc. Já os que se preocupam em exagero, além de sufocá-los na maior parte das vezes com os mesmos sermões e ladainhas já bastante conhecidos, demonstram não estar conseguindo de seus filhos uma amizade verdadeira, baseada, sobretudo, na confiança. Quem confia liberta, quem desconfia prende. Percebe como os dois extremos não são bons, Chicão?
– É verdade. O Dirceu que o diga!...
– Um lar evangelizado é um lar abençoado, onde as trevas não conseguem encontrar sintonia, porque o dialogo e o amor se fazem sempre presentes – disse Rita com graciosidade.
– Nem oito nem oitenta, não é mesmo?
– É isso mesmo.

– Aliás, Rita, quando existe cumplicidade, amizade e amor, dificilmente os jovens procurarão um lugar como esse para se divertir. Isso tudo aqui não passa de fuga. Uma fuga, aliás, que não leva a lugar algum.
– Concordo em parte, porque também nem sempre é assim, Chicão.
– Não?...
– Não podemos generalizar, ainda mais quando sabemos da longa trajetória que possui o espírito e suas livres escolhas...
– O que quer dizer?
– Quero dizer que, apesar de Lauro ter tido tudo isso em seu lar, amor, cumplicidade, respeito e amizade, faltou-lhe a fé. Não aquela fé cega e fanática que "bitola", mas aquela que ensina o quanto somos responsáveis pelos nossos atos diante da vida, pois teremos de responder por tudo de bom ou de ruim que fizermos com ela. As más tendências que trazemos de vidas pretéritas e que temos o dever de tentar combater. Enfim, fé não é ficar rezando pelos cantos, não. É muito mais do que isso, por isso modifica o homem na sua essência... Mas também tenho de admitir que existem lares que, apesar de evangelizados, também sofrem dificuldades com os seus componentes, não conseguindo ressonância em muitos dos que ali habitam, porque a escolha é de cada um. Rebeldes com todo o tipo de diálogo que não venha ao encontro dos seus desejos e anseios, muitos jovens preferem a companhia das ruas e das drogas, em vez do aconchego doméstico.
– É verdade, Rita, conheço pais maravilhosos com filhos problemáticos que tudo fazem para tentar ajudá-los nesse sentido, mas que nada conseguem, justamente pela rebeldia deles em aceitar uma vida com Jesus. Mas, no caso de Lauro, nós sabemos que todos eram meio avessos a qualquer doutrina cristã. E a vida sem Jesus fica muito vazia, você não acha?
– Acho sim, Chicão. Vazia e difícil, diga-se de passagem, porque não existe um propósito que nos inspire à melhora constante, sendo tudo obra do puro acaso. Por isso o vazio existencial, as depressões, a solidão da alma... Enfim, podemos ter de tudo, mas estaremos sempre em busca de algo que nos alivie desse estado mórbido de ser e ver as coisas. E é justamente aí que costumamos nos entregar a caminhos de difícil retrocesso, assim como está acontecendo com Lauro.
– E, por falar em Lauro, onde estará ele que ainda não o vimos?
– Nem ele nem o Dirceu.
– Com tanta gente circulando... – disse Chicão –, não será nada fácil encontrá-los.
– Vamos pedir ajuda aos mentores amigos, que, com certeza, eles nos ajudarão.
– Que bom! Sermos ajudados por amigos é muito bom.
– Então vamos procurar por Lauro do lado de dentro da casa, pois não é muito seguro ficarmos aqui fora. Se bem que na casa não vai ser

muito diferente mesmo, mas, pelo menos, lá temos alguma iluminação a nosso favor.

– Realmente, a ausência da luz é algo que nos incomoda bastante, você não acha?

– Acho, mas você já reparou no lindo luar desta noite, Chicão? Apesar do esforço das trevas para tentar nublar todo o ambiente, a luz da lua trabalha silenciosa, iluminando a noite que parece não ter fim. Tudo na natureza trabalha em favor do bem e do amor, porque o mal é apenas ilusório, passageiro, fruto ainda da nossa ignorância. Essa energia maravilhosa, vinda como verdadeira bênção do céu para iluminar a humanidade, é também muito usada pelos espíritos da natureza, que, comandados pelo amor do Pai, tudo fazem para ajudar os que se perdem. É a presença de Deus em tudo, Chicão. Isso não é maravilhoso?

– É, sim, Rita. Isso é realmente maravilhoso...

Capítulo XXXI

O Flagrante

O número de jovens que ali se encontrava era muito grande. Carros de todos os tipos iam e vinham ininterruptos, fazendo com que, a todo instante, nos deparássemos com pessoas novas.

A casa abarrotada de gente não demonstrava melhores condições do que o ambiente externo, pois fervilhava com o pulsar estridente da música eletrônica.

A madrugada já ia alta quando, de repente, um grupo de jovens visivelmente desesperados começou a vociferar de modo frenético:

– Sujou, pessoal, sujou! Tem gente da polícia aqui, disfarçado de estudante!

– O que está acontecendo? – perguntou Chicão para um jovem que ia passando.

– Tem um cara lá fora, falando no celular, chamando os "rapas". Eu ouvi tudo, tudinho mesmo, e a coisa vai feder logo, logo. Não vai demorar muito e a polícia irá baixar por aqui. É melhor vocês darem o fora o quanto antes, porque vai sujar feio!

Alguns jovens pareciam alheios aos incontidos apelos daquele grupo, permanecendo indiferentes, como se nada estivesse acontecendo, embalados que estavam ao som estridente da música que os envolvia.

Outros, porém, cientes do perigo que os aguardava, tentaram fugir dali a todo custo, mas, antes mesmo de adentrarem em seus carros, a chácara já havia sido cercada por um número grande de policiais.

Homens armados, e alguns até encapuzados, davam ordem de prisão a todos que encontravam pelo caminho, ao mesmo tempo em que encostavam outros tantos na parede para uma revista geral.

Drogas de todos os tipos foram encontradas nos bolsos dos rapazes, e também nas bolsas das garotas, apesar de muitas delas tentarem escondê-las nas partes mais íntimas de seus corpos, na intenção de se livrarem da revista. Porém, quando isso acontecia, agentes femininas que trabalhavam para a polícia especializada eram chamadas, no intuito de encontrar a droga escondida.

O corre-corre era geral, e o pânico, por fim, havia se instalado em todo aquele ambiente enfermiço.

Jovens de classe média-alta eram tratados de modo duro, firme, pois o que mais importava para a polícia naquele momento era a consumação do flagrante.

Alguns policiais, no entanto, pareciam insatisfeitos. Como se já soubessem de algo, antecipadamente, não davam tréguas às buscas, vasculhando cada palmo da casa.

Jovens totalmente em pânico e de celular em punho pediam ajuda para parentes e amigos, enquanto outros ligavam para seus advogados, na esperança de não ser levados à prisão. Para a polícia, entretanto, parecia ter sido feita uma grande apreensão.

– O que vai ser de nós agora, Chicão?

– Tenha calma, Rita, eles não poderão fazer nada conosco, porque não temos nada escondido. Estamos sóbrios, lúcidos, e os testes estão aí para confirmar o que estou falando. Se for preciso...

– Você acha que eles vão estar preocupados com teste, Chicão? Eles não estão nem aí para isso, isso sim.

Nesse meio-tempo, um dos agentes gritou de um dos cômodos da casa:

– Aqui, pessoal, aqui!

– Olha só para isso, chefe. Eu não disse que a apreensão ia ser grande? Tem gente quente no pedaço, pode crer.

– Esses filhinhos de papai... Pensam que podem se livrar de tudo, até mesmo da morte...

Do lado de dentro de um dos quartos, o que se via era só tristeza e dor. Um profundo lamento se fez ouvir por todos que ali estavam, quando Rita, após ter conseguido furar o bloqueio, pode constatar a triste verdade dos fatos.

– Meu Deus! – exclamou em franca apreensão.

Apesar de os policiais tentarem tirá-la do local a todo custo, Rita debate-se insolente, ao mesmo tempo em que dizia:

– Lauro, Lauro! Você está me ouvindo? Reaja, por favor...

Tentando fazê-la se calar a qualquer custo, um dos policiais a afastava bruscamente enquanto dizia:

– Não vê que nem mesmo Deus poderá fazê-lo falar agora, moça?

– É – retrucou outro com ironia –, infelizmente a sua boca está cheia de farinha. E, pelo que eu saiba, é feio falar de boca cheia.

Com os olhos esbugalhados, Lauro e alguns jovens, tidos como a "nata" da sociedade, estavam submersos no caos e na dor. Debruçados sobre uma mesa repleta de pó branco e de centenas de comprimidos, estava consumado o flagrante.

Rostos desfigurados, corpos aniquilados pelo uso e abuso de drogas, faziam daqueles jovens verdadeiros farrapos humanos em busca de uma pseudoalegria, que lhes custaria a própria vida.

Alguns ainda seguravam o copo com destilado em suas mãos como algo precioso que não pudessem perder, enquanto outros, totalmente sem controle, pediam apavorados para que tirassem aqueles bichos horríveis que tanto insistiam em querer subir nas paredes, e até mesmo em seus corpos.

O cheiro da droga e do álcool misturava-se no ar como inebriante perfume das sombras, fazendo com que entidades de todos os tipos ali estivessem deleitando-se daquele deprimente repasto.

Sensibilizada com toda aquela cena, Rita pede ajuda a Chicão, que, igualmente comovido, nada podia fazer.

– Eu já não disse para saírem daqui? – disse um dos agentes tentando afastar o número de jovens que ali se encontravam. – Agora, de nada adianta os choramingos, moça – disse um policial a Rita. – Eles deveriam ter pensado melhor antes de se entupirem com toda essa porcaria.

– Aliás – disse outro agente apontando em direção a Lauro –, aquele cara não é o mesmo que o departamento vem procurando já há algum tempo? Não foi ele que serviu de ponte para aquele grande carregamento no sul do país?

– É, acho que é ele mesmo. Agora o otário está aí, estrebuchando feito um porco diante do abate.

Indignado diante daquele comentário desrespeitoso, Chicão argumenta:

– Você não tem o direito de falar assim de uma pessoa que está agonizando. Não percebe como ele está mal? O mínimo que ele merece de nossa parte é respeito.

– Respeito? Que respeito? Não fui eu quem o colocou nessa situação, moço, mas sim ele mesmo. Além do mais, quem é você para me falar desse modo? Se estivesse mesmo interessado no bem dele, não estaria aqui, compartilhando com seu amigo de toda essa baderna, mas estaria ajudando ele a sair dessa, isso sim!

– Como pode me julgar se não me conhece? E se eu lhe disser que era exatamente isso que eu estava tentando fazer, você acreditaria? – disse Chicão encarando-o frente a frente com seu olhar manso, sereno, que até mesmo chegou a confundir o tal policial.

– Isso é papo furado, todos dizem a mesma coisa. Eu estava aqui a procura do meu irmão, do meu amigo, do meu tio, do meu cachorrinho... Ah, sem essa, tá? Só você não estava experimentando, não é?

– É. Eu e a minha namorada.

– Tá bom, tá bom, Papai Noel existe e Coelhinho da Páscoa também. Vamos lá, pessoal, chamem logo uma ambulância para tirar todo esse pessoal daqui, antes que seja tarde. Preciso deles bons, sóbrios, limpos e desintoxicados para poderem me responder algumas perguntinhas.

– E quanto a nós? – perguntou Rita assustada.

– Vamos todos para a delegacia. Lá conversaremos melhor, e também levantaremos a ficha de todos. Quero saber quem alugou a chácara, quem foi o organizador da festa, e, acima de tudo, como foi que veio parar tanta droga aqui. O que tem naquele quarto, moça, é mais do que para um simples consumo pessoal; aquilo era tráfico, isso sim, e eu quero saber quem está por trás de tudo isso.

Capítulo XXXII

Na Delegacia

Sem nada que pudesse comprometê-los, verdadeiramente, a não ser pelo fato de terem estado na chácara onde ocorreu a tal festa *rave*, Rita e Chicão foram liberados pelos agentes federais logo após um longo e exaustivo interrogatório.

Com a "ficha limpa", e sem qualquer tipo de passagem que pudesse comprometê-los ainda mais, os jovens foram dispensados pelos agentes, assim que o dia amanheceu.

Antes de partirem, porém, um jovem policial que havia se identificado com Chicão aproximou-se discretamente e disse:

– Sabe, cara, você não leva jeito que gosta da "coisa". Não entendo como foi parar num lugar como aquele, juro. Sou escolado, conheço o jeito da galera que frequenta esses lugares, e, ou eu muito me engano, ou você e a sua garota foram meio que pegos de surpresa, estou certo?

– Mais ou menos – disse Chicão gesticulando com as mãos como se quisesse continuar se explicando, mas, antes que isso pudesse acontecer, prosseguiu o tal policial dizendo:

– Sua namorada não parou de tremer desde que chegou na delegacia, e o pouco que eu consegui escutar quando estive mais próximo a ela eram preces e rogativas tamanhas, que nem mesmo a minha mãe, que é beata da Igreja, saberia fazer. O que aconteceu com vocês dois, afinal? Por acaso caíram lá de paraquedas? – perguntou o tal jovem na gozação.

Mais aliviado e também um pouco mais relaxado, Chicão perguntou:

– Importa-se de me dizer o seu nome? Já que vamos conversar um pouco, acho justo saber com quem estou falando.

Desconfiado e ainda meio reticente, o jovem policial pensou bem e disse:

– Eu me chamo Marco Antonio.

– E eu Francisco – disse esticando a destra –, apesar de todos me conhecerem apenas como Chicão.

Sem esperar por aquele espontâneo gesto, mas observando que aquela enorme mão fora logo de pronto em direção a ele, o jovem resolve retribuir o cumprimento com força.

– Posso saber o que um jovem estudante de Medicina, quase para se formar, estava fazendo num lugar como aquele? E ainda por cima com uma garota em total estado de pânico?... Pelo jeito como reagiram, não me parecem estar acostumados com esse tipo de ambiente.

– E não estamos mesmo. Estávamos procurando por um amigo que não dava sinal de vida há quase seis meses, deixando sua família desesperada, quase arruinada por tudo o que ele tem feito ultimamente.

– Então vocês estavam mesmo atrás de um amigo? Eu não acredito! Cara, sabe o risco que vocês correram? Sabe o que poderia terlhes acontecido? Vocês devem ter o "santo" muito forte mesmo, porque, do contrário... Vocês poderiam estar atrás das grades vendo o sol nascer quadrado por um bom tempo.

– Mas nós sabíamos que isso não iria acontecer, porque estamos muito bem "escoltados" – disse Rita firmemente.

– Escoltados?... – perguntou o rapaz ressabiado.

– É, isso mesmo.

– Mas que papo mais maluco é esse, garota?

– Sua mãe nunca lhe falou sobre proteção divina ou algo assim? Nunca lhe disse nada sobre anjos da guarda que nos protegem, que nos guiam e nos ajudam a sair dos apuros?

– Ah, então é a isso que você está se referindo?

– É sim. Você não nos disse que sua mãe é muito devota?

– Devota é pouco. Ela é uma beata convicta mesmo! Desde que eu escolhi essa profissão, parece que ela surtou de vez. Reza o dia todo pedindo proteção para mim e para os meus irmãos que trabalham, mas, quando chega a vez de pedir por mim, parece que todo o rosário é pouco. Ela morre de medo do trabalho que escolhi, e acho que com razão. Meu pai também era policial e morreu tentando prender bandidos sequestradores da pior espécie. Desde então, ela não se conforma que eu tenha escolhido o mesmo caminho que ele.

– Qualquer mãe em seu lugar faria o mesmo – completou Rita com meiguice. – A violência urbana está cada vez pior, alastrando-se, agora, para cidades interioranas consideradas pacatas, tranquilas, tudo por culpa da droga, que parece crescer mais a cada dia.

– Mas, afinal de contas, como era mesmo o nome desse amigo que vocês estavam procurando?

– Lauro – respondeu Chicão.

– Lauro? O "doutorzinho"? – perguntou o tal agente de modo irônico.

– Ele era da Medicina, sim, mas ultimamente ele...

– Estava muito ocupado traficando drogas pesadas, não é mesmo?

– Eu não sei – disse Chicão agitado –, você tem de acreditar em mim!

— E eu acredito, cara, acredito mesmo – disse o tal jovem. – Só não posso me conformar que vocês puderam se arriscar tanto por tão pouco.

— Mas ele era o melhor amigo do meu irmão – disse Rita tristonha –, e a família dele está arrasada. Ele era um jovem maravilhoso, cheio de vida e de esperanças, não sei como pôde acontecer isso com ele.

— Pois é. Agora ele é pior que um bandido, pois, além da droga que consome, ele também virou um traficante de peso. Pena que ele tenha usado a inteligência para isso. Poderia estar estudando para salvar vidas, e não para acabar com elas.

— Isso é verdade, devo admitir. Mas não sabemos o que o levou a fazer tudo isso. Depois que o meu irmão morreu, ele surpreendeu a todos com essa atitude descabida. Inconformismo diante da morte? Vazio existencial? Desconhecimento total da Força Suprema? Do deus interior? Quem sabe?... O mundo para ele parece ter virado de ponta-cabeça!

— É, mas não existe motivo que me convença do contrário, moça. Talvez ele tenha tido coisas demais... – disse o agente pensativo.

— E Deus de menos... – completou Rita.

— Mesmo assim, não era motivo para ele se transformar no que se transformou. Tenho vários colegas aqui, na polícia, que não têm uma religião definida, e alguns nem acreditam em Deus. Nem por isso saem matando ou traficando por aí.

— Isso vai muito de cada um – disse Chicão. – Mas gostaríamos de poder vê-lo novamente, conversar, nem que por breves instantes, você sabe...

— Não, cara, eu não sei. Isso já é pedir demais!

— Nós sabemos – disse Chicão.

— Por favor, ajude-nos! – disse Rita com meiguice. –Você sabe para que hospital eles o levaram, não sabe?

— Sei, mas...

— Deixe-nos vê-lo, nem que por alguns segundos apenas – insistiu Chicão comovido.

Sensibilizado com o pedido de ambos, e tocado em seu coração por Adriano, que de tudo participava, disse-lhes o jovem ainda meio confuso:

— Vou ver o que posso fazer. Mas já vou avisando que não será assim tão fácil. Portanto, qualquer empolgação fora de tempo é pura bobagem.

Felizes da vida que estavam, Rita e Chicão agradeceram emocionados, prometendo aguardar pacientes.

Capítulo XXXIII

Laços de Afinidade

Não só Adriano estava trabalhando para sensibilizar o jovem investigador, como também uma equipe imensa de desencarnados amigos intercedia fervorosa, na intenção de ajudar no que fosse permitido pelo Pai.

Porém, haviam outros que, também intercedendo de maneira ostensiva, tudo faziam para influenciar os policiais de modo negativo, pois as trevas nunca dão tréguas à luz.

No entanto, não demorou muito para que o jovem policial se decidisse a ajudá-los, chamando Chicão de lado para conversar, após alguns instantes em que esteve ausente.

– Tudo pronto! – disse o jovem policial.

– Tudo pronto? – repetiu Chicão sem nada entender.

– É, tudo pronto. Eu falei com o motorista da viatura e ele confirmou-me o hospital para onde seu amigo foi levado.

Com os olhos marejados d'água, Chicão emociona-se diante de Marco Antonio, sem conseguir dizer-lhe uma só palavra.

– Então?... Vão ficar parados aí feito duas estátuas? Eu não sei por que estou fazendo isso, mas o fato é que estou – disse o jovem confuso. – Por outro lado, sei que não há nada de errado em confiar em vocês, mesmo porque vocês estão com a ficha limpa. Além do mais, vocês dois me parecem decentes, gente boa, como costumamos dizer, sem culpa no cartório.

– Pode confiar em nós! – disse Rita com alegria. – Você não vai se arrepender...

– É o que eu espero. Mas já vou avisando: terá que ser uma visita rápida. Além do mais, seu amigo e os demais estão sob vigia.

– Nós não vamos demorar – disse Chicão –, eu prometo.

– Vocês já avisaram as famílias? – perguntou Rita preocupada.

– Tudo está sendo providenciado. Fichas estão sendo levantadas, famílias estão sendo avisadas na medida do possível, enfim, essas coisas são meio demoradas mesmo.

– Não temos pressa, nem estamos preocupados com isso, mas preocupamo-nos com seus pais e sua irmã, que tanta esperança tinham de encontrá-lo melhor.
– Entendo – disse o jovem policial. – Os pais são sempre os que mais sofrem.
– A atitude de Lauro, na verdade, causou-nos perplexidade e espanto, – disse Chicão – nunca pudemos pensar que ele fosse capaz de fazer o que fez.
– É, mas, geralmente, é assim mesmo. Parece que hoje em dia se drogar virou moda. Todos querem experimentar, alegando mil e uma desculpas para isso. Solidão, estresse, vazio, descrença, cansaço, enfim, ouvimos de tudo um pouco aqui no distrito. Mas o final é sempre o mesmo: trágico, triste, horroroso. O que fazer, não é mesmo? Cada qual é dono do seu nariz, fazendo sempre o que bem quer, sem pensar nas consequências; é uma pena, mas é a realidade. Bom, acho melhor irmos andando, antes que fique tarde.
– Vamos de viatura? – perguntou Rita curiosa.
– Não, isso chamaria muito a atenção. Importa-se se formos com o seu carro, Chicão? Ele também já foi vistoriado e está liberado no pátio.
– Graças a Deus! – disse Chicão aliviado. – Até aqui, fomos muito bem amparados, vamos ver o que nos espera mais adiante.
– É bom não se empolgarem muito, pois, segundo me disseram, a coisa não está muito boa para o lado deles.
– Como assim? – perguntou Rita preocupada.
– Não quero ser precipitado, mas já que está perguntando...
– Diga, Marco Antonio, o que é?
– É bom irem se preparando para o pior...
– Para o pior? – disse Chicão assustado.
– É, cara, para o pior. Por acaso vocês viram o montante de droga que estava sobre aquela mesa? Ainda assim vocês acreditam que o amigo de vocês esteja bem? Vocês viram como ele estava? Se não viram, dá para deduzir?
– Mas eu pensei que...
– Não pode ser, Chicão não é possível que você seja tão ingênuo assim – completou o jovem policial irritado. – Pensei que, por você estar fazendo Medicina, seria mais fácil compreender o que está se passando com o seu amigo.
Entristecido, Chicão, responde:
– Talvez eu até saiba mesmo, mas está sendo muito difícil para mim aceitar essa realidade. Eu sinto muito.
– Não fique assim – disse Rita com carinho. – Nem sempre as coisas costumam ser como gostaríamos, mas o fato é que temos de

aceitar e, sobretudo, respeitar o livre-arbítrio de cada um. Não podemos fazer nada com relação às escolhas dos outros, Chicão.
– Por que será que tudo isso teve de acontecer, Rita? Por quê?...
– Isso de nada vai adiantar agora, Chicão.
– Questionar?...
– Não, mas revoltar-se.
– Mas quem lhe disse que estou revoltado?
– Não está?
– Não.
– Tem certeza?
– Acho que não – resmungou entristecido.
– Como se eu não te conhecesse... – completou Rita com bondade.
– Não deixe acontecer com você, Chicão, o mesmo que aconteceu com Lauro. Chicão, Chicão, olhe bem para você, vigia seus pensamentos! Pensa mesmo que a vida não tenha dado a devida oportunidade a Lauro de evitar todo esse caos? Em que Deus confia você, afinal?
– No Deus de amor e bondade, Rita.
– Então nunca duvide disso. Quantas "dicas" ele não deve ter deixado passar, em nome do orgulho e da vaidade tola, pensando tudo saber, tudo entender? Ou será que Deus só ajuda os que frequentam a doutrina espírita?
– Não é isso...
– Não? Mas é o que parece, Chicão. Ou será que Deus deve mostrar o Seu amor sendo conivente com os Seus filhos, mesmo que eles estejam errados? Por vezes, Chicão, o que nos parece um grande mal é a salvação para muitos, sabia? Todos têm as mesmas chances, as mesmas oportunidades, independentemente da religião que escolhem seguir. As Leis de Deus são imutáveis e absolutamente justas, você sabe bem disso.
– Sei sim, mas...
Ouvindo com atenção os apontamentos de Rita, o jovem policial comenta:
– Depois dessa, cara, até eu que não entendo muito dessas coisas pude compreender as palavras da sua garota. Cai na real, Chicão, ela está certa. Se o cara lá de cima é realmente como vocês dizem, Ele não deixaria o amigo de vocês entrar nessa, se não fosse realmente a sua própria escolha. Tenho certeza de que ele deve ter vacilado muitas vezes, mas não por falta de aviso, e sim por teimosia mesmo.
– É verdade.
– Cara, eu não sei como eu fui entrar nessa – disse o jovem policial – mas o fato é que eu entrei. Por que será que eu acredito tanto em vocês? Até parece que nos conhecemos há muito tempo. Pelo menos é a sensação que tenho. Será que estou estressado, ou talvez ficando "biruta"?

– Nem uma coisa nem outra – disse Rita sorrindo –, são os laços de afinidade que nos unem, e que nos tornam assim, tão amigos, a ponto de você confiar em nós.

– Não se preocupe mais, Marco Antonio, o melhor que temos de fazer agora é irmos andando para chegar o quanto antes.

– Positivo, pessoal, vamos nessa! – retrucou o jovem enquanto coçava a cabeça.

Capítulo XXXIV

No Hospital

Visitar Lauro no hospital não foi nada fácil, pois difícil mesmo era a deprimente situação em que ele se encontrava.

Apesar de internado no CTI, e com dois seguranças na porta, Chicão conseguiu driblar o bloqueio, graças à companhia do jovem investigador.

Isso tudo, porém, não diminuiu o choque que ambos sofreram ao se deparar com a triste cena de ver o amigo entubado e inconsciente.

– Meu Deus! – disse Rita chocada.

– Lauro – disse Chicão aproximando-se do amigo em coma –, estaremos sempre com você, não se preocupe com nada. Tenha confiança, e acredite na sua melhora...

– Pense em Deus – completou Rita emocionada –, peça-Lhe ajuda e força para superar esse momento, não desista!

– Lauro – continuou Chicão, agora sob inspiração de Adriano, que estava presente no quarto do CTI –, é hora de despertar. Pense nas inúmeras chances que a vida tem lhe oferecido, ultimamente, e que você tem desprezado. O momento é esse, amigo, não desperdice mais essa oportunidade. O livre-arbítrio é uma faca de dois gumes, mas nem sempre escolhemos o lado certo, por isso que muitas vezes nos machucamos tanto. Mas a escolha é sempre nossa, por isso sempre é tempo de remediar, e tentar recomeçar sem mágoas nem desesperanças, mas com vontade e confiança, na certeza de que tudo o que nos acontece é para o nosso bem. Você jamais estará sozinho, fique certo, por isso siga com coragem, que preces não te faltarão. No entanto, se você sentir medo ou solidão, não se envergonhe de pedir a Deus com sinceridade, que você será ajudado, confie amigo!

Em meio a esse emocionado apelo, Chicão sente Marco Antonio aproximar-se de manso, ao mesmo tempo em que diz meio sem jeito:

– Gente, desculpe interromper, mas acho que vocês ainda não se deram conta de que o amigo de vocês está em coma. Eu disse em coma, sabe como é? Vou ser mais claro e objetivo pessoal: ele não está entendendo nada do que vocês estão dizendo. Nada!

— Engano seu, Marco, agora é que ele está nos ouvindo de verdade, mais do que você possa estar pensando — disse Chicão.

— Mas como? Ele é quase um semimorto, não esboça reação alguma, não tem reflexo nem expressão. Como podem pensar que ele possa estar ouvindo nesse estado?

— Falamos ao seu espírito, Marco, e não ao seu corpo.

— ???

— Sei que isso pode parecer meio estranho para você, mas, acredite, sabemos o que estamos falando — disse Rita de modo delicado.

— Eu, heim? Vocês acreditam mesmo que o cara está na escuta? — perguntou o jovem aproximando-se de Lauro com desconfiança.

— Nós temos certeza — respondeu Chicão.

— Quer dizer que tudo o que dissermos aqui, ele poderá escutar?

— Isso mesmo. Por esse motivo é tão importante respeitarmos os leitos de dor nos hospitais, principalmente quando o paciente está em coma — completou Rita.

— Não devemos esquecer de policiar a boca, educando também a nossa mente, sempre que nos defrontarmos com uma situação como essa — disse Chicão.

— Vocês são espíritas, não são?

— Deu para perceber, é? — disse Rita sorridente.

— Deu sim. Tive uma namorada espírita, certa vez. Sempre que podia eu a acompanhava até o centro, tomava meu passe, escutava palestras, essas coisas que vocês já sabem de cor e salteado.

— Que legal! — disse Rita — Então você não só ouviu falar no Espiritismo, como também já frequentou um centro?

— Isso mesmo. Mas não era sempre que dava para eu ir. Quando sobrava um tempo, eu ia com a minha garota, porque, se eu não fosse, ela pegava no meu pé. Ela costumava dizer que a minha profissão era muito difícil, tornando-me suscetível a tudo o que era negativo, prejudicando-me física e mentalmente. Sabe que eu acho que ela tinha mesmo razão? Tinha dias que eu parecia uma verdadeira pilha de nervos, só faltando mesmo explodir, e, quando eu ia ao centro com ela e tomava o passe, a impressão que eu tinha é que o pessoal da sala conseguia tirar uma porção de problemas pendurados nas minhas costas.

— Posso imaginar — disse Chicão sorrindo, ao mesmo tempo em que olhava para Rita. — Mas fique certo de que não foram apenas problemas que eles tiraram de suas costas.

— Não?... E o que mais poderia ter sido? — perguntou o jovem curioso.

— Nada não! Deixa pra lá! — continuou Rita. — Você nunca mais voltou ao centro?

– Sinceramente, não. Por vezes até pensei em dar um pulo até lá, mas, sem alguém para pegar no meu pé de verdade, vou protelando a minha ida, sempre com a desculpa de que tenho algo mais importante a fazer.
– Boa desculpa! Ainda bem que reconhece – disse Rita com graciosidade. – Quer dizer que alguém terá sempre de pegar no seu pé para o senhor se cuidar? Desde quando você caminha com pés alheios?
– Eu sei, mas...
– Você quer é ser paparicado, isso sim! E de preferência por uma garota meiga, bonita, sensível, inteligente...
Sem conter o sorriso estampado em seu rosto, Marco Antonio respondeu:
– Nesse caso, seria bom demais. Estou carente, sabe?
– Coitadinho, não seja por isso. A partir de hoje, sinta-se convidado por nós para conhecer o centro que frequentamos. Tenho certeza de que você será muito bem recebido por todos lá.
– É, e quem sabe não esteja lá a sua "cara metade"? – disse Chicão sorridente.
– Será?... – disse o jovem com um olhar distante, como se estivesse mesmo sonhando com isso.
Nesse meio-tempo em que os três conversavam, adentra no CTI o médico que estava encarregado de cuidar daquele setor, dizendo:
– Mas como foi que vocês conseguiram entrar aqui fora do horário de visita?
Identificando-se de imediato, Marco Antonio disse-lhe estar ali a serviço da polícia, que ainda continuava com suas investigações, satisfazendo, desse modo, a curiosidade do médico que estava visivelmente preocupado com aquela situação.
– E quanto a vocês? – perguntou o médico de tez fechada, enquanto olhava em direção a Rita e Chicão. – Por acaso também são policiais?
Antes que pudessem responder, Marco Antonio adianta-se explicando ao doutor:
– Não, senhor. Eles são familiares aflitos que eu trouxe para reconhecimento.
– Entendo.
– Podemos saber como ele está? – perguntou Rita amorosa.
– Infelizmente mal, muito mal. Não posso omitir-lhes a verdadeira situação do rapaz, pois, mais cedo ou mais tarde, eu teria mesmo que reunir seus familiares para uma conversa mais séria. Só estava esperando autorização policial para fazer isso.
– Na verdade, somos amigos íntimos da família, encarregados pela própria mãe de Lauro de encontrá-lo. Tínhamos esperança na sua recuperação, mas, pelo visto, isso não aconteceu.
– Infelizmente não mesmo. Soube ainda há pouco que ele é filho de um renomado médico da sociedade santista; seria isso verdade?

— Sim, isso mesmo — respondeu Chicão, contando-lhe de quem se tratava.
— Então é verdade?
— Infelizmente.
— E você também estudava com ele?
— Estávamos às vésperas de nos formar...
— É uma pena — disse o médico com um longo e profundo suspiro.
— A droga parece estar acabando com os jovens a cada dia, sem dó nem piedade. Envolver-se com ela é fácil, no entanto tentar sair... Já é outra história, cujo final nem sempre é tão feliz.
— O que acontecerá com ele agora, doutor? — perguntou Rita meigamente..
— Muito provavelmente ele ficará com sérias sequelas.
— Sequelas?...
— Isso mesmo. Seu amigo chegou aqui muito mal, com disfunção respiratória e total estado de choque. Ele deve ter preparado para si um coquetel e tanto, usando diversos tipos de droga, que o levaram a ficar nesse estado. Havia ecstasy em seus bolsos, cocaína em meio às suas unhas, seus dentes e suas narinas, além do seu total estado de embriaguez. Não sei como ainda está vivo; nunca ninguém sobreviveu a tamanha *overdose*. Além da ruptura do septo nasal, e de bastante sangramento nessa região, ele também teve três paradas cardíacas.
— Três paradas? — disse Chicão boquiaberto.
— Isso mesmo. Além do mais, se ele conseguir sair dessa, haverá distúrbios psiquiátricos bastante difíceis de serem revertidos, pois a sua dependência estabeleceu-se de modo significativo, havendo perda de interesse por tudo que não estabeleça relação com o uso de drogas, pois o usuário passara a viver somente para ela e em função dela.
— Minha nossa, como foi que ele deixou isso acontecer...
— Lamento, mas estamos fazendo o possível.
— Será que ele conseguirá? — perguntou Rita com os olhos cheios de lágrimas.
— Devo confessar-lhes que o prognóstico não é nada promissor. Porém, tudo é possível em se tratando de corpo humano. Uma coisa, porém, eu poderei afirmar-lhes: se ele conseguir sair dessa, ele nunca mais será o mesmo. Todos aqueles "maravilhosos" momentos produzidos pela cocaína transformar-se-ão em debilidade, depressão, irritabilidade, inquietação, à medida que a droga for sendo metabolizada. Se não houver nova dose, aparecerão os sinais de abstinência, que são: palpitações, tremores, impotência, fraqueza muscular, sombra diante dos olhos, confusão mental. Os viciados em cocaína, de modo geral, também podem apresentar sintomas psicóticos com delírios de ciúme, alucinação, ideia de perseguição, etc. Por causa disso podem tornar-se perigosos e violentos.
— Que horror! — disse Rita.

— Infelizmente, a deteriorização moral do cocainômano é, provavelmente, maior que a das outras toxicomanias, e as possibilidades de cura, nesse caso, são menores. Eu lamento muito.

— Nós compreendemos tudo isso, doutor, e agradecemos por toda explicação dada, pela sinceridade, enfim, pela sua atenção e preocupação com o caso de Lauro, assim também como dos demais jovens aqui internados. Mais difícil, no entanto, que tudo isso, será ter de explicar à sua família seu péssimo estado – disse Chicão entristecido e cabisbaixo.

— Se me permitirem uma opinião, seria melhor já prepará-los para o devido choque, antes mesmo de virem para cá, pois a situação do seu amigo poderá se complicar ainda mais de um momento para o outro, sem contar que, dependendo do que possa acontecer daqui para a frente, ele pode vir a viver em estado vegetativo – disse o médico. – Eu lamento mesmo. Se precisarem de mim, costumo ficar no CTI quase que diariamente, exceto nos meus dias de folga, que costumam ser quase nenhum, devido à ocorrência dos fatos.

— Ser médico já não é fácil, do CTI, então... – argumentou Rita.

— É verdade, mas já estou acostumado.

— Não se acostume tanto, doutor, para não perder a sensibilidade nem o coração em meio a tanta dor – disse a jovem com carinho.

— Apesar da dura rotina, sei que Deus está comigo, me ajudando. Do contrário, acho que não aguentaria...

— Então o senhor não precisa de mais nada – completou Rita.

— Só algumas horinhas de sono, vez por outra, isso sim.

— Obrigado por tudo, doutor. Confiamos no seu trabalho e também na sua competência, por isso ficamos tranquilos com relação a Lauro, mesmo sendo a sua situação muito difícil.

— Pena que esse jovem, com toda uma vida pela frente, tenha se embrenhado por tão perigoso e destruidor caminho. Mas o que é que se há de fazer, não é mesmo? Agora é só esperar e rezar.

— Isso é o que mais estamos fazendo – disse Rita.

Despedindo-se do médico que gentilmente os atendeu, Chicão deixa o CTI na companhia de Rita e Marco Antonio, não sem antes pedir alguns minutos a sós com seu amigo, para que pudesse lhe ser ministrado passes amorosos e reconfortantes, amenizando assim um pouco o seu sofrimento.

Capítulo XXXV

Da Dependência Química para a Física

Infelizmente, a notícia chegou ao lar de Lauro como um furacão em dia de chuva, causando muita dor e estrago nos corações ansiosos que, desde há muito, esperavam pelo retorno do jovem.

Sem rumo nem direção, ou algo que pudesse ajudá-lo a superar esse difícil momento, Norberto se desespera com a notícia do filho, abandonando de vez a família.

Inconformado com tudo o que havia acontecido, Norberto blasfema impropérios de todo tipo, desequilibrando-se totalmente, pois, apesar de tanto conhecimento científico, não conseguia lidar com a problemática de seu filho, revoltando-se sobremaneira contra tudo e contra todos.

Decidido, o pai desesperado, que até então tinha uma carreira brilhante e promissora, deixa tudo de lado, inclusive filhos e esposa, para ir morar fora do país, pensando com isso se ver livre dos problemas que até então lhe afligiam a alma inquieta e insegura.

Apesar dos insistentes apelos, tanto da filha como também da esposa, Norberto não quis voltar atrás, deixando de lado sérios compromissos assumidos por ele próprio quando ainda se encontrava na pátria espiritual.

No hospital, a situação de Lauro agravava-se a cada dia, comprometendo cada vez mais seu frágil vaso físico. Toda luta no sentido de ajudar parecia estar sendo em vão. Quanta dor e quanto sofrimento teve de passar aquela mãezinha sem a presença do companheiro, que havia jurado amparo e fidelidade até o fim de seus dias. Mesmo assim, nada disso conseguiu destruir as esperanças que havia no coração de Lucia.

Com um quadro gravíssimo, consequente de três paradas cardíacas, Lauro retorna do coma em estado vegetativo. Nunca mais o jovem brilhante de outrora retornaria para a sua vida como de costume, pois, usando e abusando do livre-arbítrio, acabou por sentenciar sua própria pena, enclausurando-se definitivamente num leito de dor e agonia.

Castigo? Escolha? Lição? A verdade é que a vida obedece a uma indiscutível lei de ação e reação, tornando-nos responsáveis pelos nossos próprios atos.

Chances e mais chances nos são dadas ao longo da vida, oportunidades valorosas de reajustamento interior nos são mostradas a cada instante, mas, infelizmente, insistimos em não querer ver o óbvio, tendo por fim que responder pelos nossos atos de modo doloroso.

Apesar de toda a ajuda médica e espiritual, nada mais pôde ser feito para reverter o quadro de agonia que o jovem Lauro causara para si mesmo, tendo de continuar sua vida na sombra e no silêncio.

Lucia recebeu toda a ajuda necessária, tanto dos médicos amigos, como também do centro espírita que passara a frequentar. Aos poucos, sua dor foi sendo superada, e sua inconformação amenizada, graças às palestras no centro, aos passes reconfortantes, e aos samaritanos que, vez por outra, visitavam o seu lar para realizar o Evangelho de Jesus e conversar um pouco, sugerindo-lhe livros que pudessem ajudá-la e, ao mesmo tempo, esclarecê-la em suas dúvidas.

Após meses de internação, eis que finalmente Lauro retorna ao lar, em condições semelhantes às que o fizeram sair de casa: totalmente dependente e necessitado de ajuda. Porém, agora não mais como um dependente químico, mas um dependente físico, cujos cuidados implicariam de sua mãezinha anos a fio de dedicação e carinho, renúncia e abnegação, mas, sobretudo, amor e perdão.

Bem mais gordo e com uma aparência singular, Lauro assemelhava-se agora a uma criança perdida, cuja expressão demonstrava a todos que pudessem perceber o profundo abismo de dor e de penúria no qual ele havia se embrenhado e teria de viver até o final de seus dias de vida na Terra.

Sem qualquer tipo de manifestação em seu frágil vaso físico, Lauro entendia-se com sua mãe por meio do olhar, que, vez por outra, denotava um profundo abatimento.

Apesar de algumas vezes a inconformação e a mágoa insistirem em tomar posse do coração de Lucia, ela lutava bravamente para não esmorecer, pois, apesar da dor que sentia, agradecia a Deus por ter o filho em seus braços, e não mais nas garras das drogas.

Confiando na eternidade da vida e na justiça divina, a jovem mãe sabia que nada acontecia por acaso, e que Deus se incumbiria de ajudá-la, assim também como o seu filho, diante de tão dura provação.

Apesar de ter sido considerado culpado pelos seus feitos, Lauro pôde retornar para o aconchego do lar tendo a família ao seu lado, pois, em virtude do seu caso ser irreversível, a justiça achou por bem poupá-lo de maiores sofrimentos.

Na verdade, sua prisão já havia sido decretada por ele próprio, no cárcere do seu corpo em desalinho, do qual somente Deus poderia libertá-lo realmente.

Intercessões não lhe faltaram, amparo espiritual tampouco, especialmente por parte do seu amigo Adriano, que, empenhado em ajudá-lo, tudo havia feito para tirar Lauro desta difícil situação.

Aos olhos do leigo fica difícil compreender onde se encontra a intercessão divina em meio a todo esse caos, mas aquele que já consegue estender o seu olhar para mais além sabe que nada é por acaso e que tudo tem uma razão de ser. Dentro da bondade infinita do Pai, não existe injustiça nem injustiçado, mas sim filhos que se perdem pelo caminho, por consequência do orgulho, da vaidade e da ambição desmedida, e, sobretudo, pela falta de fé.

A vida, bela e perfeita, cobrará de cada um na justa medida, sem, no entanto, poupar-nos da divina lei de causa e efeito...

Capítulo XXXVI

Na Espiritualidade

Em meio a tantos trabalhos e estudos que nos ocupava quase que todo o tempo na colônia, fui novamente surpreendido pela presença amiga de Olavo, que, de modo alegre e espontâneo, foi logo dizendo:
– E então, Fabrício, muito trabalho?
– Pra variar...
– Ainda bem! Quando ocupamos o tempo de forma saudável, somos os primeiros a nos beneficiar.
– Pena que o nosso trabalho ainda tenha que ter tanta ligação com a dor alheia... Gostaria de poder falar mais sobre coisas alegres do que sobre coisas tão tristes, mas o fato é que estamos num momento de transição, que pede de todos mudanças rápidas e enérgicas. Não há mais tempo para lero-leros, nem para tudo o que possa vir a atrasar o andamento da humanidade rumo à evolução, não é mesmo, Olavo?
– Por isso tanta dor Fabrício, tanta confusão e reboliço. O planeta Terra está convulsionando, nesses últimos tempos. Aparentemente, parece que o mundo está de ponta-cabeça, e que ninguém está no comando do Universo. Mas nós sabemos que isso não é verdade, graças ao nosso bom Deus, que, dentro da Sua infinita bondade e sabedoria, sabe aplicar Suas justas leis na medida certa, impulsionando o homem para a descoberta de si mesmo, por meio da bendita dor. No momento, meu caro, não há outro jeito. O homem ainda não sabe caminhar, senão dessa forma.
– É verdade, Olavo. Gosto muito de conversar com você, amigo, principalmente quando começo a ficar de "baixo astral". Ou será que os encarnados pensam que já viramos santos, e que não ficamos mais tristes por aqui?
– Santos eu não digo, mas, que o homem encarnado faz uma ideia ainda muito vaga do que somos, isso faz. Muitos acreditam que a morte do corpo modifica-nos por completo o espírito, esquecendo com isso que a natureza não dá saltos e que toda mudança é lenta. Principalmente em se tratando de reforma íntima.

— Pois é. Continuamos nos esforçando para superar nossas deficiências, nossas fraquezas, nossos temores, vícios e tantas mazelas mais, que, se soubessem como a vida se assemelha à de quando estávamos na carne, muitos não tentariam fugir da luta cometendo suicídio.

— Tem razão, Fabrício. Aqui também continuamos a nossa luta interior; temos depressões, choramos, entristecemos, vacilamos, enfim, somos o que somos e ponto final. A morte não nos modifica em nada; nada mesmo! E por falar em sermos o que somos antes e depois do nosso desencarne, você tem visto Adriano, ultimamente?

— Sempre que posso, encontro-me com ele. Estamos trabalhando juntos, no livro e na Medicina.

— Isso é bom. Adriano é um espírito sensível, e também muito inteligente. Sua "bagagem" evolutiva é das melhores, facilitando, e muito, a sua adaptação aqui, neste plano. Também fico feliz por você, Fabrício, que juntamente com jovens que aqui se encontram está cursando Medicina... De certo isso será uma novidade e tanto para os seus amigos encarnados!

— É, Olavo, não podemos parar de modo algum, muito menos o nosso aprendizado. A Terra está se transformando, e nós temos o dever de fazer a nossa parte, não só em benefício próprio, como também dos nossos semelhantes. Quando eu voltar à mãe-Terra, quero ajudar as pessoas a se conhecerem melhor, a se cuidarem melhor, serem responsáveis pelos seus atos e por suas atitudes, fazendo-as compreender a importância que existe no autoconhecimento.

— Não precisa nem me dizer qual será a sua especialidade. A psiquiatria sempre exerceu em você um doce "fascínio"...

— Sabe, Olavo, eu sempre fui um amante inveterado pela vida, pela natureza e pela poesia. Porém, quando encarnado, não soube aproveitar toda essa minha sensibilidade, e, assim como Lauro, eu também me perdi nos vícios e nas drogas, pensando com isso resolver o vazio que existia dentro da minha alma. Talvez seja por isso que eu entenda tão bem esses jovens que agonizam nesse mundo de dor e lágrimas. Sei que terei outra chance, e, dessa vez, não quero perdê-la por nada nesse mundo.

— Eu compreendo, e sei do bonito trabalho que faz com os jovens nesse sentido.

— Eu e uma galera imensa, diga-se de passagem!... Mas, por falar nisso, Adriano e eu conversamos bastante, sempre que o tempo permite. Trocamos ideias interessantes, conversamos sobre vários assuntos, enfim, ele é um cara e tanto, muito empenhado em ajudar, e também em se ajudar, pois muitas vezes a saudade de casa causa-lhe inesperadas recaídas.

— Normal. Por isso sua recuperação tem sido tão rápida, e sua adaptação fora da matéria tem sido algo surpreendente para os que dele têm se empenhado em cuidar.

– Realmente ele é um espírito muito lúcido e consciente, forte e cheio de fé. Por isso supera tudo com relativa facilidade. Mas está muito preocupado com seu amigo Lauro, que parece cada dia pior. Aprisionado em seu próprio corpo em estado vegetativo, luta contra o mal que o acomete, mas, impotente diante de tal situação, parece que irá permanecer assim até o final dos seus dias.

– Estamos acompanhando o caso, Fabrício, e sabemos da sua real gravidade. O descaso de alguns jovens de hoje em dia com a vida tem contribuído para que esse tipo de coisa aconteça cada vez mais frequentemente, levando famílias ao desespero, pois nem todos os pais estão preparados para essa tão difícil situação. Não é somente Lauro que vive em cárcere fechado, mas todos os que com ele compartilham a senda, porque, impotentes diante de tal situação, sentem-se igualmente atados, sem que nada possa ser feito.

– Que situação difícil essa, Olavo! Por quanta dor, por quanto lamento, por quanto sofrimento ainda terão de passar?

– Isso ninguém sabe. É preciso confiar, apesar dos pesares, pois só Deus é capaz de colocar um basta em situações como essa.

– E ainda tem gente que acha que pode tomar a difícil decisão de interromper uma vida em estado vegetativo, só para se ver livre dos problemas...

– Você está se referindo à eutanásia, Fabrício?

– Isso mesmo.

– Não vamos aqui pensar que temos o direito de julgar quem quer que seja, mas vamos refletir, sempre que necessário, sobre esse polêmico tema que muito tem afligido a humanidade terrena nesses últimos tempos.

– Eu entendo, Olavo, e nem foi essa a minha intenção. Apenas preocupa-me pensar que, diante de tamanha oportunidade para o espírito, de poder reavaliar suas atitudes, possa alguém ter tamanha ousadia e mandar parar com todo e qualquer processo que possa garantir a vida da criatura no corpo. Afinal, mesmo com todo o aparato médico deste século, nada pode impedir o espírito de partir, se o Pai assim não desejar, não estou certo, amigo?

– Certíssimo. Tudo na vida obedece a um comando maior. E esse, comando provém de Deus, independentemente da nossa vontade. Por isso, toda vez que interferimos de modo negativo na nossa vida, e na vida de nosso semelhante, fazendo mal uso do nosso livre-arbítrio, fatalmente teremos de responder pelos nossos atos. Porém, não são todos que pensam dessa forma, Fabrício, alegando ser a eutanásia um modo de evitar o sofrimento daqueles que amamos.

– Ledo engano... Isso é puro egoísmo!... Ainda bem que a doutrina espírita, essa grandiosa obra de consolação e verdade, muito tem colaborado para amenizar as dores das criaturas, fazendo-as enxergar mais além do que somente o momento presente, ensinando a todos a pluralidade das existências e a imortalidade da alma.

– É, mas não se esqueça da diversidade de crenças ainda existentes no planeta, sendo que, muitas delas, só para angariar adeptos, tudo fazem para ir ao encontro das necessidades imediatas do homem na Terra, sem falar do número ainda grande de pessoas incrédulas, céticas mesmo, que só pensam no momento presente.

– Isso é verdade, Olavo. Mas não é o caso da nossa mãezinha em questão, que encontrou na doutrina espírita não só a consolação necessária, como também o entendimento para as suas dores.

– Seu companheiro, no entanto...

– Não aguentou tamanho "baque".

– Por isso sofre tanto. Abandonando tudo e todos à própria sorte, pensa estar se livrando da sua pesada carga – disse Olavo calmamente.

– Carga essa que o acompanhará para onde quer que ele vá, porque ela ficará registrada em sua consciência; e da nossa consciência, amigo, não podemos fugir nunca!

– Pois é, Fabrício, disse bem. A falta de perspectiva, o vazio, a ideia do nada depois da morte e a falta de fé na vida depois da vida fazem com que muitos homens ditos intelectuais se percam em meio às difíceis realidades da vida, fugindo de si mesmo, sem ter para onde ir. É realmente um sofrimento atroz, pois remédio nenhum poderá curá-lo dessa dor.

– Posso imaginar...

– Lauro teve inúmeras oportunidades, antes mesmo do seu estado piorar, só que ele não soube aproveitá-las como deveria, insistindo mais e mais no mesmo erro – comentou Olavo.

– Até mesmo aqui ele já esteve...

– Que oportunidade, não acha, Fabrício?

– Claro!

– Depois ainda nos achamos no direito de dizer que a vida é dura e cruel, encarcerando um belo jovem, com toda uma vida pela frente, num corpo quase sem vida.

– Como pode ter toda uma vida pela frente o jovem que se embrenha no mundo das drogas e do álcool, se ele só consegue andar para trás?

– É verdade, Fabrício. Iludidos por um mal que "aparentemente" lhes dá a sensação de um bem temporário, esses jovens não só andam para trás, como também na contra mão, correndo sério risco de serem atropelados, como foi o caso do nosso amigo Lauro.

– Depois ainda temos a coragem de colocar a culpa pelas nossas imprudências na vida, em Deus, no acaso, como se a escolha não tivesse sido unicamente nossa, não é mesmo, Olavo?

– É, Fabrício, creio que todos nós já passamos por situações semelhantes, por isso compreendemos bem essa dor.

– Olavo, meu amigo, existe algo que ainda intriga-me sobremaneira, e que eu gostaria de lhe perguntar.
– Até posso imaginar o que seja!
– Por que essa ligação tão profunda entre esses dois jovens? Por que tanto abatimento por parte de Lauro, depois da perda do amigo Adriano? Parece que tudo virou depois de sua partida, e Lauro nunca mais conseguiu ser o mesmo.
– Esses dois espíritos estão fortemente ligados, e não é de hoje, Fabrício. Porém, desde a última vez que estiveram juntos na carne, um infeliz acontecimento acabou por marcar muito profundamente as suas vidas. E como amor e ódio são dois sentimentos muito fortes que costumam caminhar lado a lado, Lauro ainda traz vivo dentro de si esse momento, muito embora não consiga lembrar-se ao certo disso. Logo mais você entenderá tudo, meu caro, e poderá também observar que, apesar de todo preparo e entendimento já existente no coração do jovem Adriano, ele também precisará de muita força para superar o que ainda permanece nos refolhos da sua alma. Aguarde e em breve entenderá o que eu estou tentando lhe dizer agora.

Capítulo XXXVII

O Passado Vindo à Tona

Convidado por Olavo para dar um passeio, percebi que o amigo queria muito dar continuidade à conversa que tivemos, por isso fui gentilmente convidado a conhecer, mais profundamente, um dos setores de maior relevância da nossa colônia. Ao chegarmos diante de um edifício de arquitetura delicada, e um tanto diferente das que se costuma observar na Terra, Olavo convida-me a entrar sem cerimônia.
– Mas esse não é o prédio das "antigas lembranças"? – perguntei.
– Então é assim que vocês o chamam? – perguntou Olavo sorridente.
– É que, como não temos o hábito de frequentá-lo constantemente, pouco sabemos a seu respeito, a não ser pelo fato de alguns de nós já termos passado por ele em terapias de grupo, logo que por aqui chegamos.
– É, mas hoje será diferente. Hoje você irá conhecer um departamento especial, onde ficam registrados fatos importantes que são cautelosamente estudados por médicos psiquiatras e psicólogos dessa nossa colônia interessados em auxiliar os que aqui chegam todos os dias. Para você, Fabrício, será um ótimo aprendizado; acompanhe-me, por favor.
– Que interessante, Olavo. Deve ser por isso que nem todos podem aqui permanecer...
– Exatamente. Aqui ficam arquivados fatos importantes que nos aconteceram em vidas pregressas, mas que não podem ser-nos revelados assim, de pronto, pois isso poderia abalar-nos sobremaneira. Por isso são cautelosamente estudados por profissionais gabaritados que, aos poucos, vão colocando a criatura a par da realidade, que, muitas

vezes, ela tanto insiste em não aceitar, tornando sua passagem para esse outro lado muito dolorosa.

– Mas essas lembranças não se encontram nos refolhos da alma de cada um de nós? Naquilo que costumamos chamar de inconsciente?

– Sim, mas, como a morte não nos modifica em absolutamente nada, passamos para esse plano sem nos lembrar das vidas pregressas, lembrando-nos apenas do necessário. E, para alguns casos, meu caro, o necessário não é o bastante para fazer a criatura entender o porquê do seu desenlace dessa ou daquela maneira, o porquê de tanto sofrimento, traumas vividos em épocas remotas, mas que ainda repercutem de forma ostensiva no interior da criatura, enfim, por isso os profissionais daqui recorrem a esses "arquivos", no intuito de poder ajudar, o máximo possível, a criatura em dor. Não estranhe se encontrar por aqui algum professor seu. Temos fichas contendo dados importantes de fatos que prometemos cumprir, metas a alcançar, assim também como outros itens dos quais os nossos companheiros espirituais se prestam, para poder avaliar o nosso desempenho no orbe terrestre.

– E por certo não seria nem um pouco conveniente sabermos de toda verdade logo que desencarnamos, não é mesmo, Olavo?

– Sim, claro, pois isso poderia nos enlouquecer. Não estamos preparados para toda a verdade, mas apenas para parte dela. O que realmente interessa para nos ajudar a fortalecer e entender nossa atual situação. Mexer com antigos sentimentos é coisa muito séria, Fabrício, principalmente com os que nos foram ocultos por misericórdia divina, em nosso eu mais profundo. Temos aqui profissionais sérios e bem capacitados para esse tipo de trabalho, pois muitas vezes a criatura que aqui chega, chega com o seu emocional totalmente em frangalhos. A verdade deve vir em doses homeopáticas, pois remédio demais também mata.

– Pena que o mesmo não acontece na Terra. Existem profissionais que, por um bom pagamento, tudo fazem para satisfazer a curiosidade do seu cliente, que, na maioria das vezes, tem mesmo mais curiosidade do que necessidade, causando, assim, grande desastre na vida da pessoa.

– Aliás, pagamento esse demasiadamente alto por serem as pessoas curiosas e imprudentes, pois, se fosse dado ao homem saber sobre o seu passado longínquo, Deus, na sua infinita bondade e justiça, já teria se incumbido de fazê-lo lembrar, assim que o mesmo estivesse de volta à carne.

– Alguns devem chegar aqui piores do que quando partiram...

– É verdade, Fabrício, infelizmente.

– Belo trabalho esse, não é mesmo, Olavo?

– Belíssimo. Não é à toa que ele está sob a égide de espíritos sérios, totalmente dedicados e voltados ao bem das criaturas.

– Sustentado pelo nosso venerável dr. Bezerra de Menezes...
– É verdade, Fabrício, dentre outros...
– É verdade que o dr. Inácio Ferreira[2] costuma aparecer por aqui vez por outra?
– Sempre que pode o querido amigo nos presenteia com suas palestras, não só para os profissionais que aqui atuam, sejam eles encarnados ou desencarnados, como também para os pacientes em recuperação.
– Minha nossa, Olavo, deve ser uma festa!...
– Uma festa? Bom, esse não é bem o termo, mas, que é uma alegria contagiante, ah, isso é mesmo! Todo pavilhão fica alvoroçado no dia da sua visita. Entre médicos e pacientes, não sabemos quem fica mais radiante.
– É que ele tem o dom de transformar o trágico em cômico, se é que assim posso dizer, com o devido respeito, é claro. Grande profissional...
– Grande amigo... – completou Olavo sorridente. Sempre preocupado com o bem-estar do semelhante. Não faltará oportunidade para vê-lo e ouvi-lo pessoalmente, eu lhe prometo. Em sua próxima visita, quem sabe...
– Puxa, Olavo, não vou esquecer isso. Gostaria muito de estar presente em uma de suas palestras. Há tanto ainda que aprender...
– É verdade. E com o nosso querido Inácio você aprenderá bastante, fique certo. Mas por hora tente acalmar esse seu inquieto coração, pois acabamos de chegar a um andar muito importante. Venha, Fabrício, venha! Venha tentar entender um pouco mais sobre os intrincados, mas justos, processos da vida, ainda muito difíceis de serem entendidos e aceitos pelo homem comum, que tanto reluta em aceitar as sucessivas vidas na carne.
Percorrendo extenso corredor, seguia o amigo Olavo a passos acelerados, sem deixar de reparar nas inúmeras salas lotadas de espíritos recebendo ajuda de profissionais amorosos que a tudo ouviam com amor e paciência, enquanto anotavam em suas fichas.
– Nem todos são recém-chegados, Fabrício, alguns já contam com um bom tempo aqui.
– Mesmo?...
– Se aqui estão, é porque já passaram por postos de socorro muito próximos da Terra, recebendo a necessária ajuda para aqui poderem estar. Não foi assim com você também?

---

2. Dr. Inácio Ferreira, médico formado pela Universidade do Brasil, no Rio de Janeiro, clinicou em Uberaba e tornou-se espírita após observar, por sérias pesquisas, os diferentes fatos neuropsíquicos relacionados com os enfermos internados no Sanatório Espírita de Uberaba. Foi diretor-clínico por mais de 50 anos e verificou a eficácia da Terapia Espírita para a cura de distúrbios mentais e/ou obsessivos.

– Foi sim, Olavo. Ainda posso me lembrar de como fui bem amparado e recebido por todos desse departamento... Tudo foi acontecendo naturalmente, até o ponto que acharam necessário, sempre tendo o cuidado de não remexer muito com o meu passado.

– Isso, para nós, é imprescindível. Todo cuidado, nesse sentido, é pouco.

– Lembro-me de ter passado por médicos psiquiatras e psicólogos que muito me ajudaram, mas nada além de aconselhamentos, passes magnéticos, água fluída e cromoterapia. Em alguns momentos, no entanto, a regressão ocorreu de modo espontâneo, enquanto em outros, ela foi provocada com sutileza, sem exageros que pudessem me prejudicar.

– As criaturas têm por hábito buscar no passado o motivo dos seus conflitos presentes, esquecendo-se que, muitas vezes, o motivo de suas dores está na atualidade mesmo. Por isso é tão importante nos policiarmos, reformarmo-nos intimamente, mudarmos velhos hábitos que nos prejudicam por outros mais voltados à luz do Evangelho de Jesus. Só isso já nos basta para irmos corrigindo nossas imperfeições e também amenizarmos nossos conflitos interiores. Não precisamos ir mais além do que isto, pois, se o momento presente já nos está sendo muito difícil, imagine só ficarmos sabendo do nosso passado!...

– É que Deus, bom e generoso, sempre suaviza as nossas provas, não nos dando o fardo maior do que aquele que podemos carregar. Porém, Olavo, penso que no caso de Lauro e Adriano o passado teve muita influência para o trágico ocorrido na atualidade, estou certo?

– Sim, Fabrício, está. Todos nós somos marcados pelo passado, isso é fato, e dele não podemos escapar. Mas nem sempre saber o que se passou nos ajudará a melhorar nossa vida na atualidade. Temos de lutar a todo instante contra as nossas más tendências e imperfeições, tentar fazer do momento presente o melhor, sacrificando os nossos ímpetos ainda muito primários. Para isso, no entanto, precisamos estar bem alicerçados na fé, coisa que o nosso jovem em questão não estava, por isso as trágicas consequências. A fé, meu caro, quando bem alicerçada, quando raciocinada e não cega, que a tudo aceita, faz verdadeiros milagres com a criatura em dor. Mas nem todos ainda aceitam esse fato, sofrendo por orgulho e teimosia, como foi o caso do nosso jovem Lauro. Importante lembrar, Fabrício, que o livre-arbítrio é tesouro intocável de cada um de nós.

Mais alguns passos e nos deparamos com a imagem de uma enfermeira num quadro, como aqueles que costumamos ver nos hospitais da Terra, com o indicador próximo aos lábios, pedindo silêncio.

Olhando em minha direção, Olavo telepaticamente sugere-me o mais absoluto silêncio, pois adentraríamos numa ala praticamente proibida a visitações, só mesmo quando acompanhado por médicos ou mentores responsáveis por aquele setor.

Capítulo XXXVIII

Conversando com Olavo

Salas com projetores modernos reuniam um número considerável de médicos e especialistas na área da mente humana, que se dispunham em confortáveis cadeiras, todas bem arrumadas, fixadas ao chão obedecendo ao formato de ferradura.

No centro, uma tela enorme projetava, como nos cinemas da Terra, a vida pregressa de alguns espíritos, fatos importantes que deveriam ser analisados e estudados por médicos responsáveis, para futuros encontros com esses irmãos em tratamento.

Impressionou-me ver o número de especialistas nessa área preocupados não só com aqueles que já estavam fora das vestes físicas, como também com os encarnados da Terra, passando por dolorosos processos de depressão e angústia, síndromes do pânico, distúrbios bipolares, enfim, diversos males que vêm acometendo a humanidade ultimamente.

– É, Olavo, esses médicos e psicólogos parecem bem preocupados mesmo.

– É que a coisa "lá embaixo" está feia, Fabrício. É um mar imenso de angústias e provações que vêm acometendo o homem deste século, afastando-o cada vez mais da sua divina essência. Infelizmente, o homem ainda não conseguiu interiorizar a célebre frase do Cristo de luz, que desde há muito nos dissera: "Vinde a mim todos os que estão cansados e oprimidos e Eu vos aliviarei; porque o Meu jugo é suave e o Meu fardo leve...".

– Parecem preferir se afogar no lamaçal da intemperança e da materialidade da vida, servindo mais a Mamon do que a Deus.

– É, Fabrício, ainda por cima entregam-se quais loucos e desvairados aos labirintos que a porta larga lhes oferece, sem conseguir achar o caminho de volta, perdendo-se então no próprio desespero, pois a sua alma aflita não consegue mais achar a saída.

– Está faltando fé nas criaturas...

— Mais que isso até, Fabrício, está faltando Deus no coração do homem. Pessoas existem que têm muita fé, mas, como nos explica o *Evangelho Segundo o Espiritismo*, existe a fé humana e a fé divina. A fé humana está voltada às necessidades terrenas, enquanto que a fé divina é aquela capaz de transformar a criatura, aproximando-a cada vez mais de Deus, tornando-a virtuosa e boa.

— O homem acredita que pode ganhar na loteria, mas não acredita que não precisa disso para ser feliz e modificar a sua vida plenamente.

— Por isso tanto choro e ranger de dentes no planeta, meu caro. Os valores estão invertidos e a humanidade, cega, sofre as consequências dos seus imprudentes atos.

— É que eles procuram "fora", o que está "dentro" deles mesmos.

— E é exatamente aí que entra a abençoada dor! Embora muitas criaturas da Terra não gostem de ouvir isso, não podemos negar que ela desperta no ser um novo modo de ver as coisas que o faz modificar suas atitudes, indo em busca de novos caminhos e novos horizontes. Não é um culto à dor, como muitos pensam, e por isso fogem do Espiritismo, porque ninguém gosta de sofrer. O homem nasceu para ser feliz, só que, infelizmente, o seu conceito de felicidade está equivocado, por isso sofre tanto. E para ser feliz de verdade, Fabrício, o homem precisa de tão pouco... Tão pouco que ele não consegue enxergar a felicidade ao seu alcance, perdendo-se em intermináveis prantos de dor. Como se a vida, sábia e generosa, pedisse dele mais do que ele pudesse dar.

— Isso porque, Olavo, sempre queremos da vida mais do que podemos e merecemos ter. Mas a verdade, amigo, é uma só: gostamos mesmo é de sofrer...

— Você disse bem, Fabrício, temos uma forte tendência ao vitimismo, ao coitadinho, para que, dessa forma, as pessoas tenham pena de nós. Se pensarmos bem, até mesmo Deus incluímos em nossos lamentos, como se o Pai não soubesse o que se passa conosco. Viciados que estamos em sempre reclamar, costumamos dizer inadvertidamente que Deus esqueceu-se de nós, ou então que Deus não existe, pois, se existisse de fato, não nos deixaria passar por situações adversas, e assim por diante.

— Só mesmo quando levamos uma boa sacudidela é que aprendemos. Não tem outro caminho; pelo menos enquanto ainda estivermos neste abençoado planeta, cuja condição ainda é o de expiação e prova. Somos um tanto mimados, isso sim, mas a vida não mima ninguém, apenas educa da forma correta.

— Por isso temos de trabalhar urgente, para transformar a Terra em um planeta de regeneração. Não podemos mais perder tempo! Ou o homem se transforma, ou o homem se transforma... Mas vamos ao que interessa,

Fabrício. Vamos acessar alguns dados de Lauro e ver o que se passou com ele, marcando de forma tão conturbada o seu comportamento na Terra.
– Isso por acaso é um computador?
– É, você pode chamá-lo assim se quiser, mas não pode compará-lo aos que existem na Terra, pois esse é avançadíssimo. Mais um tempinho, e o homem chegará nesse ponto, aperfeiçoando as máquinas já existentes.

Concentrando-se nos dados pessoais de Lauro, Olavo silenciou, compenetrado, enquanto me pedia atenção:
– Sabe, Fabrício, estar aqui hoje não foi assim tão simples como pode estar parecendo. Esta ala é reservada, pois diz respeito à vida pessoal de cada um. Todos esses dados aqui, armazenados, são sigilosos, e somente com a autorização de esferas mais elevadas é que podemos ter acesso a elas.
– Eu posso imaginar...
– Mas é bom que se diga para que não paire no ar nenhuma dúvida a esse respeito, principalmente para o leitor amigo. Tudo aqui é bastante sigiloso, por isso, quando a intenção é alertar, instruir, ou explicar por meio dos livros, tomamos o cuidado de também alterarmos o nome dos personagens em questão.
– Claro, Olavo, preservar o nome e a integridade de cada um é nosso dever, por isso temos o cuidado de trocá-los, muito embora as histórias se baseiem em fatos verídicos.
– Pronto, Fabrício, aqui está.
– Minha nossa, quanta coisa!...
– É, mas vamos apenas nos ater ao que nos interessa. Vamos ver os fatos que foram decisivos na vida de Lauro nesta sua última existência, e que marcaram tão acirradamente seu comportamento rebelde nesses últimos tempos, quando ainda encarnado.

Estando esse aparelho, que mais se assemelhava a um computador de última geração, conectado a um grande telão no centro da sala, passamos a visualizar cenas da vida pregressa do jovem Lauro.

Convidando-me para sentar numa daquelas confortáveis poltronas, o amigo Olavo e eu passamos a observar cenas de um passado não tão distante, onde, num pequeno vilarejo ao norte da Itália, um acontecimento mudaria de vez a vida de algumas daquelas pessoas.

Capítulo XXXIX

Amarga Vingança

Valendo-se de sua condição diante a Igreja, um jovem frei acusa uma linda moça perante a sociedade italiana de adúltera e pecadora, pois a mesma havia engravidado sem ter contraído os santos laços do matrimônio.

Sua perseguição não tinha limites, e o seu ódio para com a jovem fazia-nos pensar que havia algo mais em meio a toda aquela história.

E realmente tinha. Apaixonado que sempre fora por Sofia, frei Leonardo viu seu sonho desmoronar, quando soube que ela estava à espera de uma criança.

Envolvido completamente em seu amor platônico, sonhava todas as noites com a bela jovem de olhos negros em seus braços, sendo obrigado a despertar para o pesadelo que a própria mãe o havia lhe imposto, por meio do celibato.

Naquele tempo, por volta do século XVIII, era motivo de orgulho ter um filho padre na família, principalmente se esse fosse o mais velho.

Mesmo a contragosto, d. Berenice, que era beata convicta, obrigou seu filho mais velho a ingressar na vida que ela costumava chamar de "vida santa", pois, dessa forma, ela estaria assegurando a ida de todos os demais da sua família para o reino dos céus.

Quanta ilusão! Vivendo apenas de aparência, frei Leonardo, que tanto almejava constituir família, ser feliz amando e sendo amado, agora não passava de um homem amargo e frustrado, cujos sentimentos doentios e sem luz o haviam transformado numa criatura insensível e inescrupulosa.

Porém, seu ódio e seu ciúme tornaram-no insano, quando, em meio àquele ocorrido, ele veio a saber que o filho que Sofia esperava era de Leopoldo, o seu irmão mais novo.

Leonardo tinha um profundo amor por esse seu irmão, pois via nele um exemplo a ser seguido. Leopoldo era forte, bonito, inteligente e cheio de vida. Formado em Medicina, ajudava a todos sem distinção, principalmente aos menos abastados daquela região. Quando seu irmão lhe contava sobre as dificuldades que algumas famílias tinham de se medicar e de ser atendidas em suas necessidades, Leopoldo não se fazia de rogado, acompanhando o irmão padre em suas andanças para ajudar, onde fosse necessário. Parceiros e sempre muito amigos, os dois jovens, embora com caminhos distintos, adoravam-se e respeitavam-se como poucos.

Pelo fato de não haver uma grande diferença de idade entre eles, o diálogo transcorria sempre de modo franco e sincero, bem como bastante descontraído.

Leonardo, sempre que podia, confabulava com o irmão mais novo, confessando-lhe grande desgosto diante da vida que sua mãe o havia imposto. Dizia-lhe da vontade que tinha em constituir família, sair, viajar, enfim, seu espírito aventureiro não condizia com aquela situação em que ele estava engajado. Porém, recuar diante dos fatos seria mil vezes pior. Sua mãe não aguentaria e, muito provavelmente, nunca o perdoaria pelo abandono da batina, isto é certo. Seu pai, um alfaiate de primeira linhagem, sempre muito austero, e totalmente ligado à Igreja, orgulhava-se do seu "bambino", dizendo a todos de peito estufado que seu filho era um homem santo. Um iluminado...

Estudioso que era da Bíblia Sagrada, entregou seu primogênito para a Santa Madre Igreja, orgulhando-se sobremaneira deste feito, mesmo sabendo que não era esse o desejo do jovem Leonardo. Austero, e absolutamente autoritário, não permitia que fosse contrariado em nada, pois costumava dizer que um homem de bem deveria ser temente a Deus, e a Ele se entregar de corpo e alma, sem questionar; e que uma família sem padres era uma família sem Deus...

Desencantado que estava, Leonardo gostava quando seu irmão mais novo lhe contava sobre as festas que costumava frequentar, as lindas damas, os cortejos, as cavalgadas às escondidas para os secretos encontros amorosos perto do rio, enfim, passavam horas conversando toda vez que visitava o lar.

E, como não podia deixar de ser, o jovem frei aproveitava para falar ao irmão mais novo de seu amor secreto por Sofia, na ânsia de aliviar um pouco seu pesado fardo.

Porém, foi num desses descontraídos encontros em sua casa que Leonardo colocou tudo a perder, quando soube que o filho que Sofia esperava era justamente de seu irmão Leopoldo.

Há tempos Leopoldo e Sofia vinham tendo um caso amoroso, mas, em virtude do fato de o pai da moça ser muito austero, eles costumavam se encontrar às escondidas já há um bom tempo. Seu pai não admitia que sua única filha se relacionasse com o filho de um alfaiate da cidade, por isso proibia-lhe o namoro. Embora a família de d. Berenice e do sr. Gino fosse uma família respeitadíssima, o pai da jovem pretendia para ela algo melhor.

Louco de ódio e de inveja, Leonardo vinga-se do irmão mais novo de modo vil, marcando para sempre a sua vida.

"Todos menos Leopoldo!", pensava o jovem frei ardendo em ódio e dor. Sua cabeça rodopiava, seu coração batia descompassado, e, doente da alma, só pensava em se vingar.

Ódio e amor! Dois sentimentos tão fortes e tão próximos um do outro...

Leonardo chorava compulsivo, e de seus olhos podia-se ver a chama do ódio arder intensamente. Sentia-se um tolo, um completo idiota, pois pensava que seu irmão havia se valido de sua castidade para então ludibriá-lo.

Isso, porém, não era verdade. O amor de Leopoldo e Sofia era um amor antigo, por isso ele resolveu nada contar, com receio de ferir os sentimentos do irmão frei, que nunca lhe dava uma chance para confessar primeiro. Infelizmente, o amor não escolhe tempo nem hora para chegar. Ele chega de mansinho, e, quando menos se espera, somos apanhados por ele.

Muitas vezes Leopoldo pensou em lhe contar, mas, toda vez que ele começava o assunto, Leonardo não lhe dava chance para continuar, interrompendo-o para contar sobre sua dor, seu secreto amor... E assim foi durante muito tempo até que o inesperado finalmente aconteceu, tornando ainda mais difícil toda aquela situação. Já que Leopoldo não conseguiu contar ao irmão, a vida incumbiu-se de assim fazê-lo, e muito bem.

"Malditos!", pensava o jovem frei irado. "Jamais os perdoarei, jamais!... Não bastasse ela estar à espera de um filho, ainda por cima tinha de ser do meu irmão?" "Malditos!", repetia ele quase que todo o tempo, pois sentia-se aviltado, vilipendiado, arrasado em seus sentimentos.

Berenice, por sua vez, pedia a Deus, fervorosa, para que fosse evitado um escândalo com a sua família, por isso não saía da Igreja, e rezava quase que o dia inteirinho, esquecendo-se dos seus compromissos como mãe e esposa, pois, obcecada pelos textos bíblicos que lia em voz alta, ficava à espera de um milagre que parecia não chegar nunca. Somos livres em nossas escolhas, e nem mesmo Deus costuma interferir no nosso livre-arbítrio.

Tramando vingar-se do irmão, frei Leonardo arma-lhe uma terrível emboscada.

Em meio à noite alta, Leopoldo recebe um mensageiro em sua casa, que lhe entregou o seguinte bilhete: "Minha esposa está em trabalho de parto há horas, e por isso sofre muito. Temo por sua sorte e pela sorte da criança. Por favor, doutor, imploro por sua ajuda. Meu empregado lhe servirá de guia seguro para aqui logo chegar. Deus vos pague!"

Imediatamente após ter recebido esse bilhete, Leopoldo colocou-se a caminho da tal casa, mas em vão. Tudo não passava de um blefe, ou melhor, de uma sórdida armadilha que apagaria de vez a vida daquele jovem rapaz.

Atacado por desconhecidos em meio à noite alta, Leopoldo pede clemência dizendo-se médico a caminho de uma emergência, mas, sem sequer ser escutado em seus apelos, sente apenas sua cabeça rodopiar depois de forte bordoada.

Amarrado e amordaçado covardemente, como bicho bravio, pelo homem que o estava acompanhando, Leopoldo fora atirado de um despenhadeiro ainda com vida, sendo encontrado morto somente dias mais tarde.

Capítulo XL

De Volta ao Passado

Não bastasse toda essa tragédia, Sofia também perde a criança que esperava, tamanho o susto que levou com a morte de Leopoldo, seu grande amor.

Seu abatimento foi profundo, assim também como a sua tristeza, por isso adoeceu gravemente, perdendo completamente a vontade de viver.

Fraca, e sem vontade de continuar lutando, Sofia amofina-se numa cama durante meses, sem qualquer diagnóstico médico preciso que pudesse ajudá-la em sua dor.

Porém, o que ninguém sabia é que, além do seu natural abatimento, a jovem também tinha do seu lado a presença constante de Leopoldo. Sem entender o que estava acontecendo, chamava pela amada quase que todo o tempo, deixando-a atordoada e confusa.

Preocupado com o seu estado delicado, o jovem Leopoldo queria ajudar, mas sentia-se impotente diante da amada, sem atinar que já não mais estava no corpo físico. Algumas vezes, porém, sentia-se fraco, cansado, tonto e com muitas dores de cabeça, por isso se afastava mais da amada para descansar, retornando logo em seguida, implorando a sua atenção, que nunca tinha.

D. Berenice, por sua vez, contrariada em seus petitórios, revoltou-se contra Deus e contra a Igreja, pois não se achava merecedora de tamanho castigo.

Não menos revoltado ficou o chefe da família com toda aquela tragédia que havia se abatido sobre o seu lar, fazendo com que o mesmo se revoltasse contra tudo e contra todos, principalmente com os padres das paróquias vizinhas, que, sem mais nem menos, viraram-lhe as costas, alegando ter sido aquele episódio um verdadeiro escândalo que só serviu para denegrir o nome de sua família com atos anticristãos.

Logo ele que havia se dedicado de corpo e alma para a Santa Madre Igreja, não merecia o que estava acontecendo. Isso só podia ser coisa do demônio, que resolveu de vez atacar a sua família. Mas onde estava Deus que não lhe ouvia? Onde estava o Seu amor pelas criaturas, que nada estava fazendo para ajudá-los?

Totalmente perturbados, d. Berenice e o sr. Gino prometeram nunca mais pisar numa Igreja, pois nem mesmo com um filho padre, Deus havia lhes poupado de tamanha provação.

Porém, provação maior ainda estava por vir. Arrependido com o que tinha armado para o irmão, Leonardo foge desesperado e começa a beber qual louco alucinado, passando a agir como um homem sem escrúpulos e de baixa moral.

Enlameando o nome de sua família, e esquecendo os votos e juramentos que havia feito diante do clero, frei Leonardo abandona tudo e cai no mundo em busca de algo que pudesse aliviá-lo em sua dor.

Frio e endurecido diante de todo o ocorrido, nada mais conseguiu convencer o sr. Gino da existência de Deus. Para ele, o acaso é que comandava a vida das pessoas, porque Deus só se ocupava com uns poucos privilegiados. E, evidentemente, ele não fazia mais parte desse rol.

D. Berenice, porém, guardava a esperança dentro de si de que tudo aquilo era um grande mal entendido, e que Deus haveria de colocar um basta em toda aquela situação, trazendo o seu filho de volta.

– Que lástima, Olavo! O que não faz a fé cega... Quer dizer então que a dra. Lucia de hoje foi a d. Berenice de ontem?

– Exatamente, Fabrício.

– E o dr. Norberto, que hoje tanto repudia a existência de Deus, é o sr. Gino de ontem?

– Isso mesmo. Assim também como frei Leonardo de ontem é o Lauro hoje, também o jovem Leopoldo de outrora foi Adriano nessa sua existência na Terra. A vida é mesmo maravilhosa! Aqui chegamos e bem daqui partimos, mas sempre aprendendo as lições de que mais precisamos.

– Pena, Olavo, que nem sempre conseguimos êxito em nossos intentos, tendo muitas vezes que voltar para terminar o que deixamos de lado ou não conseguimos cumprir.

– Por isso mesmo a vida deu outra chance para que frei Leonardo pudesse hoje voltar como Lauro, mas seu sentimento de culpa acabou por prejudicar-lhe ainda mais nesta encarnação, ainda mais depois da morte de Adriano.

– Entendo. Por isso sua ligação com ele era tão forte...

– Por mais que a vida nos seja generosa, Fabrício, não conseguimos fugir de nós mesmos. A semente viciosa e aniquiladora, assim também como a culpa, falaram alto demais no inconsciente do jovem Lauro, fazendo-o cometer quase que os mesmos erros de outrora, colocando tudo a perder. Sem a presença de Deus no coração, então... Fica ainda mais difícil.

– Aliás, um Deus que ele nunca conheceu de verdade, em essência e bondade, porque foi obrigado a aceitar o que não queria. E tudo o que nos é imposto, Olavo, não pode ser feito com amor.

– Claro, tem toda razão! Percebe o quanto intrincada é essa história, Fabrício?

– Os extremos nunca dão certo. Deve ser por isso também que Lucia sempre se mostrou avessa com relação a uma educação religiosa para seus filhos, apesar de ter aprendido com sua genitora a importância da fé em nossas vidas.

– Lucia trouxe dentro de si reminiscências de um passado doloroso, assim também como algo de revolta, mas que ela nunca conseguiu entender o porquê. Da mesma forma com o dr. Norberto; por isso tanta revolta e tanta falta de fé, tanta aversão com relação à existência de Deus.

– É, não há mesmo como negar, a vida é uma grande escola, e todos somos uma grande família. Mas diga-me uma coisa, Olavo, era quase certo que Lauro falharia nesta existência?

– Nada é certo nem definitivo, Fabrício, pois se assim fosse, nunca teríamos a chance de nos remediar. Estaríamos fadados ao mal, e ponto final. Mas nós sabemos que não é assim que as coisas acontecem. Quando reencarnamos, trazemos conosco as nossas tendências, boas e más, que devem ser combatidas ou reforçadas. Faz parte do aprendizado e da livre escolha.

– O mesmo acontece com relação às doenças, não é mesmo?

– Podemos dizer que sim, pois nada acontece por acaso. Quando surge uma doença qualquer na criatura, é porque seu espírito, de alguma forma, já estava em desalinho. Nenhuma semente brota em terra infértil.

– Concordo plenamente, Olavo, e alguns médicos da Terra já estão se dando conta disso. Por isso tanta luta no combate à depressão, que tanto insiste em tomar conta das pessoas neste século. Deprimidas, as pessoas adoecem mais facilmente.

– Não é à toa que se escuta tanto falar em neuroses, estado patológicos de difícil diagnóstico, enfim... Somos responsáveis por nossas vidas, pelas nossas decisões, por isso voltamos à mãe-Terra na esperança de combater as nossas más tendências, sempre onde precisamos ser mais testados.

– Espero aprender logo, pois, quanto mais insistimos no erro, bem maior será a nossa prova e o nosso sofrimento. Mas diga-me uma outra coisa, Olavo: por que Adriano não reencarnou novamente na mesma família de Lauro?

– Adriano é um espírito em franco adiantamento moral. Seu amor, sua resignação e sua capacidade de perdoar ajudaram muito para que ele pudesse estar em relativa paz hoje. Por isso nasceu em berço espírita, com espíritos que também lhe eram afins, apenas para reforçar o que ele já havia conquistado, servindo de instrumento para despertar em Lauro a fé perdida. Além do mais, ele sabia que não ficaria muito tempo na Terra. O conhecimento espírita que sua família possuía ajudou-lhe muito depois da sua partida para a pátria espiritual. A vida não costuma esperar, meu caro. O processo evolutivo é algo que está em constante movimento, por isso aqueles que não conseguem acompanhar a marcha ficam para repetir a lição. Talvez, se Adriano não precisasse desencarnar tão cedo, seria mais proveitoso seu retorno ao antigo lar, mas, como a sua passagem pela Terra foi por um curto período de tempo, o plano maior achou por bem colocá-lo na condição de melhor amigo de Lauro, para bem ajudá-lo. Na verdade, Fabrício, isso pouco importa; o que importa mesmo é estarmos juntos quando necessário independentemente da condição que a vida nos impuser. Pai filho, amigo, tanto faz. Afinal, somos todos membros desta grande família universal!...

– São os laços de afinidade que nos unem e nos ajudam quando mais precisamos, pois, se pensarmos bem, a ordem dos fatores não altera o produto...

– Para os céticos, pode parecer um absurdo toda essa nossa conversa, mas se surpreenderiam ao ver como a vida é generosa e como Deus é grandioso ofertando-nos tamanha oportunidade, seja de que modo for. Infelizmente, Fabrício, o homem comum, e até de outras religiões, não admite, de modo algum, a hipótese da família universal. Egoísta, prefere achar que pertencemos um ao outro, que somos donos dos nossos filhos, das nossas esposas, dos respectivos maridos, do lar, do emprego, do carro, etc., decepcionando-se por demais quando descobre que a realidade não é bem essa. Ninguém é de ninguém, e também nada do que possuímos é nosso para sempre. Bendita seja a reencarnação, que nos dá tantas possibilidades de reajuste! Mas, infelizmente, muitos ainda a repudiam e não conseguem aceitá-la de modo algum.

– Realmente, Olavo, esse é o maior e pior empecilho encontrado aqui, nos recém-desencarnados, que, insistentes nesse posicionamento, querem a todo custo permanecer entre os encarnados da Terra para continuar mandando e desmandando no que consideram ainda como sendo de sua propriedade. Nada mais verdadeiro quando escutamos das pessoas o velho dito que costumam dizer, com relação ao mundo ser muito pequeno. E eles nem imaginam o quanto. Somos todos irmãos, filho de um mesmo Pai, por isso tantos encontros e desencontros. Quem hoje é teu amigo, ontem pode ter sido teu irmão, da mesma forma que o teu pai de hoje, pode ter sido teu marido ontem, e assim por diante. Blasfêmia? Impropérios? Tolices? Não creio. É só nos lembrarmos daquela linda passagem do *Evangelho Segundo o Espiritismo*, Capítulo XIV, em que o Mestre, quando chamado em meio às Suas pregações para falar com sua mãe, pois a mesma O estava procurando, disse: "Quem é minha mãe e quem são meus irmãos?" E, olhando para os que estavam à sua volta novamente, disse: "Eis aqui minha mãe e meus irmãos; porque todo aquele que fizer a vontade de Deus, esse é meu irmão e minha irmã e minha mãe. (Marcos, III: 20-21 e 31-35; Mateus, XII: 46-50). E, por falar nisso, amigo, Lucia nunca reconheceu Adriano como sendo alguém muito especial em sua vida?

– Seu contato com o jovem Adriano foi muito pouco. Além do mais, temos de admitir que, na verdade, seu filho predileto sempre foi Lauro, ou seja, frei Leonardo de ontem.

– E quanto a Sofia? O que ouve com ela?

– Sofia não reencarnou. Não desta vez. Tida como louca, a jovem foi abandonada pela família às portas de um convento, vindo a cometer suicídio tempos mais tarde, tamanho o abalo sofrido.

– Leopoldo deve ter ficado muito chocado com tudo isso.

– Depois de ter passado um longo período em zonas umbralinas, o jovem, que tanto havia sofrido, foi resgatado pelos amigos de luz para fazer um longo tratamento.

– Leopoldo teve de passar pelo umbral?

– Como não? Pensa você que, apesar do amor que sentia por Leonardo, ele não se rebelou quando soube que o verdugo que o havia matado tinha sido a mando do seu irmão? Estamos muito longe da santidade, Fabrício, mas já temos em nós sementes de luz que começam a germinar, e Leopoldo (Adriano) pôde muito bem demonstrar isso perdoando Leonardo tempos mais tarde. Porém, não espere demais desse nosso amigo em questão, pois, apesar das terapias, muita coisa continua "escondida" dentro do seu eu mais profundo, prometendo eclodir a qualquer momento.

– Pena que Lauro tenha desperdiçado novamente a chance de ser feliz...

– Não vamos ser tão radicais, Fabrício. Uma história de vida só começa mal e termina bem nas novelas. Mesmo assim, os autores têm surpreendido os seus telespectadores, para não ficar muito "água com açúcar". Na vida real, a coisa é bem diferente. Na novela, o autor dá vida ao personagem, determina o seu papel e escolhe o seu futuro. Já a realidade é bem outra, pois somos livres para escolher o nosso próprio caminho. Lauro sempre teve tudo o que sonhou: uma boa casa, um bom carro, bons pais, boa educação, mas não teve o principal. Uma base sólida que pudesse lhe ajudar nos momentos difíceis da vida, e que não fosse apenas referente à materialidade da vida.

– Como a existência de Deus, por exemplo.

– É, mas sem exageros... Tudo o que excede, e que passa dos limites, não faz bem.

– É fanatismo.

– É verdade, tudo tem um limite. E o excesso de Deus na vida das pessoas também não é algo salutar, mas sim doentio. Além do mais, não foi somente por isso que ele se perdeu. Dentro do seu ser, já havia determinadas predisposições que lhe pesaram um bocado...

– Sabe, Olavo, acho que o leitor amigo deve estar meio admirado com tantas informações.

– Os incrédulos talvez, mas não quem já acredita nas sucessivas vidas na carne.... Além do mais, é bom mesmo que haja uma séria reflexão a respeito, pois já está na hora de o homem despertar para as realidades do espírito imortal.

– Aprender nunca é demais...

– As pessoas, hoje em dia, não se satisfazem mais com imposições descabidas, pois a era da fé cega já passou, Fabrício. Atualmente, as pessoas estão refletindo mais, questionando mais, e até pesquisando mais sobre a sobrevivência da alma. Graças a Deus, a época da inquisição já ficou para trás, e ninguém mais será queimado em praça pública por isso.

– É, Olavo, essas são conquistas da humanidade em evolução, que almeja crescer e se modificar, não pela imposição, mas sim pela razão. É a busca do homem pelas verdades eternas que, graças a Deus, já começa a florescer nesse novo milênio...

Capítulo XLI

Diante da Fonte Azul

Após termos ficado mais algum tempo conversando no prédio sobre antigas lembranças, Olavo e eu nos retiramos calmamente, pois, como o amigo mesmo havia dito, não convinha nos excedermos em demasia com relação à vida pretérita de Lauro.

Sendo o seu intuito unicamente de aprendizado, o que vimos havia sido o suficiente para nos dar uma ideia de como as nossas atitudes e escolhas influenciam em nossas encarnações futuras, pois tudo obedece à lei de causa e efeito, ação e reação.

Evidentemente, tudo poderia ter sido diferente, mas somos livres para agir da maneira como acharmos mais conveniente. E, nesse caso, Lauro escolheu fugir novamente da realidade pelo meio mais fácil, porém, menos adequado, comprometendo-se ainda mais diante da eternidade.

– Se as pessoas soubessem o quanto nos é valiosa a oportunidade da vida na Terra, tudo fariam para passar a sua curta permanência no corpo da melhor maneira possível.

– Mas quando estamos no corpo, Fabrício, pensamos ser imortais! Ninguém fica sem ser avisado; de um jeito ou de outro a vida se encarrega de nos mostrar se estamos agindo certo ou errado, mas, teimosos que ainda somos, preferimos continuar agindo de modo incorreto.

– Olavo, será que posso lhe perguntar uma coisa?

– Claro, Fabrício.

– Leopoldo e Sofia não se viram mais?

– Não. Quando Sofia estava recuperada, Leopoldo já havia reencarnado novamente. Mas o trabalho interior de Adriano com relação ao perdão ainda não terminou, Fabrício, por isso nossa ajuda, nesse caso, será de extrema importância para que ele não sucumba. Pensa você que ele está completamente isento de rancor com relação a Lauro? Ledo engano, meu jovem! A natureza não dá saltos, apenas atenua as nossas provas para que não venhamos a esmorecer nem a desistir. Além do mais, não esqueça que a condição espiritual de Adriano sempre foi superior à de Lauro, o que já ajuda bastante; qualquer passo que damos a caminho da evolução para superar nossas mazelas representa um grande avanço para o espírito. Muitas vezes temos de voltar a conviver na mãe-Terra com os nossos desafetos, pois o trabalho do perdão em nós ainda é algo muito complicado.

– Isso é verdade. É o orgulho, sempre falando mais alto, impedindo a criatura de crescer. Mas que tal agora darmos uma passadinha pela fonte para relaxar? Eu adoro aquele lugar!

– Ótima ideia! É sempre bom passar por lá, vez por outra, principalmente depois de exaustivos trabalhos na Terra, pois sua cor azulínea traz em si propriedades terapêuticas excelentes, recompondo-nos rapidamente dos devidos desgastes.

– Os jovens daqui também adoram aquele lugar. Alguns passam horas estudando, outros meditando, escrevendo...

– E alguns, até namorando, não é assim, Fabrício?

– Bom, não se pode negar que além de bela ela também é fonte inspiradora para muitos, inclusive para mim, mas, na verdade, sua principal característica é mesmo terapêutica. Se bem que o amor também é muito terapêutico, não concorda, amigo Olavo?

– Concordo plenamente! Ah, o amor... Em todos os sentidos ele é maravilhoso!

– É uma pena, Olavo, que os homens ainda desprezem tanto a água, esse bem precioso na Terra, capaz de operar verdadeiros milagres no organismo humano. Dia virá em que o homem reconhecerá isso, mas espero sinceramente que não seja tarde demais.

– É preciso mais cuidado e mais respeito com a mãe natureza, para que ela possa continuar nos ajudando e servindo, como de fato é o seu papel. Mas, se o próprio homem ainda não se ama, e comete diversas atrocidades consigo mesmo, que dirá então amar a natureza, meu jovem...

– É verdade, Olavo, Absorvendo os pensamentos da humanidade em dor, ódio e guerra, será muito difícil o homem obter uma água de igual pureza como esta que temos aqui. Não é à toa que as pessoas gostam tanto de se embrenhar nas matas atrás de cachoeiras e nascentes, cujas águas, puras e cristalinas, ainda não foram infectadas pela imprudência e o desrespeito humano. Mas vamos à fonte?

– Vamos a ela! – falou-me o amigo com empolgação.

Assim que chegamos, deparamo-nos com a figura alegre de Adriano, que, cercado de jovens, reconhecera-nos de imediato.

– Fabrício! Olavo! Que bom que vocês vieram...

– Conversando um pouco para se distrair? – perguntou Olavo sorridente.

– É, acabamos de conhecer a universidade na qual daremos continuidade ao nosso curso de Medicina. Eu digo "nosso", porque esse grupo de amigos aqui também estudava Medicina na Terra.

– Que ótimo, Adriano, vejo que já fez ótimas amizades por aqui.

– Estávamos conversando sobre o conteúdo programático das aulas que teremos, e achamos bem diferente do que tivemos na Terra.

– É, amigo, na Terra costuma-se combater os efeitos por meio de avançados medicamentos e tratamentos dos mais variados, enquanto que aqui, você aprenderá a combater as causas...

– Já pude ter uma ideia do que me aguarda, Fabrício. Mas, se André Luiz teve de recomeçar tudo outra vez quando de retorno à pátria espiritual, quem somos nós para recusar novos esclarecimentos no que diz respeito ao espírito imortal? Na faculdade, tínhamos alguns professores que não admitiam inovações de hipótese alguma, pois odiavam a homeopatia, abominavam os florais, ridicularizavam a acupuntura, enfim, tradicionais ao extremo, não conseguiam olhar mais além, nem admitiam outra hipótese que não fosse a Medicina tradicionalista.

– O homem ainda vai descobrir o poder curativo que há nas plantas, e aí, quem sabe, ele aprenderá a respeitar mais o meio ambiente em que vive.

Olhando mais atento para o jovem que confabulava entusiasmado, pude notar que, apesar de tudo, algo ainda o preocupava, quando então lhe perguntei:

– Que bom que esteja se sentindo mais revigorado. Porém, noto que algo ainda o preocupa, estou certo?

– Está sim, Fabrício. Sei que minha família está bem, que minha mãe e minha irmã, apesar da falta que sentem de mim, estão se fortalecendo cada vez mais, e que os amigos estão sempre presentes quando necessário; mas o mesmo não posso dizer com relação a Lauro, esse irmão querido que muito tem falhado diante da vida. Amigo, irmão, não importa a nomenclatura que se use, mas o que importa mesmo é o afeto que nos une desde há muito.

– Então você consegue lembrar?...

– Estou começando a recordar, no grupo de terapia, alguns lances importantes de encarnações passadas. E sei que já tive Lauro como irmão consanguíneo. Sei do que houve entre nós, mas... sinto também que ainda falta mais alguma coisa que eu não consigo explicar.

– Fico feliz em saber disso. Tenha calma, pois esse processo costuma ser meio demorado mesmo; ele deve acontecer sempre de modo natural e conforme a necessidade e o seu preparo.

– O Fabrício está certo, Adriano. É preciso calma! Tudo deve vir a seu tempo, tenha confiança.

– Com vocês do meu lado, não tenho do que ter medo. Mesmo diante dessas sensações estranhas que por vezes me acomete o espírito, estou preparado para o que der e vier!

– Aí, garoto! Assim é que se fala!... – disse abraçando-o com especial carinho.

Capítulo XLII

Uma Agradável Surpresa

Apesar da falta do companheiro, Lucia descobriu dentro de si um outro lado com relação à fé, até então equivocado.
Não estava sendo nada fácil para ela ter de enfrentar toda aquela situação sozinha, mas, com a segurança e a firmeza adquiridas de uma fé raciocinada, agora a jovem mãe obtinha recursos sólidos e suficientes para entender e aceitar tudo o que lhe estava acontecendo.
Enquanto apreciávamos a natureza em todo o seu esplendor e ouvíamos o som suave da água em movimento, Adriano comentou com especial alegria:
– Chicão tem-me sido um colaborador e tanto, graças à sua mediunidade, captando meus pensamentos e sentindo a minha presença em momentos de maior dificuldade. Fico feliz que ele e minha irmã estejam juntos. Para mim, Rita não poderia ter escolhido alguém melhor...
– Que bom que você aprova. Rita é mesmo uma jovem adorável, meiga e sensível que veio dar ainda mais sentido à vida de Francisco, além, é claro, de encaminhá-lo para o Espiritismo.
– Ainda bem que isso aconteceu, pois, com tanta sensibilidade e pouco esclarecimento, Chicão teria se perturbado ainda mais se não tivesse conhecido a doutrina espírita. Suas visões e intuições cada vez mais fortes iam acabar perturbando-o gravemente. Em vez disso, tornou-se importante instrumento.
– Lauro ainda terá um longo caminho pela frente – disse-nos Olavo enquanto se deliciava com uma taça de água azulínea. – Mas tenho certeza de que, desta vez, ele conseguirá superar as suas dificuldades.
– É, e a ajuda que ele está tendo não é pouca, não.
– O Fabrício tem toda a razão. Existem muitos espíritos afins ajudando esse jovem, mas existem também outros tantos cujas intenções não são tão boas assim. Por mais que se lute, irmãos menos esclarecidos tentam emperrar todo e qualquer processo que diga respeito à "recuperação de almas"...

— Sua mãe e sua irmã têm ajudado muito. Toda semana elas vão com o grupo de samaritanos fazer a leitura do Evangelho no lar de Lauro, além de aplicarem passes, que muito têm colaborado para reconfortá-lo em seu leito de dor.

— Fico muito feliz em saber disso, Fabrício. Minha mãe é uma pessoa maravilhosa. Devo muito a ela a minha rápida recuperação e adaptação no plano espiritual. Suas preces e seus pensamentos sempre amorosos e positivos me dão a certeza de que eu nunca estou sozinho e de que ela, apesar da distância que nos separa, está sempre presente em meu coração.

— Então prepare-se para felicidade ainda maior, pois tenho uma surpresa muito agradável que eu tenho certeza de que você irá gostar.

— Uma surpresa para mim? Então fale logo, Olavo, senão vou morrer de curiosidade...

— Ah, essa é muito boa agora! Curioso você pode até ficar, mas morrer por causa disso vai ser um pouco difícil, você não acha?

— É a força do hábito, Fabrício...

— Quantas vezes você voltou à Terra depois do seu desencarne? — perguntou Olavo.

— Poucas, muito poucas. Para falar a verdade, fui ao hospital na companhia de Chicão para visitar Lauro, e algumas vezes tive a alegria de poder participar de alguns Evangelhos na minha casa, enfim...

— Então agora você retornará para comparecer ao casamento de sua irmã, o que acha?

— O que eu acho?... Acho que será maravilhoso! — disse o jovem com os olhos marejados de água.

— É, mas é bom ir se preparando, porque não será nada fácil. Rever parentes e amigos sempre nos deixam muito sensíveis. Além do mais, é normal que antigas lembranças visitem nossa mente de modo sutil, mexendo com os nossos sentimentos mais profundos, até mesmo supostamente esquecidos ou superados.

— Eu sei. Vou me preparar para não decepcioná-los, acreditem.

— Todos falam a mesma coisa, já estamos acostumados...

— Conto com você, Fabrício, para me ajudar.

— Eu?... Bom, posso até dar uma mãozinha, mas o principal terá de ser feito por você, amigão!

— Vai ser maravilhoso, eu tenho certeza! Estou muito contente com a notícia.

— Nós também ficamos. Rita e Chicão são dois espíritos especiais; não será a primeira vez que eles ficarão juntos — disse Olavo.

— Eu já imaginava...

— Será uma cerimônia simples, numa chácara perto de São Paulo, oferecida por um dos tarefeiros da casa espírita.

— Nossa!

– E como não poderia deixar de ser, o sr. José foi convidado para realizar a cerimônia, nos moldes espíritas, é claro.
– Que maravilha, Olavo! Não vou perder isso por nada!
– E não vai mesmo, filho. Já se passaram quase dois anos do seu desencarne, e você apresenta-se muitíssimo bem para um "recém-morto".
– Porém, estenderemos sua ida a Terra para fazer uma visitinha ao lar de Lauro. Ele está precisando muito de ajuda, pois, sempre que se encontra fora do corpo físico, em estado de vigília, fica acuado num dos cantos do seu quarto, com medo e sozinho, alvo fácil de espíritos sem luz que ali compareçam para fazer-lhe "cobranças" de todo tipo. Ainda bem que Lucia está sempre vigilante e em oração, mas Lauro também precisa fazer a sua parte, fechando as portas para o inconformismo e abrindo o coração para a fé, sem revolta, pois, do contrário, será muito difícil reerguer-se.
– Quero fazer tudo o que puder para ajudar...
– Então, comece abastecendo-se desse néctar cristalino, pois muito trabalho nos espera – disse Olavo enquanto levantava a taça que estava em suas mãos, e com todos brindava alegremente.

Capítulo XLIII

Um Dia Glorioso

  O sol, de modo muito particular, parecia brilhar ainda mais naquela manhã de inverno, aquecendo não só o planeta mãe, como também o coração das pessoas, que, bastante animadas, começavam o seu dia.
  Alegre também estava o lar de Adriano naquela manhã de sábado, pois o corre-corre e a agitação incomum denotavam ser aquele um dia muito especial.
  E realmente era, pois finalmente Rita e Chicão iriam se unir em matrimônio.
  Parentes e amigos que ali chegavam vislumbravam-se com a beleza singela daquele lugar, assim como com as flores e os enfeites por eles escolhidos para a decoração daquele dia.
  Próximo a um lago de singular beleza, fora montada uma tenda branca ladeada por flores do campo, que davam um colorido todo especial àquela bucólica paisagem, cujo romantismo e formosura, aliados ao canto dos pássaros, fazia daquele local algo realmente muito especial.
  Garças brancas e delicadas pareciam verdadeiras estátuas à beira do lago, chamando a atenção de todos pela beleza esguia de suas silhuetas.
  Na espiritualidade, por sua vez, Adriano, que sempre se mostrava calmo e equilibrado, hoje parecia mais nervoso e agitado, apesar de tentar disfarçar quase que todo o tempo.
  Acompanhado pelo espírito de um bondoso homem, que houvera sido seu pai nesta última encarnação, Adriano pôde rever a família consanguínea e os amigos em uma cerimônia que marcaria para sempre a vida de sua irmã e de seu amigo.
  Lágrimas de contentamento não puderam ser evitadas, nem sua presença naquele local pôde ser ignorada, pois, desde o primeiro momento,

Chicão sentiu a presença do amigo, assim como a do pai da noiva, na cerimônia.

Espíritos afins, que nem sempre sabemos que temos, mas que fazem parte da nossa família espiritual, ali compareceram e dividiram a mesma emoção com todos os encarnados, fazendo com que muitos dos presentes se lembrassem de alguns entes queridos que já haviam partido, como que pressentindo a presença de cada um deles naquele recinto.

Com Chicão também não foi diferente. Tomado por forte emoção, o jovem não conseguiu se conter quando viu sua avó em meio a toda aquela gente, pois, sensível como estava, seus canais mediúnicos pareciam estar ainda mais vibrantes, captando tudo à sua volta como nunca antes havia acontecido.

Como é bom saber que a morte não existe, e que apenas um breve momento nos separa daqueles que tanto amamos... Mesmo assim, fisicamente, pois espiritualmente estamos sempre juntos, ligados pelos laços de afeto.

Triste, muito triste mesmo, é todo aquele que ainda insiste em duvidar da continuidade da vida prendendo-se a lamentos sem fim, na escolha, muitas vezes, de caminhos errados e quase sempre sem volta. Inconformados e sem fé, perdem-se nos labirintos de uma mente enferma e doentia, pois, para eles, o amanhã não passa de uma utopia.

Se todos os que compareceram à cerimônia pudessem ver o número de amigos e parentes que deixaram o corpo físico presentes a esse ambiente festivo, eles se surpreenderiam diante de tão grande população. A bondade de Deus é infinita, por isso a Sua criação não pode ser destruída nunca. Destruída está a esperança no coração dos homens, que, ainda apegados aos bens transitórios da vida material, nada mais conseguem ver, senão apenas o momento presente.

Apesar de Lucia não ter comparecido à cerimônia, devido aos cuidados constantes que deveria ter com o filho acamado, suas vibrações amorosas e suas preces fervorosas chegaram aos corações do jovem casal, que lamentou muito, mas compreendeu o motivo da sua ausência, apesar de Paola ter ido em seu lugar. Sempre alegre e sorridente, a jovem irmã de Lauro não demorou muito para fazer amizade com Marco Antonio, o jovem policial que muito ajudou no caso de seu irmão, Lauro.

Abençoados não só por Deus, como também por toda aquela maravilhosa natureza que os envolvia, Rita e Chicão finalmente estavam juntos para dar início aos compromissos assumidos quando ainda na pátria espiritual.

Acabada a cerimônia, colocamo-nos a caminho da casa de Lauro, pois a nossa vinda ao planeta também tinha um propósito socorrista.

Assim que chegamos, pudemos sentir a paz e a harmonia que reinavam naquele ambiente, juntamente com a dedicada mãezinha ao lado do leito do filho. Terminando de completar a higiene pessoal de Lauro com uma refrescante colônia, Lucia senta-se em uma confortável poltrona próxima dele, preparando-se para a leitura do Evangelho, como era de costume fazer todo fim de tarde.

Não tardou muito para que a campainha soasse alta e em bom tom. Como quem já soubesse de quem se tratava, Lucia exclama alegremente:
– Mas já por aqui? Por que não ficou mais na festa?
– É, vejo que não sou mesmo tão necessária como pensei. Além de ter vindo lhe trazer esses deliciosos quitutes que os noivos fizeram questão de lhe mandar, percebo que você também já cuidou da higiene pessoal desse garotão sem ao menos me esperar.
– Ora, ora, Tereza, minha boa amiga, eu não disse que hoje você deveria tirar o dia para se divertir?
– E o que foi que eu fiz? Mas, para falar a verdade, eu não via a hora de poder estar aqui com esse moço lindo que eu tanto amo, ajudando no que fosse preciso, e também para lhe contar sobre a festa, que, por sinal, estava maravilhosa! Rita estava deslumbrante, parecia uma princesa recém saída de um conto de fadas; e Chicão, com toda aquela simpatia e bondade, estava especialmente lindo! Eles perguntaram por você e também por Lauro, prometendo vir visitá-los assim que retornarem da lua-de-mel...
– Realmente, Tereza, eles são muito especiais! Nunca vou esquecer o que eles fizeram para o meu Lauro...
– Você precisava ver só que lugar maravilhoso eles escolheram! – disse Tereza com entusiasmo. – E o pessoal do centro, então? Estavam todos em peso, e na maior "estica"! Amigos da faculdade não faltaram, todos fizeram questão de comparecer e dividir com os noivos esse momento tão lindo. E as palavras do sr. José, então?... Arrancaram lágrimas de quase todos os presentes, Lucia, você precisava ver só...
– Então me conte tudo, tim-tim por tim-tim, enquanto eu faço um delicioso chá para nós duas. Quanto a esse moço lindo que você está se referindo, não se preocupe, pois eu já dei conta do recado sozinha.
– Ah, então é assim? – disse Tereza enquanto acariciava a fronte de Lauro, que a tudo ouvia com atenção, mas que não manifestava qualquer reação em seu semblante inerte. – Estou ficando com ciúme, viu? Aliás, Lucia, você me surpreende a cada dia. Forte e decidida, você está me saindo melhor que encomenda.
– Também, com amigos como vocês, eu só posso me sentir mais forte a cada dia. Mas venha, Tereza, conte-me tudinho.
– Não sem antes dar o meu beijo de boanoite para esse gatão perfumado.

– Desse jeito ele vai ficar muito mimado, isso sim...
Assim que Tereza se aproximou de Lauro, não conseguiu evitar que uma lágrima emocionada rolasse pelo seu rosto.
Ficamos felizes e ao mesmo tempo surpresos com a presença de Tereza na casa, mas Olavo nos explicou que ela e Lucia tornaram-se grandes amigas depois que Norberto partiu, e que ela a ajudava alguns dias da semana no cuidado com o filho.
Apesar do respeito que sempre teve pelo dr. Norberto, Tereza nunca concordou com o seu ceticismo, comentando com Lauro, algumas vezes, sobre a existência de Deus.
– E por falar nisso, Olavo, estaria ele retornando à Itália em busca de um passado esquecido?
– Nada é por acaso, Fabrício. Carregamos tendências dentro de nós que nos fazem sempre voltar ao ponto de origem, mesmo que de modo inconsciente. É o espírito indo em busca da sua história, ainda mais quando ela não se mostra de todo resolvida. Realmente, Norberto deixou tudo e todos para ir morar num pequeno vilarejo ao norte da Itália, muito próximo do lugar onde viveu em tempos idos, e o plano superior já está atuando para que, de alguma forma, Norberto possa despertar...
– E voltar para junto da família?...
– Isso ninguém pode saber, Fabrício. O livre-arbítrio é intocável! Quem sabe um dia?... Voltar para a Itália será quase que voltar no tempo. Vamos ver o que o plano maior tem reservado para ele.
Aproximando-se de Lauro, que se encontrava estirado em seu leito, Adriano pergunta:
– Será que ele poderá nos ver?
– Tente aproximar-se devagar... – disse-lhe Olavo enquanto mantinha a destra sobre a cabeça do jovem. – Concentre-se – falou-lhe o amigo compenetrado.
Lauro encontrava-se junto ao corpo inerte, que parecia dormir profundamente. Algumas vezes se agitava frenético, como se pequenas descargas elétricas percorressem o seu corpo de cima a baixo.
Entretidas pela gostosa conversa, Lucia resolve encostar a porta do quarto, para não interromper o descanso do filho amado.
Antes, porém, de se retirarem, ambas perceberam um pálido movimento em seus lábios, e alguma contração em seu rosto, dando-lhes a discreta impressão de que Lauro sorria...
– Você viu isso, Lucia?
– Se vi? Claro que vi! Se Norberto estivesse aqui, diria que não passa de um espasmo...
– Pois, para mim, ele está sorrindo...

– Será mesmo, Tereza?
– Eu tenho certeza. Ele ouviu o que dissemos e emocionou-se.
– Você está se referindo ao casamento de Chicão e Rita?
– Isso mesmo. Lauro pode compreender-nos, apesar de não conseguir esboçar reação alguma. Ou melhor, quase nenhuma. Seu esforço e sua boa vontade o estão ajudando a ultrapassar limites...
– Estou tão feliz, Tereza! Apesar de ver o meu filho nesta cama, eu estou muito feliz. Pareço maluca por estar falando desse modo, pois qual mãe se alegraria em ver o seu filho travado numa cama para sempre? Mas eu estou. A verdade é que estou, porque hoje eu entendo que esse foi o único meio que a vida encontrou para resgatar o seu espírito, já tão atordoado pelo uso abusivo das drogas. Cego e quase louco, Lauro não via mais nada em sua frente. E como se isso não lhe bastasse, agora estava também envolvido no tráfico. Sabe, Tereza, eu acredito que quando usamos de modo radical o nosso livre-arbítrio, sem medir as consequências, a vida nos responde à altura, pois esse é o único meio que ela encontra de nos fazer parar para refletir e entender.
– Tem razão, Lucia. A cada qual será dado conforme as suas obras...
– Não é castigo nem indiferença divina, mas simplesmente uma lei: a lei de causa e efeito. Mesmo nesta cama, eu sei que poderei ajudá-lo em alguma coisa, porque seu espírito está lúcido!
– Fico feliz que pense assim, minha amiga, pois existem muitas mães que não se conformam com os seus filhos nesse estado, revoltando-se contra tudo e contra todos.
– E também pais, como no caso de Norberto.
– Deixe estar, Lucia, deixe estar... Cada um dentro do seu grau de entendimento. O doutor Norberto sempre foi um médico excepcional, mas não conseguiu lidar com a problemática do filho. Revoltado, indignado, e sem entender o porquê, ele achou por bem seguir o seu caminho. É a escolha de cada um.
– Você está certa, Tereza. Cada um vê as coisas a seu modo.
– Quem sabe um dia ele resolve voltar e enfrentar os fatos com coragem e destemor. A vida dá voltas, Lucia, e nunca sabemos onde ela vai parar. O que nos parece distante muitas vezes está mais perto do que podemos supor, e vice-versa.
– Eu não sei se isso poderia de fato acontecer, mas, de qualquer forma, eu cuidarei de Lauro até o fim dos meus dias, na certeza de que Deus me proverá em tudo o que eu precisar – disse a jovem mãe com lágrimas nos olhos. Se Deus ainda não o tirou de mim, é porque ainda preciso fazer mais por ele.
– Lucia, minha boa amiga, enquanto eu viver, conte comigo! Comigo e com toda a turma de amigos que temos "do lado de lá"...

– Agora eu sei disso, Tereza, e é justamente isso que tem me mantido de pé. Amigos queridos que, assim como você, estão sempre ao meu lado. Pensei que nunca mais voltaria a acreditar em Deus... Obrigada por tudo!

– Ora, ora, mas que conversa mais melancólica é essa agora? Estamos aqui para conversar ou para chorar? Vamos falar sobre a festa!

– Vamos, sim. Quero saber tudo direitinho para poder contar para o Lauro depois.

Beijando amorosamente a fronte do filho, Lucia encosta a porta do quarto enquanto segue com Tereza para a cozinha, a fim de saborearem uma gostosa xícara de chá e colocarem a conversa em dia.

Capítulo XLIV

Visitando o Lar de Lauro

Sem perceber, Lucia e Tereza haviam preparado o espírito de Lauro, que, preso ao corpo qual ferro ao imã, a tudo escutava com atenção.

Embalado pela gostosa conversa que podia ser ouvida ao longe entre sua mãe e a amiga, Lauro relaxou, gostosamente, entrando em sono profundo.

Envolvido por pensamentos diversos, o jovem acamado não conseguia entender ao certo qual era, afinal, a sua atual situação. Para ele, uma pessoa naquele estado era praticamente uma pessoa sem vida, sem vontade própria, sem emoções ou desejos, o que, por certo, não acontecia com ele, apesar de suas limitações físicas, por isso se encontrava confuso demais.

Uma avalanche de recordações veio-lhe à mente, tornando ainda mais inquieto o seu corpo no leito, que, embora inerte, podia sentir uma espécie de corrente elétrica a percorrer-lhe da cabeça aos pés.

E em meio a todo esse *frenesi*, lembrou-se de seu pai, das conversas que tiveram, vez por outra, sobre a imortalidade da alma, sua descrença com relação à vida eterna do espírito, dando-lhe uma vontade imensa de chorar e dizer a todos que, apesar do corpo inerte, algo dentro dele ainda continuava vivo. Aliás, ele nunca havia se sentido tão vivo como agora, muito embora, aparentemente, não demonstrasse isso para quem o visse.

Lembrou-se de que, muitas vezes na faculdade, em meio a calorosas discussões sobre o tema "eutanásia", ele sempre se mostrava a favor de abreviar a vida daquele que a Medicina considerava "caso sem solução", pois, para ele, uma pessoa em estado vegetativo, auxiliado por máquinas, era praticamente uma pessoa morta.

Pensou e repensou sobre o tema, analisou a sua própria condição; para muitos, também era considerado um caso perdido, pois era irreversível o quadro em que ele se encontrava, dando-lhe uma vontade imensa de chorar.

Nunca mais voltaria a ser o jovem de outrora, mas nem por isso estava "morto" e insensível como muitos pensavam, a ponto de alguns enfermeiros que cuidaram dele no hospital comentarem inadvertidamente e de modo desrespeitoso que o melhor mesmo teria sido se ele tivesse morrido, pois viver como um vegetal era muito triste. Nem tanto para ele que não sentia mais nada, mas, principalmente, para família que teria de carregar esse pesado fardo por tempo indeterminado.

Isso de fato o havia abalado sobremaneira, pois, apesar da sua aparente apatia, ele sentia dentro de si uma vontade grande de dizer ao mundo que, apesar de tudo, estava vivo!

Porém, o que mais lhe sustentava naqueles dias difíceis era a certeza que tinha com relação à fé de sua mãezinha. Por nenhum momento Lucia se deixou abater, dizendo a todos, repetidas vezes, da certeza que tinha com relação à lucidez seu filho, Lauro, pois, por trás daquele corpo inerte, estava seu filho amado, cheio de vida, mas que apenas não podia se manifestar como gostaria. Apesar de tudo, ela podia perceber em seus olhos e em algumas pálidas expressões fisionômicas, sua vontade de continuar vivendo.

Para muitos aquela sua atitude não passava de fuga, pois, diante de tão doloroso caso, era impossível qualquer mãe manter-se otimista.

Porém, não para Lucia. Mulher de fibra e de força incomparável, só fez aumentar a sua crença em Deus diante de todo o ocorrido, sem revoltar-se, nem inconformar-se com o que a vida havia lhe preparado. Era essa sua força que fortalecia Lauro, e que o fazia repensar sobre os seus valores, e sobre o poder da fé.

Apesar de tudo, Lauro ainda se encontrava bastante confuso e por vezes bastante amedrontado, pois, desprendido do corpo pelo sono físico, sentia um impulso arrebatador que tentava, a todo custo, levá-lo ao submundo das drogas, também existente no plano astral inferior.

Tentado diversas vezes por antigos comparsas que compartilhavam com ele a senda do crime e da droga quando ainda em boas condições físicas, Lauro viu-se por diversas vezes prestes a fazer exatamente as mesmas coisas que fazia, muito embora seu constante esforço não o deixasse ir avante em seus intentos. Porém, isso o deixava muito desgastado e deprimido, além de amedrontado, pois, na verdade, não sabia ao certo como se livrar de tão terrível tentação.

Espíritos ainda recalcitrantes no erro o procuravam quando em desprendimento pelo sono físico, no intuito de fazê-lo voltar à antiga vida, apesar de sua frágil condição. Quando fora do corpo, via-se tentado em seu quarto por entidades vingativas e infelizes, acordando quase sempre exausto, assustado e bastante confuso.

Antes mesmo que pudesse continuar o seu dilema, Lucia se fazia sempre presente, correndo para junto do leito, e, com a doce ternura que somente as mães sabem ter, acalmava-o quase que de imediato, deitando-se ao seu lado e repousando sua cabeça em seu peito, enquanto lhe afagava os cabelos e lhe pedia baixinho para que confiasse em Jesus. Ainda ali permanecendo, lia passagens do *Evangelho Segundo o Espiritismo,* que, não só o ajudava em seu tormento, como também a todos os que ali estavam necessitados de ajuda.

Diversos eram os temas que tanto ajudavam a esclarecer aqueles espíritos em dor, na busca de um lenitivo para os seus males. Alguns, reconhecendo em Lauro o principal aliciador que os havia levado para o submundo das drogas, agora estavam ávidos por vingança. Porém, quando a luz do Evangelho era trazida à tona pela mãe do jovem de maneira sincera e comovente, muitos espíritos que ali estavam se entregavam diante de suas sinceras rogativas.

Lucia não só ajudava o filho, como uma verdadeira legião de espíritos que, por afinidade, ainda se ligavam ao jovem Lauro, causando-lhe perturbações de toda ordem.

Por vezes Lauro parecia querer titubear, mas logo encontrava renovadas forças nas preces que mentalmente fazia junto de sua mãe, e também nos dias do Evangelho no lar. Apesar de todo esforço, ele ainda se encontrava reticente em alguns aspectos, demonstrando vacilar em determinados momentos em que era tentado.

Acuado em um dos cantos do seu quarto, Lauro não conseguia notar a nossa presença, nem perceber que o seu corpo estirado ao leito adormecia por meio do sono físico.

Aproximamo-nos com certa cautela na intenção de não assustá-lo, mas, mesmo assim, Lauro parecia ter sentido a nossa presença.

Inquieto e amedrontado, arrisca o jovem algumas trêmulas palavras:

– Quem está aí? Eu sei que tem alguém aí, eu sei... Será você, anjo de luz? Ou o demônio que tenta a todo custo levar a minha alma embora, só porque eu nunca acreditei em Deus?...

Nem bem Lauro terminou de falar, e a figura angelical de uma linda jovem fez-se presente em seu quarto.

Capítulo XLV

Um Anjo de Luz

Embora eu e Olavo já soubéssemos de quem se tratava, o mesmo não acontecia com Adriano, que, logo de pronto, sentiu uma forte emoção assim que colocou os olhos naquela doce e angelical figura feminina.

– De quem se trata? – perguntou curioso.

– É um espírito, caro, que tem ajudado muito Lauro nesta sua última encarnação – respondeu Olavo.

– Uma guia espiritual?

– Pode chamar assim se preferir.

– Interessante, ela me parece tão familiar... – disse o jovem enquanto a fitava ao longe.

– São espíritos afins que nos acompanham ao longo da nossa jornada terrestre. E como você e Lauro têm fortes e longínquas ligações...

– Interessante mesmo – disse-nos Adriano com certa inquietação interior. – Mas, afinal, o que faz ela aqui?

– O mesmo que nós – respondi –, está tentando ajudar Lauro em seus conflitos íntimos.

– E ele consegue vê-la?

– Sim, por vezes isso acontece, principalmente quando em estado de vigília, ou quando totalmente desprendido do corpo físico, como é o caso agora. Sempre que é permitido ela aqui comparece para ajudar.

– Então, ele também poderá nos ver?

– Sim, claro, se desejarmos ser vistos. Ele só não conseguiu perceber a nossa presença, até agora, pelo fato de estar muito amedrontado e confuso.

– Isso se deve ao fato de Lauro estar sendo muito assediado, ultimamente, por espíritos de toda ordem que tanto insistem para que ele retorne ao mundo das drogas e do crime – explicou Olavo.

– Por isso muitos ainda aqui comparecem para tentá-lo, não é mesmo? – perguntou Adriano interessado.

– É isso sim, amigo. Se o vaso físico para o encarnado pode limitar suas ações, já com o espírito não ocorre o mesmo, pois este é livre para ir onde bem quiser.

– Por isso é tão importante orar e vigiar, preparar-se intimamente antes de dormir, pois, dependendo das nossas intenções e vontades, poderemos nos perder nos labirintos sombrios do nosso EU mais escuso – completou Olavo de modo sério.

– E como a prece não é um hábito muito comum para esse nosso amigo aqui, volta e meia ele se vê tentado naquilo que ele ainda mais necessita e gosta. Somos o que somos, no corpo ou fora dele, pois não é a condição de encarnado ou desencarnado que muda o comportamento da criatura, mas sim todo o esforço que ela faz para tentar mudar as suas más tendências por meio da reforma íntima constante. Ou seja, não é porque Lauro está temporariamente imobilizado pelo que lhe aconteceu, preso a uma cama até o fim dos seus dias, que ele deixou de ser um dependente químico. Ledo engano de quem assim pensa, pois é o mesmo que imaginar que, depois de desencarnado, o espírito deixa as suas más tendências, vícios de toda ordem, etc., para virar um anjo de uma hora para outra.

– É, mas muitos ainda pensam dessa forma – disse-nos Adriano bem humorado –, a tendência é sempre pensar que todos os que deixam as vestes físicas descansam eternamente na santa paz dos anjos, e que todos os seus pecados são esquecidos e igualmente com eles sepultados.

– Tirando as primeiras hipóteses, fico mais com a última, que não está de todo incorreta.

– Como assim, Fabrício?

– Pensar em descanso eterno é uma afronta à bondade e à inteligência do Pai, que por nenhum instante para a Sua obra criadora, tampouco espera isso dos Seus filhos em evolução, já que tudo no universo é constante movimento. Pecados esquecidos então... Nem me fale! Isso seria uma enorme afronta à lei de causa e efeito e ao livre arbítrio, que dá ao homem o direito de agir como bem entender, assumindo as consequências de seus atos.

– Tá, e aí...

– E aí que a última hipótese dos pecados serem enterrados juntamente com cada um de nós não está de todo incorreto, pois o que levamos desta vida, verdadeiramente, são apenas as conquistas espirituais, sejam elas boas ou más. Se plantarmos paz, ao longo do nosso caminho, colheremos paz; mas, se plantarmos guerra, colheremos dor e sofrimento que nos acompanhará por tempo indeterminado, até que tudo seja reajustado conforme o tamanho do estrago que causamos, tanto para nós como para o nosso próximo.

– Tem razão, Fabrício. Realmente, o único tesouro que levamos é o do coração. De resto....

Antes mesmo que pudéssemos continuar a nossa conversa, Olavo nos alerta para a importância de sustentarmos aquele ambiente com elevadas preces, pois parecia adivinhar o que estava por vir. Calmamente o amigo dirige-se a nós dizendo:

– Nossa vinda aqui, hoje, tem como propósito ajudar na sustentação de todo esse ambiente. Para isso fomos chamados, companheiros; para ajudar no que fosse preciso. Lia é uma jovem adorável e também muito competente, que desde há muito vem ajudando Lauro em sua difícil caminhada, mas hoje, em especial, precisará de reforço extra. Com o propósito de se fazer visível, essa bela jovem contará com a nossa ajuda para que tudo possa correr a contento. Sabemos que não será fácil, pois o ceticismo e a dúvida tem sido uma constante na vida desse jovem que tanto insiste em continuar negando a existência de Deus. No entanto, sabemos que não é impossível, pois a vida já se encarregou de lhe mostrar uma realidade que até então ele tanto insistia em não aceitar, que é a realidade do espírito imortal. Quem adoece e precisa de repouso é o corpo; o espírito, no entanto, não para nunca. Entendendo isso, Lauro tornará seu fardo menos pesado e sua vida no corpo físico menos penosa, porque as trevas darão lugar à luz da razão e da fé raciocinada. Mas é preciso dar tempo ao tempo...

Vindo em nossa direção, a jovem que até então parecia especialmente bela ao longe, ficou ainda mais radiante quando se aproximou do nosso grupo.

Cumprimentando-nos de modo fraternal, a jovem de olhos castanhos e de formato amendoado falou-nos com delicadeza:

– Sejam bem vindos, amigos! Que bom poder contar com a ajuda de todos vocês neste momento. Que a paz esteja com todos...

– E com você também, filha.

– Quem está aí? – perguntou Lauro acuado em um dos cantos do seu quarto, enquanto seu corpo inerte permanecia no leito. – Pensa que poderá me convencer a sair daqui e ir com você? Nunca!

Aproximando-se com delicadeza, a jovem responde docemente:

– Não precisa ter medo. Não vou tirar você daqui, fique tranquilo.

– Então é você?... Meu anjo de luz?...

– Sou uma amiga que quer muito lhe ajudar, e não um anjo.

– Pois para mim você é um anjo, sim, apesar de eu nunca ter acreditado nessas coisas. Agora, porém... começo a pensar que estou perdendo a razão...

– E por que estaria? – perguntou a jovem de modo calmo.

– Porque já nem sei quem sou, ou melhor, acho que sou um "morto-vivo", isso sim. Será mesmo que eu morri?

– A morte não existe, Lauro, porque o espírito é eterno. O corpo perece, mas o espírito não!

– Você é médica?
– Não. Sou apenas uma amiga que quer muito lhe ajudar.
– Então me diga o que está acontecendo comigo. Estou enlouquecendo?
– Não, Lauro, você está despertando.
– Despertando, eu? De quê? De um pesadelo?
– Pode ser, mas esse pesadelo foi proveniente das suas próprias escolhas.
– Por que não morri?...
– Porque não era o momento. De mais a mais, ninguém morre de fato.
– Mas viver assim é um enorme castigo. Se Deus existisse mesmo, não deixaria isso acontecer comigo – disse o jovem entre lágrimas.
– Não diga isso, Lauro, então acha que Deus é culpado pelas suas más escolhas?
– Se Ele fosse assim tão bom como vocês dizem, teria me poupado desse castigo...
– E interferido no seu livre-arbítrio? Nunca! Porém, avisos não lhe faltaram, muito menos alertas de todo o tipo, pois Deus nos fala de diversos modos; nós é que não O escutamos na maior parte das vezes, fazendo ouvidos moucos diante dos Seus apelos.
– Eu nunca consegui ouvi-Lo...
– É porque você nunca parou para escutá-Lo. Mas Ele sempre se fez presente em sua vida, creia-me. Além do mais, Lauro, a voz de Deus costuma ecoar na alma das criaturas por meio da consciência de cada um. E você, apesar de conseguir escutá-la, recusava-se a aceitar o que ela tanto tentava lhe dizer com relação aos perigos que você estava correndo, até chegar ao ponto em que chegou, por sua livre e espontânea vontade.
– Eu sei...
– Mas Deus sempre esteve do seu lado, assim também como eu, apesar de você nunca ter conseguido ouvir os meus apelos. Se de alguma forma os ouviu, não se importou, apesar de todo o meu esforço em tentar ajudá-lo.
– Mas agora eu a ouço, e acredito em você. Você tem sido um farol a iluminar o meu caminho, por isso você só pode ser um anjo! Um anjo de luz, daqueles que as pessoas costumam dizer que protegem a gente.
– Como já lhe disse, sou uma amiga apenas. Estou muito distante da condição em que me coloca, mas entendo que esteja confuso.
– Confuso e com medo, pois estou sempre recebendo ameaças de pessoas que não conheço, mas que insistem em me levar daqui à força. Tento me mover, mas o meu corpo pesado não me obedece mais. Por vezes não sei mais quem sou nem onde estou, ou como estou: vivo ou morto! Se não fosse pela minha mãe e pela minha irmã, por suas preces,

que tanto bem têm me proporcionado... eu não sei o que já poderia ter acontecido comigo. Acho que estou enlouquecendo...

– Realmente, Lauro, sua mãe e sua irmã têm lhe ajudado muito. Porém, isso só não basta. Tem de partir de você a grande mudança, pois nada será feito se você não quiser.

– Mas eu quero. Quero muito voltar à lucidez. Entender o que está se passando comigo.

– Por isso estou aqui – disse Lia, esticando-lhe a destra.

– Tenho medo...

– Não precisa temer mal algum. Estou aqui para ajudar, confie.

Envolvido pelas vibrações amorosas daquele ambiente, Lauro entrega-se confiante, ao mesmo tempo em que, pela primeira vez, agradecia a Deus, emocionado, por aquele momento.

Capítulo XLVI

Alguns Apontamentos

– Meus irmãos – disse Olavo após longo suspiro –, a luta de Lauro está apenas começando. Tomara Deus que ele consiga mesmo despertar para os sublimes apelos de Lia, que aqui se encontra no intuito de poder ajudá-lo, pois esse sempre foi o seu desejo. Deus, dentro da Sua infinita misericórdia, não desampara nenhum de seus filhos, deixando-os à mercê da própria sorte, ainda que neguemos a Sua ajuda. Por isso está sempre mandando os Seus mensageiros de luz, na incumbência de tudo fazerem para aliviar a nossa dor. Não é porque Lauro se encontra encarcerado no vaso físico que ele não mais poderá lutar pela sua melhora, pelos seus vícios morais, físicos ou espirituais, pois ele ainda é o mesmo Lauro de sempre, com os mesmos gostos, com as mesmas tendências que tanto o fizeram sofrer quando gozava de plena saúde. A única diferença, porém, está no fato de ele não mais poder se locomover na máquina física, muito embora o seu espírito esteja livre para ir e vir por onde bem entender.

– Ele ainda reluta...

– É Fabrício, mas já está começando a se render aos apelos mais sublimados da nossa irmã em questão. Enquanto Lucia trabalha com ele no corpo, Lia tenta fazer o mesmo em espírito.

– Se as pessoas soubessem... – disse Adriano admirado, enquanto fitava a bela jovem, que, com delicadeza, continuava a sua conversa com Lauro.

– Para muitos, Lauro não passa mesmo de um morto-vivo que está fadado a ficar nessa cama como um alienado mental, à espera da morte, única realmente capaz de libertá-lo definitivamente – completou Olavo.

– Ledo engano, não é mesmo, Fabrício?

– É sim, Adriano, é um grande equívoco pensar desse modo, pois, mesmo preso ao leito, Lauro está tendo a oportunidade de continuar lutando pela sua melhora... É o que costumamos chamar de "bênção da dor".

– Ele só não, mas também um número considerável de irmãos em semelhantes condições às dele, e que ainda vivem na Terra, privados de sua total liberdade no vaso físico. É a bondade infinita do Pai que não nos desampara jamais – disse Olavo com firmeza. – Momentos como esse, em que a criatura se vê privada de sua total liberdade no corpo, podem ser vistos como a sagrada chance que ela está tendo de poder rever suas atitudes, suas crenças, seus valores, seu modo de ser, enfim, pode estar sendo o meio mais adequado que a vida arrumou de fazê-lo voltar ao caminho de luz, sem, no entanto, desprezar as trevas, que, na maioria das vezes, fora o único modo encontrado para fazer a criatura despertar...

– Onde muitos só conseguem ver desgraça e castigo, está imbuída a generosidade e o amor do Pai, que em tudo tira proveito para nos ajudar. Pessoas existem que costumam dizer: "Coitado, tão jovem e já com a vida destruída!"; outros ainda: "Que desgraça foi acontecer com aquela família!". Enfim, comentários nesse sentido é que não faltam, ressaltando, única e exclusivamente, o lado obscuro e sombrio de toda a situação, sem levar em conta que, de tudo em nossas vidas, tiramos proveitosas lições, e que Deus, bom e justo, tudo vê, tudo sabe, tudo pode.

– Tem razão, Fabrício, além do mais, o Pai respeita as nossas escolhas e não interfere em nenhuma delas, mesmo sabendo que isso nos fará sofrer.

– É bem verdade, Adriano, que ninguém fica feliz, realmente, quando vê a possibilidade de uma vida plena e feliz se esvair, de um jovem que poderia ter uma longa e saudável trajetória na Terra e não teve, por causa do mau uso do seu livre-arbítrio; mas isso não significa que a vida para essa criatura tenha se acabado. Temos de parar com esse sentimentalismo horrível que faz as criaturas sentirem **pena** umas das outras, e acharem uma tragédia determinados acontecimentos, atribuindo-os ao acaso, pois não existe sentimento pior do que esse, e tamanha demonstração de falta de fé. Não resolve o problema e também não ajuda em nada. Na verdade, seria bem melhor que as criaturas não vissem esses acontecimentos como uma desgraça, fazendo uma grande tragédia em torno delas, pois, desse modo, só vão piorar tudo ainda mais, entende? Por isso o Espiritismo é maravilhoso, pois encara a verdade e a razão de frente, sem dramas, mas sim com a naturalidade daqueles que têm fé no porvir e que também acreditam nas sucessivas vidas na carne, por isso sabem que nada é por acaso. Para os olhos do leigo, seria melhor que Lauro estivesse morto ou fora do leito que o encarcera, e que pudesse levar a vida como todo jovem de sua idade leva. Claro que isso seria o natural, e também maravilhoso, pois a vida é para ser vivida em toda a sua plenitude. Além do mais, ele teve inúmeras chances para que isso pudesse ocorrer, mas **ele não quis**, desprezando abençoada oportunidade. Ele optou por um caminho de difícil retrocesso, e avisos não lhe faltaram. Fica evidente também que ninguém fica feliz em ver um jovem preso a uma cama no auge da sua existência, mas, já que isso aconteceu, temos de refletir por que a vida optou por esse meio. Espero sinceramente estar me fazendo entender, pois não gostaria, de modo algum, que parecesse que estou fazendo apologia ao sofrimento, o que não é verdade. Apenas acredito que não adianta reclamarmos diante dos fatos que nos acometem, nem nos revoltarmos contra eles, pois, se de alguma forma isso melhorasse a dor dos que vivem nessas condições, muitos já estariam totalmente recuperados. É nesse sentido que eu digo ser a doutrina espírita uma grande consolação para a humanidade, pois é a única que sabe explicar, com propriedade e discernimento, o porquê de tanto sofrimento no planeta, e o porquê de a dor ainda ser tão necessária, já que usamos e abusamos do nosso livre-arbítrio. Nesse momento evolutivo pelo qual a Terra está passando, a dor é a única que pode levar o homem à cura de seus males, pois é somente por meio dela que a criatura se burila, transforma-se e muda para melhor.

Enquanto conversávamos, não pudemos deixar de notar certa aflição tomar conta de Adriano, toda vez que fitava Lia. Inquieto e inseguro, parecia de certa forma incomodado com a presença da jovem, ao lado de Lauro.

Percebendo o que se passava, Olavo interferiu dizendo:

– Adriano, filho, lembra-se do que eu lhe disse quando lhe fiz o convite para vir à mãe-Terra novamente?

– Sim, sim, acho que sim... – disse reticente.

– Lembra-se de que eu lhe disse que seria necessário preparar-se bem, pois rever certos amigos por vezes poderia mexer muito com você?

– Sim, mas eu pensei que você estivesse se referindo aos familiares queridos que deixei na Terra, e não a...

– E que diferença isso faz? Encarnados ou não, somos parte integrante da vida, essa maravilhosa explosão de luz! E, como a vida não é privilégio apenas dos encarnados ou dos desencarnados, estamos todos dentro do mesmo contexto, rumo à eternidade, não estou certo?

– Sim, está, mas...

– Sente-se confuso?

– "Amedrontado", é o termo correto.

– Posso saber por quê?

– Nem mesmo eu sei explicar o que está se passando em meu íntimo, Olavo.

– Você sabe, mas tem medo de descobrir, de lembrar. Afinal, você ainda não foi liberado do grupo de terapia, tenha calma. Todos nós temos muito que aprender ainda – disse o amigo com ternura. – Não se cobre tanto...

– Eu sei, eu sei – disse meio desconcertado. – Mas devo admitir que ficar na presença de Lia me deixa de certa forma muito embaraçado.

– Tenha confiança, meu jovem, estamos aqui para ajudar e... Quem sabe, sermos também ajudados? Afinal, não foi outro o motivo que nos trouxe até aqui, hoje. Ajudar Lauro, que ainda se encontra confuso, e dividir com você a alegria de ver Rita, a sua adorada irmã, unir-se em matrimônio com Francisco.

— E se eu fraquejar? — disse como se pudesse adivinhar o que iria acontecer.

— Não tem problema! — disse Olavo com um largo sorriso enquanto abria os braços de forma fraterna. — Todos nós fraquejamos; o importante é não desistir. Não tema os seus sentimentos, mas sim analise-os sem tanto pudor. Deixe fluir as emoções, e preste atenção no que diz o teu coração. Todos nós estamos aprendendo hoje, Adriano. Encare tudo com naturalidade.

Capítulo XLVII

Diante de Antigas Lembranças

Inquieto diante da presença da jovem Lia, Adriano pede licença a Olavo para dar uma rápida saída, pois precisava de um pouco de ar fresco para se recompor.
– Não me sinto bem – insistiu o jovem com respiração ofegante.
– Tenha calma, amigo, tente respirar fundo.
– Não posso, Fabrício, não consigo. A impressão que tenho é que vou novamente enfartar...
– Calma, amigo, nada vai lhe acontecer.
Transpirando abundantemente, Adriano parecia estar perto de ter um colapso, quando Olavo calmamente nos interrompeu dizendo:
– Tente relaxar e confie. Não deixe o medo tomar conta de você; isso já era de se esperar, pois faz parte do processo de regressão. Deixe vir à tona o que está para eclodir, pois, do contrário, você continuará passando mal.
– Não estamos aqui à toa amigo, Olavo e eu já sabíamos que isso poderia ocorrer, por isso não se preocupe, apenas deixe suas emoções fluírem de modo natural, para que, finalmente, o passado possa ressurgir.
– Eu não quero – disse Adriano com as mãos na cabeça. – Eu não quero!
– E por que não? – perguntei.
– Porque não sei se vou aguentar... Não posso e não quero me lembrar de nada! – continuava aflito, enquanto Olavo e eu ministrávamos-lhe passes reconfortantes.
– O que está acontecendo comigo, meu Deus? O quê?... Por que esse sentimento ruim, essa falta de ar, esse tormento, se aqui vim imbuído de boas intenções para ajudar um velho amigo?
– Veio para ajudar e também ser ajudado, Adriano.

– Mas eu já fui ajudado, Fabrício, e o que estou sentindo agora não pode ser comparado a nada pelo que já passei, pois é muito mais forte, muito mais intenso...

– É porque esse sentimento está mexendo com você bem lá no fundo, trazendo para fora velhas recordações que, se não foram bem resolvidas agora, poderão lhe prejudicar futuramente.

– Não estou entendendo... Sei do meu passado, da ligação que tive com Lauro, mas...

– Ainda faltam algumas peças desse grande quebra-cabeça que permanecem "dormindo" dentro do teu inconsciente, filho.

– Sabemos que você quer muito ajudar Lauro a se recuperar intimamente de seus conflitos que tanto o atordoam, é bem verdade, mas para isso você também precisa estar totalmente desprovido de sentimentos que possam fazê-lo sentir coisas que só iriam prejudicar esse seu empenho, essa sua ajuda.

– Ainda assim estou confuso, Fabrício.

– Adriano, meu filho – disse Olavo complacente –, a presença de Lia neste local, hoje, despertou em você sentimentos que desde há muito estavam dormentes em seu coração. Sabíamos que, quando vocês três estivessem novamente juntos, isso poderia acontecer...

– Nós três?

– Isso mesmo, você, Lauro e Lia, assim como estiveram um dia.

Antes mesmo de Olavo continuar, Lia aproxima-se com delicadeza para não interromper, enquanto o mentor amigo prosseguia em seus apontamentos.

– Não podemos deixar de ver, nesse seu caridoso gesto de querer ajudar Lauro, o carinho que você tanto sente pelo amigo que ainda padece no vaso físico, dada a amizade que os unia enquanto permaneceram juntos na Terra. Porém, sabíamos que a presença de Lia despertaria em você algo mais que, de certa forma, o atormentaria, por isso tanto cuidado antes de voltarmos à mãe-Terra.

– Mas acho que não adiantou – disse Adriano cabisbaixo –, pois percebo que, em algum ponto, falhei. Talvez eu não estivesse mesmo preparado para vir, ou então não devesse ter insistido em ajudar, pois ainda me encontro muito perturbado...

– "Confuso" é o termo certo – disse a jovem Lia com meiguice, enquanto segurava as mãos de Adriano. – Mas eu vou tentar ajudá-lo em seus conflitos, será que posso?

Como se o seu coração fosse sair pela boca, Adriano fez um sinal de positivo com a cabeça, enquanto Lia, bem à sua frente, transfigurava-se na bela e formosa Sofia, que há tempos tanto havia mexido com o seu coração.

– Sofia! – exclamou Adriano extasiado – Não pode ser! Será que estou sonhando, meu Deus?
– Não, Adriano, não está – disse Olavo com a voz embargada. – É o passado vindo à tona, graças à bondade infinita do Pai, que nos une, sempre que necessário, para os devidos reajustes. Não foi por acaso essa sua intensa afinidade com Lauro, e vice-versa. Dentro das divinas leis, o acaso não existe, e você bem sabe. Você, por sua vez, já conhecia o passado, perdoou o "inimigo" e aceitou voltar à Terra no convívio íntimo com quem tanto mal lhe fez um dia, demonstrando desta forma superioridade moral, firmeza de caráter e indulgência no proceder. Porém, sabíamos que, de alguma forma, o reencontro com Sofia poderia lhe causar algum mal-estar, dadas as difíceis circunstâncias do passado, ainda não totalmente bem trabalhadas em seu coração, apesar da boa vontade que sentimos em você, meu amigo, de querer superar suas dificuldades. A figura de Lia diante de Lauro fez brotar em seu coração sentimentos que você pensou já haver superado. Foi uma encarnação difícil aquela, mas você conseguiu superar muita coisa.
– Sofri muito, é verdade...
– Mas conseguiu superar, e Lia também.
– Lia?...
– Lia, Paula, Maria, Sofia, que diferença isso faz? Não temos inúmeras existências na carne? Se as aparências se modificam, assim também como os nomes, sabemos que o espírito é único, vestindo e desvestindo a indumentária de carne tantas quantas vezes forem necessárias para o nosso aprimoramento moral. Somos únicos diante de Deus, e continuaremos sendo, apesar das sucessivas vidas na Terra, e isso não é novidade para você, meu jovem, que nasceu em berço espírita nesta última encarnação.
– É verdade, Olavo, mas como não consegui reconhecê-la?
– E quanto aos seus sentimentos?
– Foram fortes, intensos – falou Adriano enquanto segurava as mãos de Sofia –, mas bastante confusos também.
– E isso para você não quer dizer nada?
– Claro que sim, Olavo. Porém, o que eu senti não foi tão-somente algo bom, mas...
– Um misto de ódio e dor?
– Não... – argumentou confuso.
– Por que não? Por acaso você já conseguiu superar de vez esses sentimentos?
– Não é isso...
– É quase isso, não é?
– É, Olavo, acho que sim. Senti uma força tão grande dentro de mim – quanto a do amor que tanto senti por Sofia – arrebatar a minha alma em

questão de segundos que pensei que fosse "morrer", se é que posso falar desse modo.

– Pode falar do modo como quiser, filho, nós entendemos o que se passou com você porque também passamos pelo mesmo processo um dia; e eu lhe garanto: ficar diante do nosso antigo opositor não é nada fácil, apesar do trabalho constante que você tem feito para perdoá-lo completamente.

Como um filme em sua tela mental, Adriano aos poucos foi recordando um passado não tão distante, mas já bem esquecido por ele, apesar de tudo. Lágrimas de emoção correram-lhe pela face, enquanto, aos poucos, a bela jovem Sofia de outrora retomava novamente a sua atual forma, não menos graciosa que a outra.

– Por que Lia? – perguntou Adriano.

– Foi uma encarnação em que eu fui muito feliz. Além do mais, se eu aparecesse como Sofia diante de Lauro, poderia causar-lhe recordações indesejadas, piorando ainda mais o seu caso.

– Por isso ele lhe tem tanta ternura...

– É um irmão que precisa da nossa ajuda, Adriano.

– Agora me lembro... O amor que ele lhe tinha era doentio.

– Mas você conseguiu perdoá-lo mesmo assim, lembra?

– Eu sei, mas, em questão de segundos, tudo parecia ter vindo à tona novamente. Até mesmo os antigos ressentimentos pareciam querer eclodir, tão fortemente que acabei me assustando... Pensei que já havia superado, mas, diante do ocorrido, sinto que ainda preciso de muita ajuda também.

– O melhor que temos a fazer nesses casos, Adriano, é trabalhar no bem, seja qual for a nossa condição, pois só assim seremos ajudados. É errando que se aprende, é recomeçando sempre que teremos novas oportunidades diante da vida. Por isso não se lastime tanto, comece o quanto antes esse precioso trabalho de luz, dentro de você.

– Sofia... – disse Adriano emocionado. – Como eu te amei... E ainda te amo! Agora sei por que tive tanta dificuldade em me relacionar com as garotas quando encarnado.

– Você? Dificuldade com as garotas?

– É sério, Fabrício, estou falando a verdade. Lauro costumava dizer que eu era difícil com as garotas porque me dedicava demais aos estudos, mas não era por isso, não. Lembro-me do dia em que passei mal na praia, antes do jogo, e também da preocupação de Lauro sobre o meu estado físico, parecendo adivinhar o que estaria por vir. Precisei mentir dizendo-lhe que não adiaria o jogo por nada nesse mundo, pois, além do compromisso assumido com os colegas da faculdade, estava de olho numa garota, que, muito provavelmente, viria me ver jogar.

– Então era mentira?

– Era sim. Nunca houve ninguém de verdade. Disse aquilo só para não adiarem a partida.

– É, amigão, mas a única partida que você não conseguiu adiar, realmente, foi a sua, apesar de todo esforço por permanecer mais tempo na carne – disse-lhe sorrindo.

– Eu também sofri muito – disse a bela jovem em tom emocionado. – Custei a entender e a perdoar Leonardo por tudo o que ele fez, mas, assim como você, Adriano, eu também recebi muita ajuda. Somos eternos viajantes levando conosco as marcas das vidas pretéritas, por isso tanto encontro e desencontro, tanta dor, tanto amor, tanto ódio e tanta luta para tentarmos vencer os nossos desafetos... A vida não nos une por acaso, nem podemos nos considerar vítimas de coisa alguma, pois estamos no lugar em que precisamos estar, e no qual muitas vezes nos colocamos por causa das nossas atitudes e também da liberdade de escolha.

– Mas encontrar você agora me fez ver que ainda preciso muito de ajuda também. O sentimento ruim que experimentei ainda há pouco me fez ver que preciso continuar lutando contra o lado obscuro que ainda trago dentro da alma, e que já pensei ter superado.

– Ora, ora, meu jovem Adriano! Ninguém que ainda esteja nesse nosso patamar evolutivo pode se dizer totalmente desprovido de sentimentos inferiores, pois ainda somos espíritos aprendizes e, portanto, necessitados de reforma íntima constante... Desse modo, filho, não exija para você uma condição que pertence somente à esfera dos "anjos".

Encabulado, Adriano volta a argumentar com espontaneidade:

– Tem razão, Olavo. Essa é uma condição muito distante da que eu me encontro, por isso ainda tenho muito que fazer para trabalhar em mim sentimentos que admiro e cultivo, mas que ainda não fazem parte, pelo menos em sua totalidade, da minha vida no momento.

– Nem da minha – retrucou a jovem com doçura. Por isso devemos aproveitar cada segundo da nossa existência, física ou espiritual, para trabalhar nossos sentimentos nos moldes do Cristo, ajudando esse companheiro de caminhada que ora se encontra envolto nas vestes físicas e que precisa muito da nossa ajuda. Se não reencarnei, Adriano, foi porque não tive condições para isso.

– Não?...

– Não. Por isso não me tenhas a conta de alguém muito especial, por estar tentando ajudar Lauro, porque isso não é verdade. Demorei muito até poder enxergar a luz, novamente, pois na minha mente a palavra **vingança** era a única coisa que realmente me fazia sentido. Quase enlouquecida pelo ódio que me queimava, demorei muito para aceitar a minha real condição, jurando a todo custo enlouquecê-lo, da mesma forma como ele havia me enlouquecido.

– Então, você...
– Visitada no umbral, inúmeras vezes por mensageiros da luz, fui aos poucos entendendo e me cansando daquele estado mórbido em que eu vivia, aceitando novos apontamentos e reflexões, que acabaram pondo um fim a todos aqueles malignos planos que me alimentavam o espírito doentio.
– Agora posso me lembrar! Sem saber que estava morto, fiquei durante muito tempo ao teu lado, sem me dar conta do mal que te fazia... Como um louco alucinado, não conseguia entender o porquê de tanto sofrimento.
– Mas quando desencarnei, Adriano, você já havia sido resgatado, enquanto eu, totalmente alienada e demente, demorei muito para entender e aceitar a minha real situação. Sofri muito com a sua perda, e também com a perda da criança que eu esperava. Porém, a minha demência só me fez afastar ainda mais de você, levando-me ao vale dos suicidas...
– É verdade, agora me lembro. Quanta dor, quanta revolta, meu Deus!
– Mas isso agora já passou – disse Lia amorosa. – Estamos juntos novamente, por misericórdia divina, trabalhando em nós todo o amor que pudermos. Ofereci-me para ajudar Lauro nessa sua tão dolorosa provação, pois não há punição maior do que aquela que nós mesmos nos infligimos, pela culpa e pelo remorso, fazendo brotar da consciência em desalinho o verdadeiro inferno capaz de consumir-nos a alma. Meu consolo, no entanto, foi saber que você em breve retornaria...
– Então, você me esperava?
– Sempre esperei, e esperaria toda uma eternidade se preciso fosse, só para ficar do teu lado novamente.
– E quanto à criança que você esperava? O que aconteceu com ela?
– Está de volta à sagrada mãe-Terra, e bem ao lado do irmão que padece.
– Paola?...
– Isso mesmo. Um anjo em forma de gente que tem ajudado muito Lucia em seus conflitos, dando-lhe a força necessária para continuar vivendo.
– Isso é Deus agindo sabiamente sobre todas as coisas – disse Olavo em tom emocionado. – Em Sua infinita misericórdia, o Pai está sempre arrumando um meio de unir os desafetos de modo mágico, para que o homem, mediante a sua pequenez, não se perca ainda mais nos labirintos profundos do mal. Por isso usa e abusa do amor, porque sabe que esse é o único sentimento capaz de transformar, realmente, as criaturas, levando-as ao verdadeiro perdão das ofensas!
– Lauro precisará muito de vocês agora, mais do que nunca – disse. – Claro que ele não os reconhecerá da mesma forma como vocês o reconhe-

cem, mas sentirá em vocês uma energia amorosa capaz de fazer vibrar as fibras mais sutis da sua alma. E isso por si só já basta.

– Além disso, Fabrício, mesmo em seu leito de dor, Lauro terá a sagrada oportunidade de, mais uma vez, tentar burilar o seu espírito por meio do trabalho constante e da reforma íntima. Sua mãe e sua irmã serão o esteio do lar, agora evangelizado nos moldes de Jesus, enquanto você, Adriano, e também você, Lia, trabalharão com ele quando o mesmo se encontrar fora das vestes físicas.

– E não pensem tratar-se de algum tipo de privilégio – disse –, pois a vida, apesar de muitas vezes parecer injusta, imperfeita e cruel, está sempre agindo de maneira certa, ofertando-nos a lição que realmente precisamos aprender.

– A curta visão humana, muitas vezes direcionada apenas para o momento presente, é que não nos deixa ver mais ao longe as benesses que determinados dramas em nossas vidas podem proporcionar-nos ao longo do tempo – completou Olavo com brandura.

– Por isso não devemos esmorecer nunca diante das dificuldades, e temos de confiar sempre. Ah, como é bela a vida, Olavo! Que belo poema ela nos inspira, diante de tantos acontecimentos...

– Sabe de uma coisa, Fabrício, se tem algo que muito me agrada em você, filho, é essa sua veia poética sempre presente, mesmo diante das mais difíceis situações.

– É, Olavo, e isso eu pretendo não perder nunca. É a minha marca registrada, sabe como é?

– É, acho que sim, mas não pense que isso vai ficar só na conversa, não. É bom você ir preparando um daqueles seus poemas para colocarmos no encerramento do livro.

– Viu só? – disse Adriano sorrindo. – Com o Olavo é assim mesmo; não basta falar, tem de provar, isso sim...

– Eu e a minha enorme boca! Mas o que fazer, se eu gosto mesmo é de poetar? Deixa comigo, pessoal, prometo não decepcionar... Porém, fico mesmo pensando como pode o homem achar que apenas uma única existência na carne já lhe será o bastante para poder superar seus inúmeros conflitos e entraves? Como? Como pode o homem subestimar tanto a inteligência divina?

– É por causa do orgulho, Fabrício, essa grande chaga da humanidade, que faz com que o homem se perca e se ache no direito da verdade absoluta – disse Olavo entristecido. – Uma verdade que lhe condiz, porque mantém vivo os seus interesses mais imediatos, voltados apenas para o momento presente. Falar de passado ou de futuro, para muitos, chega a ser uma utopia, pois, para o homem materialista, o que importa mesmo é somente o agora, deixando todo o resto por conta do acaso. Daí as grandes calamidades no planeta, as guerras, a fome, a miséria, o desrespeito ao semelhante, à vida, ao planeta, fazendo com que o mal cada vez mais se apodere do coração das criaturas que não veem senão só o momento presente em suas vidas, desprezando todo o resto à sua volta. Somos viajores, meu caro, e nessas idas e vindas a vida se encarregará de nos colocar no lugar onde devemos estar, independentemente da nossa vontade, usando a abençoada DOR como alavanca, já que esse é o único meio capaz de fazer o homem despertar e ir em busca de algo que realmente faça sentido em sua vida, que não seja tão-somente os bens materiais. Não somos vítimas de nada, nem seremos algozes para sempre. Por isso a importância das sucessivas vidas no corpo de carne, e também neste abençoado orbe terráqueo, palco abençoado para espíritos que, de alguma forma, insistiram no erro, devido aos seus equivocados propósitos diante do Universo.

– Novos tempos estão chegando, Olavo, e com ele está nascendo um homem novo, totalmente transformado, voltado para o bem, pois, cansado de sofrer, ele acabará se rendendo e percebendo que não existe outro caminho que não seja o do amor.

A noite vinha chegando, e no lar de Lauro permanecia a alegria discreta das duas amigas, que, felizes da vida, ainda confabulavam animadas sobre o casamento de Rita e Francisco, ao mesmo tempo em que uma tranquila penumbra invadia o quarto onde Lauro dormia...

Percebendo a presença de amigos no quarto, o jovem entrega-se confiante aos braços de Olavo, que, com o carinho de um verdadeiro pai, o embala com ternura, levando-o para um novo recomeço nas escolas siderais, onde muitos encarnados, durante o sono físico, têm a abençoada oportunidade de, mais uma vez, tentar o aprendizado com Jesus, no intuito de tornar o seu fardo mais leve, e as suas dores mais amenas... É, portanto, o amor do Pai em tudo e em todos, agindo de modo grandioso e sábio, independentemente daquilo que lhe dermos em troca.

Caravanas socorristas cruzam o espaço sem fim todos os dias, em todos os momentos, pois o trabalho iluminado é infinito. Amigos seareiros cruzam o céu a todo instante, levando e trazendo espíritos de toda ordem, encarnados ou desencarnados, que carecem crescer e evoluir, mas, sobretudo, aprender. Nesses mundos tão paralelos, nossas energias se entrecruzam de modo tão sutil, fazendo com que um exerça influência sobre o outro, por isso o sábio conselho do Mestre que pede de todos nós oração e vigilância constante. Somos uma grande família dentro desse imenso Universo, e somente diante das nossas mazelas é que poderemos mudar para melhor, encarando a verdade frente a frente, transformando em nós todo o bem que pudermos, de modo que possa ressurgir em nós um homem totalmente transformado, um verdadeiro soldado do bem...

Antes mesmo de chegarmos à colônia dos girassóis, Lia argumenta com sutileza:
— E então, Fabrício? Alguma inspiração?
— Como poderia não tê-la diante desse esplendoroso Universo? Como ficar olhando essas estrelas no firmamento sem que elas possam sensibilizar-me sobremaneira? Se as pessoas dedicassem um instante do seu atribulado dia para erguer os olhos para o infinito e perceber em tudo a grandeza e o amor do Pai, elas sentiriam, no âmago do seu ser, o quanto são privilegiadas por existir, e não mais cometeriam tantos atos de desamor contra a sua vida. Vida! Que grande oportunidade! Que presente maravilhoso para o espírito imortal saber que algum dia ele será pleno de luz e de amor, e que a dor não mais terá morada em seu ser! Mas ainda temos um longo caminho a percorrer, antes que isso aconteça.
— Mas, enquanto isso — falou Olavo com um largo sorriso —, que tal você tornar mais amena a nossa caminhada, deixando para os nossos amigos leitores uma daquelas suas poesias costumeiras, que tanto nos agrada o espírito, além de nos fazer pensar sobre o tema?
— Afinal, promessa é dívida! — retrucou Adriano enquanto sorria para Lia.
— É um complô?...
— Encare como um amoroso convite! — remediou Olavo alegremente.
— Então, lá vai...
Com os nossos espíritos entrelaçados, agradecemos ao Pai por aquele momento tão sublimado, ao mesmo tempo em que uma forte inspiração arrebatou-me o ser, fazendo-me declarar, quase de pronto:

Em meio a um mundo tão conturbado,
Pergunta-se o homem intrigado,
Por que tanto crime, tanta violência e desorientação?

Será que estamos à sorte relegados,
Ou por Deus abandonados,
Nesse triste turbilhão?

E em meio a tantos pensamentos,
Esquece o homem em alguns momentos,
De uma simples reflexão:

Não é o Pai que nos castiga,
Pois a dor que nos fustiga,
Vem da nossa má ação.

O que o homem não imagina,
É que toda a sua sina,
Está na lei de reação.

Se plantar desarmonia,
Colherá no fim do dia,
Sua triste aflição.

Pois que estamos neste mundo,
Para lutar e ir bem fundo,
Com a nossa imperfeição.

Combater as más tendências,
De negativas existências,
Pois que esse é um mundo de expiação.

Corrigir nossos defeitos,
De hábitos tão imperfeitos
Que ainda ocultamos no coração.

Toda ação tem uma resposta,
Mesmo sendo ela imposta,
Queira você, amigo, ou não.

Não se pode fugir à regra,
Pois o mal só se entrega,
No exercício do perdão.

Para isso é preciso,
Recuperar o prejuízo,
E ver nisso só lição.

Pois nada disso é castigo,
Ouça aqui o que eu lhe digo,
Use bem a sua razão.

Só existe um caminho,
Para quem está em desalinho,
E ele é sempre o da oração.

Ela abrirá a sua mente,
E a dor que tanto sentes,
Bem terá uma solução.

Veja como é bela a vida,
Apesar da dor doída,
Pois que tudo é evolução.

Aproveite bem o tempo,
Veja quanto ensinamento,
Existe numa encarnação.

Pois o amor do Pai é imenso,
E sempre que bem nisso eu penso,
Eu me encho de emoção.

Cabe a nós, toda mudança,
Sem perdermos a esperança,
Mas entrarmos em ação.

Confiando e amando,
Na vida se aperfeiçoando,
Para a grande transformação...

FIM

MADRAS Editora ® CADASTRO/MALA DIRETA

Envie este cadastro preenchido e passará a receber informações dos nossos lançamentos, nas áreas que determinar.

Nome _____
RG _____ CPF _____
Endereço Residencial _____
Bairro _____ Cidade _____ Estado ____
CEP _____ Fone _____
E-mail _____
Sexo ❏ Fem. ❏ Masc.   Nascimento _____
Profissão _____ Escolaridade (Nível/Curso) _____

Você compra livros:
❏ livrarias   ❏ feiras   ❏ telefone   ❏ Sedex livro (reembolso postal mais rápido)
❏ outros: _____

Quais os tipos de literatura que você lê:
❏ Jurídicos   ❏ Pedagogia   ❏ Business   ❏ Romances/espíritas
❏ Esoterismo ❏ Psicologia   ❏ Saúde   ❏ Espíritas/doutrinas
❏ Bruxaria   ❏ Autoajuda   ❏ Maçonaria ❏ Outros:

Qual a sua opinião a respeito desta obra? _____
_____

Indique amigos que gostariam de receber MALA DIRETA:
Nome _____
Endereço Residencial _____
Bairro _____ Cidade _____ CEP _____

Nome do livro adquirido: ***Um Difícil Despertar***

Para receber catálogos, lista de preços e outras informações, escreva para:

MADRAS EDITORA LTDA.
Rua Paulo Gonçalves, 88 — Santana
CEP 02403-020 — São Paulo — SP
Caixa Postal 12299 — CEP 02013-970 — SP
Tel.: (11) 2281-5555 – Fax: (11) 2959-3090
www.madras.com.br

Este livro foi composto em Times New Roman, corpo 11/12.
Papel Offset 75g –
Impressão e Acabamento
Auro S/A Indústria e Comércio
Rua Jaboticabal, 276 São Paulo/SP
Fone. 2601-7999 – www.auro.com.br